Das Buch

Eigentlich wollte Teresa Lust, die jahrelang in verschiedenen amerikanischen Edelrestaurants französischer Provenienz arbeitete, ein ganz gewöhnliches Kochbuch schreiben. Doch zu jedem Gericht, dass sie vorstellen wollte, gibt es viele Geschichten, und als sie begann, diese Familienlegenden, Erinnerungen und Erlebnisse ebenfalls zu notieren, entstand dieses spannende Buch für alle, die gern kochen und essen. Der Bogen reicht von der Geschichte, wie Teresas Vater mit Polenta und Schmorfleisch in die italienischstämmige Familie aufgenommen wurde, über das Geheimnis, einen echt amerikanischen Pie mit Obstfüllung zu backen, das von Teresas 80-jähriger Großmutter verraten wird, bis zu der Tradition, Sauerkraut einzulegen, die der deutschstämmige Teil der Familie weiterführt. Berichtet wird außerdem vom Brotbacken, vom Pilze sammeln, der Zubereitung von Kaffee, von Trüffeln und anderen leckeren, appetitanregenden Dingen. Die Rezepte und Kochtips in diesem Buch lassen sich mühelos nachvollziehen, zumal alle Rezepte zum Schluss in einem Anhang zusammengefasst werden.

»Teresa Lust versichert uns immer wieder: Kochen ist gar nicht schwer, mit guten Zutaten, gutem Willen und guter Gesellschaft kann überhaupt nichts schiefgehen!«

Boston Globe

Die Autorin

Teresa Lust war in zahlreichen Restaurants von der amerikanischen West- bis zur Ostküste als Köchin tätig. Außerdem hat sie am Dartmouth College Geisteswissenschaften studiert. Heute lebt sie mit ihrem Ehemann in New Hampshire. *Das Gewürz des Lebens* ist ihr erstes Buch.

Teresa Lust

Das Gewürz des Lebens

Aus dem Amerikanischen von
Karin Müller

DIANA VERLAG
München Zürich

Diana Taschenbuch Nr. 62/0204

Titel der Originalausgabe
»Pass the Polenta
and other writings from the kitchen«

Redaktion: Gisela Klemt

Deutsche Erstausgabe 07/2001
Copyright © 1998 by Teresa Lust
Copyright © der deutschsprachigen Ausgabe 2001
by Diana Verlag
Der Diana Verlag ist ein Unternehmen der
Heyne Verlagsgruppe München
Printed in Germany 2001

Umschlagillustration: Jean Claude Amiel, Paris
Umschlaggestaltung: Hauptmann und Kampa
Werbeagentur, CH-Zug
Satz: Schaber Satz- und Datentechnik, Wels
Druck und Bindung: Elsnerdruck, Berlin
Gedruckt auf chlor- und säurefreiem Papier

ISBN: 3-453-18968-X

http://www.heyne.de

Für Bert

Inhalt

Vorwort

Wenn man nur gelegentlich gut speist oder über einen längeren Zeitraum hinweg nur schlechte Gerichte zu sich nimmt, lernt man gutes Essen zu schätzen.

Wer gern isst, findet sich über kurz oder lang in der Küche wieder und steckt bald mitten in der Verarbeitung von Lebensmitteln. Dann ist es nur noch ein kleiner Schritt bis zu der Erkenntnis, dass Nahrungsaufnahme nicht nur eine Frage der Kalorienzufuhr oder der Befriedigung eines täglichen Grundbedürfnisses oder gar eine reine Stoffwechselangelegenheit ist. Essen ist vielmehr eine Frage des menschlichen Zusammenlebens. Es ist ein integraler Bestandteil unserer Sozialgeschichte, der unser Leben schon immer beeinflusst hat, und zwar lange bevor Esau sein Erstgeborenenrecht für ein Linsengericht verkaufte.

Die Behauptung, die Geschichte der Menschheit sei auch eine Geschichte des Hungers, ist keine Übertreibung. Die Menschen fertigten Pfeilspitzen für die Jagd und irdene Schalen für den Haferschleim. Dann bauten sie Weizen und Mais an und schlossen sich zu Gemeinschaften zusammen.

Mit der Erschließung der Gewürzstraße konnten sie ferne Länder auf der Suche nach Köstlichkeiten durchstreifen und sie zu sich nach Hause bringen. Später entdeckte Kolumbus zwar nicht die kürzere Route zum Zimt, dafür aber die Neue Welt, und so bestimmen heute Dinge wie Boston-Tee und irische Kartoffeln unseren Alltag.

Zu allen Zeiten stand jemand am Feuer, um Mahlzeiten zuzubereiten, und seit vielen, vielen Jahren hacken die Köche Petersilie, träufeln Olivenöl über grünen Salat oder rollen einen Pastetenteig aus. Wenn wir heute das Gleiche tun, dann knüpfen wir eine Verbindung zu einer Reihe von Köchen, die Jahrhunderte alt und weltumspannend ist. Und in einer Zutat, einer Zubereitungsart oder irgendeinem Rezept ein neues Bindeglied zur Vergangenheit zu entdecken, hat meine Wertschätzung der Kochkunst sehr vertieft.

Meine Leidenschaft für das Kochen wurde am Mittagstisch in dem zweistöckigen Haus geweckt, das meine Eltern noch heute im Staate Washington bewohnen. Schon früh zog es mich an die Küchentheke, an die Seite meiner Mutter, wo ich zusammen mit meinen drei Schwestern lernte, wie man Himbeermarmelade kocht, Zuckerplätzchen ausrollt, mit den Zinken einer Gabel die Ränder von Ravioli verschweißt und und und …

Nachdem mir klar geworden war, dass mein Collegeexamen keinerlei praktischen Nutzen hatte, entschloss ich mich, das Kochen zu meinem Beruf zu machen. Seit mehreren Jahren schon bin ich in der Gastronomie tätig und habe quer über den Kontinent – angefangen in meinem Heimatstaat Washington über Kalifornien bis hin nach Neuengland – Erfahrungen gesammelt. Ich habe unzählige Martinis gemixt, Espressos aufgebrüht, Calamares gesäubert, Rippchen gegrillt, Torten glasiert, zahllose Essen angerichtet, Messer geschliffen, Böden geschrubbt und gekellnert. Ich hatte das große Glück, in den Küchen, in denen ich gearbeitet habe, auf hingebungsvolle, fähige Lehrer zu treffen. Ironischerweise waren gerade sie es, die mich haben entdecken lassen, wie sehr ich das Kochen zu Hause liebe. Ich habe selbst teil am Resultat meiner Arbeit, wenn ich für die Familie und für Freunde koche, und diese unmittelbare Form der Anerkennung finde ich an keinem Arbeitsplatz. Daheim mit anderen am Tisch zu speisen, schafft eine Atmosphäre von Intimität und Gemeinsamkeit, wie es kein Restaurant vermag.

Vor einiger Zeit kaufte mein Mann Bert ein kleines schwarzes Buch. Er beschloss, es nicht für das Notieren von Namen und Adressen und anderen zweckdienlichen Daten, die man normalerweise in einem kleinen schwarzen Notizbuch vermerkt, zu verwenden. Stattdessen begann er, die Mahlzeiten, die wir zusammen kochten und miteinander teilten, zu protokollieren. Zuerst fand ich das ziemlich albern, ja sogar peinlich, vor allem, wenn wir in Gesellschaft waren und er wie ein stolzer Vater, der die Säuglingsfotos seiner Kinder vorzeigt, das Buch herauszog und die Liste der früheren Menüs zitierte: sautierter Lachs mit Zitrone und Schnittlauch auf einem Bett von Bärlauch; Fettuccine mit Pfifferlingen, Thymian und Sahne; geschmorte Lammkeule mit Marsala, ganzen Knoblauchzehen und Salbei …

Doch jetzt, nachdem ich ihn überredet habe, sich vor den Gästen nicht in Rezitationen zu ergehen, fange ich an, genauso viel Spaß an dem Protokoll zu haben wie er. Wir lesen es durch, und jeder Eintrag ruft uns einen bestimmten Tag in Erinnerung. Er sagt: »Erinnerst du dich an diesen Spargel-Morchel-Risotto, den du gekocht hast?« Und ich habe wieder das Bild vor Augen, wie an jenem Tag die Dämmerung langsam einsetzte, während wir aßen und dabei einen liebeskranken Pfau bei seinem Balztanz auf der Wiese unten vor dem Haus beobachteten. Ein anderer Eintrag lässt die Erinnerung an einen Besuch meiner Eltern zu Labor Day wieder aufleben. Meine Mutter und ich sammelten Brombee-

11

ren, und ich machte eine Englische Creme dazu. Ich höre jetzt noch ihre Stimme: »Teresa, warum bewahrst du das Eiweiß nicht auf? Es ist wirklich eine Schande, es so zu verschwenden. Im Kühlschrank hält es sich eine Woche lang.« Heute weiß ich, dass ich einen solchen Hinweis nicht gebraucht hätte, wenn auch ich im Krieg auf Lebensmittelmarken und Benzincoupons gelebt hätte.

Weil ich meine Begeisterung für das Kochen mit anderen teilen wollte, habe ich lange mit dem Gedanken gespielt, ein ganz normales Kochbuch zu schreiben. Doch ein Buch nach dem Motto ›Man nehme je eine Tasse in Würfel geschnittene Karotten, Sellerie und Zwiebeln und bräune sie in Butter ...‹ erschien mir völlig unangemessen. Jedes Rezept weckte eine Erinnerung, jede Zutat hatte eine Geschichte zu erzählen. Deshalb wählte ich einen anderen Weg. Die Köchin in mir fand Gefallen daran, zweigleisig zu fahren: Ich wollte eine Rezeptsammlung mit gelebter Geschichte kombinieren und beides mit einer Prise kulinarischem Geplauder und persönlichen Gedanken würzen.

Auf den ersten Blick mögen die Themen, die ich für meine Geschichten ausgewählt habe, als kunterbuntes Allerlei erscheinen, doch in Wirklichkeit hängen sie alle miteinander zusammen. Die Schüssel mit Polenta, der Steinguttopf mit Sauerkraut oder der Teller mit Erdbeer-Shortcake – sie alle sind Produkte meines Erbes. In ihnen spiegeln sich die italienische Herkunft meiner Mutter, die deutsche meines Vaters und auch meine eigene amerikanische Erziehung wider, die ich bei meiner Rezeptauswahl nie aus den Augen verloren habe. Wenn ich über die Pfifferlinge von den Ufern des Mascoma-Sees oder die Apfelgärten im Yakima Valley schreibe, dann bringt mich mein Thema stets an Orte, die mir lieb und teuer sind – Orte, die für mich selbstverständlich waren, bis ich meine Koffer packte und fortzog. Ob ich von meinen Großmüttern oder meiner Mutter oder einer eigenwilligen, runzligen Frau im Laden nebenan erzähle – meine Geschichten zollen immer Menschen Tribut, die meine Vorstellungen über Essen und Tischkultur geprägt haben. Sie werden sehen, dass die alten Damen überwiegen: An den Küchenherden meiner Welt – und so auch an denen meiner Geschichten – schwangen vorwiegend Frauen das Szepter.

So wurde aus dem, was ich ursprünglich als Rezeptsammlung geplant hatte, eine Laudatio auf all jene Menschen, die meinem Kochen Bedeutung gaben. Meine Mentoren sind ganz gewöhnliche Leute, die Tag für Tag Brot backen und süffigen Wein ausschenken. Die Zutaten, die sie verwenden, sind keineswegs exotisch, ihre Kochtechniken nicht kompliziert. Und dennoch gelingt es ihnen, am Herd so viel mehr zu tun als nur eine Mahlzeit zuzubereiten. Sie lehrten mich, dass Kochen etwas mit Kunst und Liebe, mit Familie und dem eigenen Ich, mit der Scholle und den Jahreszeiten zu tun hat. Auf sie alle erhebe ich mein Glas.

Reich mir bitte die Polenta

Die Polenta-Geschichte ist genau genommen eine Geschichte meiner Mutter. »Habe ich euch eigentlich schon erzählt, wie euer Vater das erste Mal Polenta vorgesetzt bekam?«, fängt sie jedes Mal erneut an, wenn sie Polenta serviert. Und mir kommt ihre Geschichte immer wieder in den Sinn, wenn ich Polenta auf der Speisekarte irgendeines sündhaft teuren Trend-Restaurants entdecke, das ich mir nicht leisten kann. Überall im Lande begeistern sich die Küchenchefs zurzeit für Polenta. Sie ergänzen sie mit zahlreichen fantasievollen Beilagen, servieren sie beispielsweise gegrillt mit sautierter Gänseleberpastete und Sauternes oder gebacken mit kurz gebratenem Filet Mignon und gehobelten weißen Trüffeln, natürlich immer zu einem Spitzenpreis. Gaumenfreunde, die besonders viel von sich halten, speisen winzige Portionen Polenta von zarten Porzellantellern mit Goldrand und benetzen anschließend ihren Gaumen mit Clos-de-Vougeot-Burgunder aus Waterford-Kristall-Kelchen.

Wenn amerikanische Küchenchefs die italienische Bezeichnung Polenta in den Mund nehmen, dann macht das Gericht in der Tat eine Art Wandlung durch. Es wird sehr chic, sehr exotisch und sehr teuer. In Georgia nennt man es einfach Maisbrei.

In Italien war Polenta immer ein Gericht der Armen. Die Bauern ernteten im Herbst den Mais und ließen die Kolben in ihren Blättern den Winter über an der Luft trocknen. Im Frühjahr mahlten sie die reifen Körner in Steinmühlen zu grobem Mehl, ihrem wichtigsten Grundnahrungsmittel. Meine Großmutter Teresa, meine Namenspatin, würde einen Rosenkranz beten, wenn sie noch am Leben wäre und sähe, auf welches Podest man dieses Armengericht inzwischen gehoben hat – Polenta über alles! Wirklich schlimm ist aber Folgendes: Diese sündhaft teuren Restaurants servieren Reste. Die eigentlich cremige Polenta wird beim Abkühlen fest. Polentascheiben in Mehl wälzen und dann aufbraten – das macht man nur mit Resten vom Vortag.

Natürlich kann man keineswegs ausschließen, dass ein piemontesischer Bauer auf dem Weg zu seinen Feldern unter einer Eiche eine Hand voll kostbarer Trüffeln ausgräbt. Und es ist auch möglich, dass seine Frau abends glücklich dünne Scheiben dieser Köstlichkeit über die Polenta hobelt. Doch viel wahrscheinlicher ist es, dass der Bauer sein Abendessen mit einigen Tropfen flüssiger Butter und frischen Salbeiblättern einnimmt.

Polenta ist ein Familiengericht. Warm im Mund, cremig auf der Zunge, der Kehle schmeichelnd und Magen füllend. Die Mütter füttern die Säuglinge damit, wenn die Zähne kommen. Die Väter füttern ihre Mütter damit, wenn die Zähne ausgefallen sind. Man füttert Kranke damit, weil sie bekömmlich ist. Die Armen essen sie, weil sie preiswert ist. Und die Einsamen essen sie, weil sie einen an zu Hause erinnert.

Polenta wird jedoch niemals Gästen serviert. Das wusste auch Teresa an jenem späten Herbstabend im Jahre 1959, als meine Mutter und mein Vater, noch recht frisch vermählt, an die Hintertür ihres Hauses in Yakima, Washington, klopften.

Zu jener Zeit lebten meine Eltern in der Nähe von Seattle, etwa 142 Meilen entfernt. So konnten sie sich samstags nach den Vorlesungen meines Vaters an der

Universität in den Wagen setzen und sich durch die Douglastannen-Wälder über den Snoqualmie-Pass auf den Weg gen Osten machen. Sie fuhren die mit Salbeibüschen übersäten Osthügel der Cascades hinunter, hinein in das Yakima Valley und an der 23. Straße die Anhöhe hinauf, um um Punkt sieben Uhr dreißig am Küchentisch der Familie Picatti zu erscheinen – genau in dem Augenblick, als meine Großeltern ihre Servietten für das Abendessen auf dem Schoß ausbreiteten.

Nun, Teresa war auf diesen Überraschungsbesuch nicht vorbereitet. Ihre fünf Kinder waren zwar alle schon aus dem roten Ziegelhaus ausgezogen, aber keines von ihnen hatte sein Zuhause je wirklich verlassen. Immer wieder kamen das eine oder andere oder auch alle zusammen wie ein Bumerang zurück, gewöhnlich um die Essenszeit. Teresa legte daher nie die Gewohnheit ab, für eine große Schar zu kochen. Warum sollte sie nur eine kleine Hühnerbrust zubereiten, wenn der Topf groß genug war für zwei ganze Hühnchen? Keinen Hunger? Du musst krank sein! Iss das hier, dann fühlst du dich gleich besser. Niemand betrat Teresa Picattis Küche, ohne etwas zu essen zu bekommen.

Trotzdem war Teresa, als meine Eltern an jenem Abend durch die Hintertür in ihre Küche spazierten, nicht nur überrascht, sie war geradezu zu Tode erschrocken. Nein, das Essen war nicht verkocht, und ihre Speisekammer war gut gefüllt. Sie hatte große Mengen verschiedener Nahrungsmittel geschnitten, gehackt und geschmort, so dass es sogar noch für vier weitere Picattis gereicht hätte, falls sie plötzlich auf der Matte gestanden hätten. Aber mein Vater war ein recht neues Mitglied der Familie. Ein Gast, für den Teresa ein wahres Fest veranstaltet hätte, obwohl er Protestant war. Und sie wusste, dass sein Geschmack in der Tat

exquisit war, hatte er doch ihre Tochter zur Braut er-
wählt. Und ausgerechnet an jenem Abend – welch ein
Unglück! – war alles, was sie anzubieten hatte, nur
Schmorfleisch mit Polenta.

Teresa legte ihre Serviette beiseite und erhob sich
vom Tisch. »Wie schön, euch zu sehen! Kommt herein,
kommt doch herein. Setzt euch. Aber, mein Gott, ich
bin untröstlich. Wenn ich doch nur geahnt hätte, dass
ihr kommt! Ich habe nur einfaches Schmorfleisch auf
dem Herd.« Sie verschränkte die Hände und runzelte
die Stirn. »Nein, so etwas können wir euch nicht anbieten. Das geht nicht. Ich werde dir ein Steak braten, Jim.« Sie wandte sich an meinen Großvater und
sagte mit hartem italienischem Akzent: »Joe, nimm
deinen Hut und hol für Jim schnell ein Steak aus dem
Laden.«

Kein Gedanke daran, dass der Händler nebenan
bereits seit Stunden geschlossen hatte. Sowohl mein
Großvater als auch meine Mutter wussten, dass Teresa
kurz davor war, die Nerven zu verlieren. Ihr italienischer Akzent war nur zu hören, wenn sie sehr aufgeregt war. Teresa war gerade mal fünfzehn gewesen,
als sie ihre Koffer gepackt und sich nach Amerika ein-
geschifft hatte, um Hauslehrerin zu werden. Nach
fünfundvierzig Jahren in einer Farmerstadt im Westen
der Vereinigten Staaten hatte sie ihren Akzent beinahe
ganz verloren.

»O Mom!«, wehrte meine Mutter ab. Meine Großeltern hatten sie zu einer Amerikanerin erzogen. Die
einzigen augenfälligen Spuren ihrer Herkunft waren
ihre ausgeprägte klassisch-römische Nase sowie das
dunkle Haar und der olivfarbene Teint, die sich von
ihrer Mutter geerbt hatte. »Sei nicht albern. Das ist
schon in Ordnung. Jim wird Polenta bestimmt mögen.«

Sie legte zwei weitere Tischsets auf. »Außerdem sterben wir vor Hunger.«

»Das Essen, das du gekocht hast, ist gut«, stimmte mein Großvater zu. »Wir sollten uns hinsetzen und essen.«

Teresa ließ sich erweichen. »Na gut, ihr habt sicher Recht. Es wäre jedenfalls eine Schande, es verkommen zu lassen.«

Der rustikale Charakter der Mahlzeit hatte zum einen etwas mit ihrem ländlichen Ursprung zu tun und zum anderen mit der familiären Art, wie sie serviert wurde. Auf dem Tisch standen drei Speisen: eine Terrine Schmorfleisch, eine Schale Polenta und eine Platte mit Käse. Jeder stellte sich seinen eigenen Teller zusammen, es sei denn, es saß jemand am Tisch, der noch nicht »eingeweiht« beziehungsweise ein Gast war. Bei meinem Vater traf beides zu. Teresa nahm seinen Teller und häufte zuerst eine Portion Polenta in die Mitte. Für diese cremige, glatte Polenta hatte sie etwa dreißig Minuten lang intensiv rühren müssen. In vielen Kochbüchern steht, man müsse, um Klümpchen zu vermeiden, das Maismehl so langsam in die kochende Flüssigkeit einstreuen, dass man die einzelnen Körnchen aus den Fingern rieseln sieht. Aber es gibt eine einfachere Methode. Meine Großmutter begann mit vier Teilen *kalter* Flüssigkeit, die sie in einen schweren Kochtopf gab. Vielleicht hatte sie an dem Tag ein wenig Hühnerbrühe oder etwas Milch übrig, aber zur Not tat es auch einfaches Wasser. Sie fügte einen Teil grob gemahlenes Maismehl hinzu, einen leicht gehäuften Teelöffel Salz und etwas zerstoßenen schwarzen Pfeffer. Die Masse rührte sie mit dem Schneebesen so lange um, bis sie glatt war. Anschließend stellte sie den Topf bei kleiner Flamme auf den Herd, nahm einen Holzlöffel und rührte und rührte und rührte. Sobald der Kochlöffel von allein im Kochtopf stand, wusste sie: Die Polenta ist fertig.

Anschließend streute sie einige Hände voll frisch geriebenen Käse darauf. Zufällig hatte sie von ihrem letzten Einkauf bei Pete DeLaurenti im Pike Place Market noch ein Stückchen Parmigiano-Reggiano übrig. Dieser Käse ist der König der Reibkäse. Aus irgendeinem Grund geben die glücklichen Kühe, die auf den Kleewiesen im fruchtbaren Enza-Tal von Reggio weiden, die fetteste Milch in ganz Italien. Der flachsfarbene, nussige Reggiano reift achtzehn Monate zu einem Produkt heran, das zu Recht der ganze Stolz der Region ist. Teresa achtete darauf, immer ein Stück davon im Haus zu haben, aber jeder andere gereifte Hartkäse hätte es auch getan. Ob Parmesan oder Pecorino Romano, inländisch oder importiert – Hauptsache, er wurde von Hand gerieben. Meine Großmutter würde sich angesichts des muffigen, bereits geriebenen Käses in Tüten oder Dosen, den man heutzutage in den Supermärkten bekommt, bestimmt im Grabe herumdrehen.

Dann holte Teresa die Käseplatte. Der nette Mann im *Deli* suchte ihr immer einen guten kugelförmigen Provolone aus. Sie legte eine dünne Scheibe des jungen, butterweichen Käses auf die Polenta. Dazu kam eine Scheibe Mozarella. Das Besondere an Mozzarella ist nicht so sehr sein Geschmack, sondern die Art, wie er sich in ein Gericht schmiegt und den Geschmack der übrigen Zutaten annimmt. Ich stelle mir vor, dass meine Großmutter sich gerade da nach Italien zurückwünschte, denn dann hätte sie dieses bescheidene Mahl wenigstens mit frischem italienischen Mozzarella garnieren können. Echter Mozzarella wird aus der Milch von Büffeln hergestellt. Italiener produzieren allerdings auch eine weniger teure, dafür geschmacklich aber auch weniger intensive Version aus Kuhmilch. Beide Sorten verderben sehr schnell, und ich bezweifle, dass sie den Büffelkäse nach ihrem Weggang von Turin irgendwo auftreiben konnte. Sie wäre begeistert, wenn sie wüsste, dass frischer Mozzarella aus dem In- und Ausland heutzutage auch in diesem Land erhältlich ist. Ganz im Geiste der bescheidenen Wurzeln der Polenta verwendete sie wahrscheinlich irgendein handelsübliches Produkt, das in New Jersey hergestellt wurde. Aber selbst der gummiartige New-Jersey-Mozzarella schmolz auf ihrer Polenta zu Samt.

Sie zupfte eine Scheibe Gorgonzola in kleine Stücke und verteilte sie auf die dampfende Polenta. Man hört oft, dass Gorgonzola die italienische Antwort auf den französischen Roquefort ist. Die beiden Käsesorten sehen zwar ähnlich aus, aber Roquefort wird aus der Milch von Mutterschafen gemacht, während Gorgonzola ein Kuhmilchprodukt ist. Jahrhundertelang war die Stadt Gorgonzola eine Zwischenstation für Hirten und ihre Kuhherden, wenn sie zum Überwintern von den Alpen in die Poebene zogen. Weil diese Kühe von dem anstrengenden Abstieg erschöpft waren, nannte man den Käse, den die Dorfbewohner aus ihrer Milch machten, *Stracchino di Gorgonzola;* denn im örtlichen Dialekt bedeutet *straccho* »müde«. Im Laufe der Zeit ging das Adjektiv dann verloren, doch die Stadt Gorgonzola blieb für den cremigen Blauschimmelkäse berühmt. Einige Leute behaupten, sein berauschendes Aroma, das an eine Kombination aus gerösteten Mandeln und Harnstoff erinnert, sei nur etwas für Kenner. Andere finden, dass er stinkt. Sie haben natürlich Recht. Er stinkt wirklich. Er stinkt genauso, wie nach Meinung mancher Leute auch Austern stinken. Dennoch haben sowohl diese Schalentiere als auch der

Blauschimmel glühende Anhänger, die ein Loblied auf ihn singen und ihn mit Leidenschaft verzehren.

Was meine Großmutter von Austern hielt, weiß ich nicht. Sie fügte auf jeden Fall noch eine zweite Scheibe Gorgonzola hinzu und griff dann nach der Schöpfkelle in der Schüssel mit dem Schmorfleisch. Sie hatte sich für dieses Gericht sicher bereits am frühen Nachmittag an die Arbeit gemacht, obwohl sie es oft schon einen Tag zuvor zubereitete, um es dann nur noch einmal kurz aufzuwärmen. »Je länger das Schmorfleisch steht, desto besser schmeckt es«, sagte sie immer.

Zuerst befreite sie das Fleisch – zirka ein Kilo Schmorfleisch, meist aus der Wade – von Fett und Sehnen, schnitt es in Stücke und wälzte diese in Mehl. Dann gab sie ein Stückchen Fett in einen flachen gusseisernen Bratentopf, ließ es auf kleiner Flamme schmelzen und fügte das Fleisch hinzu. Wenn die Stücke schön angebräunt waren, gab sie eine geschnittene Zwiebel, vier oder fünf dicke Knoblauchzehen, ein Lorbeerblatt sowie etwas Oregano, Thymian und Rosmarin dazu. Sobald die Zwiebeln glasig waren, löschte sie das Ganze mit einem gehörigen Schuss Rotwein ab, wobei sie immer darauf achtete, dass in der Flasche noch ein paar Zentimeter – ein Gläschen voll – für meinen Großvater zum Essen übrig blieben.

Zum Schluss kam noch ein Glas mit jenen Tomaten dazu, die sie im letzten August eingemacht hatte. Sie setzte den Deckel auf den Topf und ließ das Fleisch ein paar Stunden köcheln. Gelegentlich überprüfte sie das Ganze und steckte zum Abschmecken einen Finger in die heiße Brühe, rührte dann kurz um und fügte, wenn zu viel Flüssigkeit verdampft war, noch etwas Wasser hinzu. Kurz vor dem Ende der Kochzeit warf sie in Scheiben geschnittenen Sellerie, ein paar Karotten, einige Pilze und vielleicht ein oder zwei weiße Rüben hinein. Dann ließ sie das Schmorfleisch weiter köcheln, bis das Gemüse zart und das Fleisch zerfallen war. Anschließend schmeckte sie das Gericht mit Salz und Pfeffer ab.

Das Ergebnis waren die nahrhaften Kellen voller Fleisch, die Teresa über die Polenta und den Käse schöpfte. Eine Schicht dampfender, sämiger Soße überzog ein Bett von Polenta. Zartes Fleisch, karamelisierte Zwiebeln, rauchiger Knoblauch, aromatische Kräuter, pikanter warmer Käse. Das Ganze war ein schmelzender Berg von Aromen. Zum Abschluss streute Teresa noch großzügig Parmigiano-Reggiano darüber und stellte den Teller dann vor meinen Vater.

Nachdem meine Mutter und meine Großeltern der Reihe nach ihre eigenen Teller gefüllt hatten, nahm mein Vater seine Gabel und begann zu essen. Teresa beobachtete ihn aus den Augenwinkeln. Wenn meinem Vater ein Essen wirklich schmeckte, aß er gewöhnlich alles auf, ohne ein einziges Wort zu sagen. Konversation beim Essen lag ihm nicht; er wollte sich nicht aufhalten lassen. Er beugte den Kopf konzentriert über seinen Teller, zeigte sein schütteres Haar. Der Dampf, der von der Fleischsoße aufstieg, schlug sich auf seiner dicken Hornbrille nieder. Er aß seinen Teller leer und bat höflich um eine zweite Portion.

Teresa schaute über den Tisch hinweg meinen Großvater an, der ihr kaum merklich, aber ermunternd zunickte, und servierte meinem Vater dann einen zweiten Teller. Aber sie wusste, dass sie noch nicht gewonnen hatte. Sie spießte einen festen Butterpilz auf, der von ihrer eigenen Portion Polenta hinuntergepurzelt war, und versuchte, sich irgendwie zu beschäftigen. Sie war viel zu nervös, um selbst zu essen. Wie mit einem

Mopp fuhr sie mit dem Pilz über ihren Teller und wischte die sämige Soße auf. Sie fischte Tomatenstückchen heraus, schob ein Lorbeerblatt beiseite … und während der ganzen Zeit lugte sie zu meinem Vater hinüber. Wenn ein Gast in diesem Tempo aß, tat er das ihrer Erfahrung nach sicher nicht aus purer Höflichkeit. Das Essen war immerhin nicht so schlecht, dass er einen Nachschlag ablehnte, aber vielleicht wiederum doch nicht so gut zubereitet, dass er seine Manieren vergessen würde. Ein echter kulinarischer Triumph ließ sich erst verbuchen, wenn ein Gast den geschmacklichen Versuchungen auf dem Tisch erlag und ein drittes Mal zulangte.

Mein Vater konnte nicht genug bekommen. Mit einem leicht verlegenen Grinsen bat er schließlich um eine dritte Portion. Dieses Mal bereitete er sich seinen Teller selbst zu. Er schaufelte sich Polenta auf, legte den Käse darauf und verteilte großzügig die Fleischsoße darüber. Er zögerte einen Moment lang und fügte dann noch eine Extrascheibe Gorgonzola hinzu. Teresa hob den Blick und verzog den Mund zu einem kleinen Lächeln. »Nicht schlecht an einem kalten Abend, so eine Polenta, nicht wahr?«

Sicher, Schmorfleisch mit Polenta mag kein Gericht für eine Gesellschaft mit Smokingzwang sein; vielleicht ist es einfach ein ganz normales Abendessen. Manchmal dient es auch als Stimmungsbarometer für die wirtschaftliche Situation. Der älteste Bruder meiner Mutter erzählt, dass er während der Depression auf dem Heimweg von der Schule immer Zwischenstation im Laden meines Großvaters machte. Wenn an dem Tag ein Kunde gerade seine Rechnungen beglichen hatte, dann wusste mein Onkel, dass Fleisch mit Polenta auf dem Tisch stehen würde. Von den Fünfzigerjahren, als

Amerikas Wirtschaft blühte, ist einer meiner Tanten das Bild in Erinnerung geblieben, wie meine Großmutter Polenta rührte und vor sich hin murmelte: »Dreizehn Sorten Käse hast du im Kühlschrank, Joe Picatti. Bring mir noch eine mehr nach Hause, und ich spreche eine Woche lang nicht mehr mit dir.«

Ist es wirklich eine so große Überraschung, dass eine Schüssel Getreidebrei unser Land im Sturm erobert hat? Immerhin hatten die römischen Legionen, als sie die Welt in die Knie zwangen, ihre Mägen mit Gerstenbrei, den sie Polenta nannten, gefüllt. Und mit Polenta in ihrem Kochtopf nahm Teresa meinen Vater in die Familie auf. So schloss sich der Kreis.

Das Pie-Backen, ein Kinderspiel

Wie man gute *Pies* macht, lernt man nicht von einem französischen Bäcker oder Konditor. Der klassische Bäckermeister kann einem zeigen, wie man aus buttriger *Pâte feuilleté* Cremeschnitten macht. Oder er wird einem den Tipp geben, zusätzliche Eier in die *Pâte à choux* zu schlagen, um besonders luftige, hohe *Eclairs au chocolat* zu fabrizieren. Und er hat in seinem Repertoire natürlich auch Backwerk, das er mit gesüßtem Obst füllt. Er nennt es *Pâte brisée.*

Der Name bedeutet so viel wie »gebrochener Teig«, womit die Art und Weise beschrieben wird, wie die Konditoren den Teig ursprünglich verarbeiteten: Sie brachen kleine Stücke davon ab und verteilten sie über den Tisch, um sie dann mit dem Handballen zusammenzudrücken. Französische Konditoren wissen jedoch nicht, wie man einen zarten *Pie*-Teig herstellt.

Pie ist ein amerikanisches Warenzeichen, wenn auch keine amerikanische Erfindung. Die Engländer aßen schon im Mittelalter mit süßen Früchten, pikantem Fleisch und vor allem mit Amseln gefüllte *Pies*, die jedoch nur oben eine Teigkruste hatten. Die amerikanischen Siedler erfanden die *Pie* neu und machten sie sich zu Eigen. In Frankreich backen Küchenchefs keine *Pies*, weil sie keine *Pie*-Formen besitzen. Sie haben Tarte-Formen und machen deshalb Tartes. Tartes werden aus *Pâte brisée,* Mürbeteig, hergestellt. Ein französischer Küchenchef wird sich kaum dazu herablassen, das Wort »*Pie*-Teig« in den Mund zu nehmen. Für ihn ist die französische Küche der amerikanischen ohnehin von Natur aus überlegen.

Seine Vorurteile sind nicht unbegründet. *Tournedos à la périgourdine* überflügeln bei weitem unser durchgebratenes Steak mit Dip Nr. 1. *Salade niçoise* stellt den Klecks Thunfischsalat, den man in der Cafeteria nebenan in einem Bett Eisbergsalat versteckt serviert, deutlich in den Schatten. Und ein Schälchen dampfende, kräftige französische Bratensoße mit der faden Brühe, die wir in Amerika über das Essen geben, zu vergleichen, das wage ich schon gar nicht.

Aber was die *Pâte brisée* und den *Pie*-Teig betrifft, da sind die Franzosen, fürchte ich, auf dem Holzweg. Die Zutaten sind bei beiden im Wesentlichen gleich: Mehl, Salz und Fett – im Allgemeinen Butter oder Schweineschmalz, eventuell Backfett. Dennoch geht in der Übersetzung etwas verloren, wenn der Teig in den Händen eines klassisch geschulten Küchenchefs geformt wird. Ja, *Pie*-Teig, nach dem altmodischen amerikanischen Urrezept hergestellt, ist einfach besser.

Der Unterschied ist, glaube ich, entwicklungsgeschichtlich bedingt. Französische Küchenchefs haben die Angewohnheit, auch die einfachste Aufgabe schwierig zu gestalten, um das Banale zum Außergewöhnlichen zu erheben. Die Doktrin der französischen *Haute Cuisine* stammt aus einer Zeit, in der die professionellen Küchen von kleinen Lehrjungen nur so wimmelten. Je vermögender das Schloss, desto mehr Diener, die nichts Besseres zu tun hatten, als den lieben langen Tag herumzustehen und Trauben zu entkernen oder Eiweiß zu schlagen. Die Chefköche in den großen Küchen entwickelten eine Vorliebe für komplexe, arbeitsintensive Kochmethoden, um ihr Personal daran zu hindern, untätig herumzustehen. Ihre Küche wurde so kompliziert, dass das gemeine Volk sie niemals hätte kopieren können. Auch diese Tatsache trug dazu bei, dass das Ansehen der Küchenchefs schwindelnde Höhen erreichte.

In Amerika wurde die Kunst, *Pies* zu backen, von Farmerfrauen auf dem Land perfektioniert. Diese Frauen hatten nicht nur das Backen von *Pies* auf ihrem Tagesplan, sie kümmerten sich auch um sieben Kinder, kochten ein Dutzend Gläser Erdbeermarmelade ein und hatten die Wäsche fertig, wenn die Männer von den Feldern zum Abendessen heimkehrten. Wenn *Pies* nicht flott von der Hand gegangen wären, hätten sie es schlichtweg nicht geschafft. *Pies* haben nichts mit sozialem Status zu tun, sie schmecken einfach nur gut.

Dies lernte ich erst, als ich in der Küche eines französischen Restaurants angestellt war. Die Besitzerin des Lokals hatte ihr Diplom auf der *Ecole de Cuisine La Varenne* in Paris erworben, ihr Küchenchef kam vom *Cordon Bleu* in London. Ich selbst hatte nichts weiter als ein mäßiges Collegediplom vorzuweisen. Sie brachte mir bei, wie man himmlische *Génoise* (Biskuitteig, Wiener Masse) macht, er zeigte mir, wie man *Filet mignon* sautiert. Und ein ehemaliger Küchenchef des Restaurants, mit einem Diplom des *New England Culinary Institut* in Montpelier, Vermont, in der Tasche, half mir, meine köstlichen *Pommes de Terre dauphinoises* zu perfektionieren.

Misstrauisch wurde ich allerdings, als ich entdeckte, dass sie alle trotz ihrer Diplome und trotz ihrer internationalen Erfahrung in Sachen Kochen geradezu jämmerliche *Pies* herstellten. »La Varenne« beglückte die Belegschaft zu Thanksgiving einmal mit einer Kürbis-*Pie*. Die Teigkruste war unglaublich zäh. Der Meister aus Montpelier brachte einmal eine Apfel-*Pie* zur Weihnachtsfeier mit. Sie war vollkommen klitschig geraten. Herrn »Cordon Bleu« gelang zwar eine mittelmäßige Hollandaise, aber er wagte sich nie an *Pies*. Einmal backte er eine Pfirsich-Tarte: Sie war verbrannt! Dabei fällt mir ein, dass einer meiner früheren Chefs, seines Zeichens Absolvent der *California Culinary Academy*, ebenfalls nur recht armselige *Pies* herstellte.

In jenem Restaurant arbeitete ich damals als Bedienung und hörte einmal, wie ein Gast, ein echter *Pie*-Kenner, über die Vorzüge einer perfekten *Pie* sprach. Ein schlaffes, angebissenes Stück *Tarte aux pommes* – also Apfelkuchen – lag vor ihm auf dem Teller und hatte offensichtlich die Diskussion mit seiner weiblichen Begleiterin ausgelöst.

Eine *Pie* besteht aus zwei Teilen, sagte er, aus der Füllung und der Teigkruste. Die Füllung muss saftig sein, darf aber wiederum nicht so flüssig sein, dass sie die Kruste durchweicht. Sie soll fruchtig herb, aber nicht sauer, süß, auf keinen Fall allzu süß schmecken. Das Wesentliche an einer guten *Pie* ist jedoch eine zarte, blättrige Teigkruste. Zwischen einer schlechten Kruste und einer fantastischen Kruste besteht ein ähnlicher Unterschied wie zwischen einer Verbindung und einem Gemisch in der Chemie.

Ich ließ mir diesen Vergleich durch den Kopf gehen und glaube nun zu wissen, was jener Gast meinte. Bei einer chemischen Verbindung werden die einzelnen Atome einer beliebigen Anzahl von Elementen aneinander gebunden und ergeben eine neue Substanz, die mit den ursprünglichen Komponenten nichts mehr gemein hat. Salz ist beispielsweise eine solche Verbindung: Ein Natrium-Ion bindet sich an ein Chlor-Ion, um Natriumchlorid zu bilden. Bei einem Gemisch hingegen werden verschiedene Substanzen vermengt und koexistieren harmonisch miteinander, behalten aber dennoch ihren eigenen Charakter. Eine Schale mit Salz und Pfeffer ist zum Beispiel ein Gemisch. Man kann es umrühren, so lange man will, das eine lässt sich immer noch vom anderen unterscheiden.

Und nun zu unserer *Pie*-Kruste: Mehl, Butter und Wasser sind die Substanzen. Wenn man diese Zutaten zu einem glatten, homogenen Teig verarbeitet, ist das Ergebnis gewissermaßen eine neue Verbindung. Die Versuchung, so weit zu gehen, ist groß, denn je intensiver man den Teig verknetet, desto einfacher lässt er sich verarbeiten. Wenn Mehl mit Wasser in Berührung kommt, entwickelt sich ein Protein, das so genannte Gluten. Je stärker der Teig geknetet wird, desto elastischer wird das Gluten. Die Bildung von Gluten in einer *Pie*-Kruste ist der Anfang vom Ende. Um diesen Prozess zu verlangsamen, fügen manche *Pie*-Bäcker dem Teig eine Spur Essig oder Zitronensaft zu, speziell bei warmem Wetter, wenn die Butter Gefahr läuft, mit dem Mehl zu verschmelzen, anstatt sich ihre eigene Identität zu bewahren. Die Säure in dem Essig hilft dabei, die Glutenbildung zu verhindern.

Die Zubereitung von *Pie*-Teig geht im Vergleich zum Brotteig genau in die entgegengesetzte Richtung. Das Gelingen eines Hefebrotes setzt intensives Kneten voraus, denn der Teig kann nur dank der Gase, die sich durch die Hefe entwickeln, aufgehen. Das Ergebnis ist die kernige, himmlische Konsistenz eines frisch gebackenen Brots. Dagegen verwandelt sich der *Pie*-Teig, der ohne Hefe hergestellt wird, zu einem biegsamen Stück Pappe.

Bei *Pie*-Teig gilt es nun, so etwas wie eine strukturelle Mischform zu erreichen. Natürlich ist das Ganze mehr als die Summe seiner Einzelteile, doch das Schwierige dabei ist, dass jede einzelne Substanz etwas von ihrer Identität bewahren muss. Das fertige Produkt sollte ein bisschen klumpig, ja sogar »schlampig« sein – Butterstückchen, und Staubinseln nicht eingearbeiteten Mehls sollte man erkennen können. Wenn man den Teig in zwei Richtungen ausrollt, sollten sich die Butterkrümel als sichtbare Striemen durch den Teig ziehen. Während des Backens schmilzt die Butter zwar in den Teig hinein, aber die Winkel und Ritzen, die die Klümpchen hinterlassen, werden vom Dampf des verdunstenden Wassers aufgebläht. Und voilà!: Eine blättrige Kruste entsteht.

Dies zu erreichen, ist kein leichtes Unterfangen. Der Gast in jenem Restaurant schien zwar gut in der Theorie zu sein, aber ich wette, dass er noch nie versucht hatte, selbst einen *Pie*-Teig zu backen. Er wäre bestimmt nachsichtiger gewesen, wenn er jemals voller Enttäuschung seine Gabel in eine selbst gebackene, klitschige Teigkruste gestochen hätte. Ein *Pie*-Kenner, ja, das war er, aber einer, der noch nie eine *Pie* gebacken hatte – davon bin ich überzeugt.

Bis vor kurzem zählte ich mich zu den *Pie*-Bäckern, die es zwar versucht hatten, aber stets gescheitert waren. Ich wusste, dass das Backen einer guten *Pie* kein Kinderspiel ist. Und dennoch gab ich nie die Hoffnung auf, eines Tages mit meinen eigenen Händen ein Wunderwerk von einer *Pie* zu schaffen, vielleicht deshalb, weil ein paar Idealisten mir einflüsterten, dass so etwas durchaus im Bereich des Möglichen lag.

Nachdem ich bei Madame »La Varenne« angefangen hatte, machte ich mich daran, dem Geheimnis eines perfekten *Pie*-Bodens auf den Grund zu gehen. In meiner Naivität ließ ich mich von der mystischen Kompliziertheit französischer Backkunst gefangen nehmen.

Ich arbeitete mich durch die Backbücher der Restaurantbibliothek, verbrachte Stunden damit, mir die Rezepte und Schlüsselinformationen zu notieren. Also: immer Schweineschmalz verwenden. Schweineschmalz ist zu fett, nur Butter nehmen. Um den Teig zu lockern, etwas griffiges Mehl beimengen. Ausschließlich Feinbackmehl verwenden. Den Teig nicht mit den Händen berühren, mit einer Küchenmaschine arbeiten. Den Teig mit den Fingern durcharbeiten. Den Teig vor dem Ausrollen vierundzwanzig Stunden kühl stellen. Sofort nach der Zubereitung ausrollen.

Je mehr ich las, desto verwirrter wurde ich. Und so suchte ich bei einer der besten *Pie*-Bäckerinnen, die ich kannte, Rat. Ich rief meine Großmutter väterlicherseits auf ihrer 35-Morgen-Farm in Yakima, Washington, an. Yakima bezeichnet sich selbst stolz als »Obstschüssel der Nation«, und Oma hatte den größten Teil ihrer achtzig Lebensjahre damit verbracht, diesen Segen in *Pie*-Teig einzuschlagen. Rhabarber, Erdbeeren, Johannisbeeren, Kirschen, Pflaumen, Aprikosen, Pfirsiche, Brombeeren, Birnen, Äpfel, Kürbis, Dörrobst – aus allem machte sie *Pies*.

»Ach, Liebling«, sagte meine Oma, als sie meine Stimme am anderen Ende der Leitung hörte. »Mich so aus heiterem Himmel anzurufen, das freut mich aber.«

»Oma, ich backe gerade eine *Pie,* und ich brauche deine Hilfe. Ich habe zig Backbücher gewälzt, und jetzt bin ich total verwirrt. Ich habe mir zwar alle wichtigen Schritte aufgeschrieben, aber jetzt möchte gern dein Rezept mit all diesen anderen Backanleitungen vergleichen.«

»Ich glaube zwar nicht, dass ich es besser kann als die Autoren deiner Kochbücher, aber lass hören.«

»Da steht, man müsse in ein Backbrett und eine Teigrolle aus Marmor investieren, um das bestmögliche Ergebnis zu erzielen. Außerdem sollte man das Backbrett vorher ins Kühlfach legen, damit die Arbeitsfläche kalt bleibt. Machst du das auch?«

»Nein, aber ich backe meine *Pies* morgens, bevor die große Hitze einsetzt.«

»Nimmst du Schweineschmalz? Und legst du es vor der Verarbeitung für fünfundvierzig Minuten ins Gefrierfach?«

»Nein, ich nehme nur Butter und manchmal etwas Backfett. Die Sache mit dem Gefrierfach könnte jedoch eine gute Idee sein, aber ich würde wahrscheinlich nicht rechtzeitig daran denken.«

»Was ist mit dem Mehl? Nimmst du Feinbackmehl oder mischst du einen Teil griffiges Mehl mit drei Teilen Haushaltsmehl?«

»Ich habe überhaupt noch nie etwas von Feinbackmehl gehört, Liebes. Ich nehme, was ich im Schrank habe. Ganz gewöhnliches Mehl eben.«

»Gibst du dem Teig auch zwei Touren, bevor du den Boden und den Deckel formst?«

»Was soll das denn heißen?«

»Rollst du den Teig aus, belegst ihn dann mit Butterscheiben, schlägst ihn dreimal ein wie einen Geschäftsbrief, stellst ihn eine halbe Stunde kalt und wiederholst das Ganze dann noch einmal?«

»Guter Gott, Kind, das klingt ja, als sei man den ganzen Tag damit beschäftigt. Wenn du mich fragst, macht die ganze Ausrollerei den Teig nur zäh.«

Und in dieser Form ging das Gespräch weiter. Schlägst du die Butter mit einem Rollholz, um sie geschmeidig zu machen, ohne dass sie warm wird? Nein. Verwendest du für das Vermischen der Zutaten eine Küchenmaschine? Nein. Rollst du den Teig zwischen zwei Lagen Wachspapier aus? Stellst du den Teig zwei Stunden oder über Nacht kalt, bevor du ihn verarbeitest? Nimmst du Milch statt Wasser, damit die Teigkruste schön zart wird? Nein, nein, nein. So viel zu den geheiligten Backanleitungen.

»Aber wie machst du es denn dann?«

»Ich glaube nicht, dass all dieses Theater nötig ist«, antwortete meine Oma. »Ich gebe dir jetzt einfach mal mein Rezept.«

Ich suchte in der Unordnung auf meinem Schreibtisch nach einem Stift. »Okay, ich bin bereit.«

»Also, du nimmst 375 Gramm Mehl und gibst es mit einer Prise Salz und einer etwas größeren Prise Zucker in eine große Schüssel. Das Ganze rührst du um, damit sich alles gut vermischt. Dann schneidest du etwa 175 Gramm kalte Butter in kleine Würfel und gibst sie zusammen mit 75 Gramm Backfett zu dem Mehl. Du kannst auch nur Butter nehmen, dann brauchst du insgesamt ein halbes Pfund. Das Backfett macht die Kruste blättriger, aber mit der Butter wird sie schmackhafter. Das kannst du halten, wie du willst«, ließ meine Oma mich wissen. »Besitzt du ein Teigmesser? Damit lässt sich die Butter ganz leicht in das Mehl einarbeiten. Aber zwei Gabeln tun es auch. Wenn es heiß ist, nimm nicht die Finger. Sie sind dann zu warm und würden die Butter schmelzen lassen. Du musst die Butter so lange zerkleinern, bis du nur noch einen Haufen Klümpchen hast, die nicht größer sind als die Tigeraugen-Murmeln, mit denen ihr als Kinder gespielt habt. Mit dem Einarbeiten musst du aufhören, bevor du glaubst, fertig zu sein. Dies ist das eigentliche Geheimnis.«

Ich schrieb eifrig mit, während meine Oma sprach und versuchte, mich daran zu erinnern, wo denn bloß diese Murmeln waren. Wie unbekümmert sie mit den Prisen von diesem und jenem umging! Hier dagegen, im Restaurant, hatte ich den Eindruck, dass Piebacken eine ernste Aufgabe war, bei deren Erledigung strenge Regeln zu befolgen waren.

»Größere Klümpchen sind besser als viele kleine Krümel. Dann brauchst du eine Tasse Eiswasser. Die bereite ich immer vor. Ich fülle eine kleine Schale mit kaltem Wasser und werfe ein paar Eiswürfel hinein. Und wenn es richtig heiß ist, gebe ich noch einen Teelöffel Essig dazu. Ich weiß nicht warum, aber meine Mutter hat es genauso gemacht. Spritze nun das Eiswasser über das Mehl. Behalt ein bisschen zurück, möglicherweise brauchst du nicht alles. Rühr es dann mit einer Gabel ein. Du darfst jedoch nur so lange rühren, bis die Klümpchen gerade anfangen, sich miteinander zu verbinden. Das Ganze sollte die Konsistenz von gutem, frisch gepflügtem Ackerboden haben. Dann gibst du die Masse auf die Arbeitsfläche und formst mit den Händen daraus eine Kugel. Falls der Teig nicht zusammenhält, kannst du jetzt noch etwas Eiswasser hinzugeben. Also keine Panik. Den Teig stellst du in den Kühlschrank, und in der Zwischenzeit bereitest du die Füllung zu. Was für eine *Pie* willst du eigentlich backen, Schätzchen?«

»Ich habe gestern im Wald hinter dem Haus ein paar Brombeeren gesammelt«, erklärte ich.

»Oh, das klingt nicht schlecht. Dann also zu deinen Beeren. Wasch sie nicht ab, dabei spülst du nur den ganzen Saft fort. Lies sie allenfalls grob aus. Ein paar Blätter und Stiele sind durchaus gut für die Verdauung, weißt du. Du brauchst ungefähr einen Liter Beeren. Gib die Beeren mit zirka 150 Gramm Zucker in eine Schüssel. Wenn die Beeren herb und sauer sind, nimmst du ein bisschen mehr, wenn sie reif und süß sind, ein bisschen weniger. Füge gut drei Esslöffel Mehl hinzu, etwas Zimt und eventuell einen Hauch Muskatnuss. Dann drückst du eine Zitrone aus und träufelst den Saft über die Beeren. Manchmal schabe ich zuerst die Schale ab und gebe sie ebenfalls zu den Beeren. Das gibt ihnen einen schönen frischen Zitronengeschmack. Rühr alles ein bisschen mit den Händen um und lass es dann ein Weilchen stehen. Das ist notwendig, damit sich der Saft und das Mehl zu einem dicken, kräftigen Sirup verbinden.«

»Wie lange soll ich warten?«

»Oh, so lange, bis du das schmutzige Geschirr abgewaschen hast. Dann kannst du dich an die *Pie* machen. Stell jetzt den Backofen auf zirka 190 Grad. Dann streust du etwas Mehl auf die Arbeitsfläche und rollst eine Hälfte des Teiges zu einer Scheibe aus.«

Der Klang von Omas lieber Stimme rief in mir sofort das Bild wach, wie sie mit einer Schürze in ihrer Küche steht und an der Küchentheke arbeitet, eine Szene, deren Zeugin ich viele Male geworden war. Braun gesprenkelte Bäuerinnenhände, die mit jeweils drei Fingern das Nudelholz packen. Seit Jahren schon plagte sie die Arthritis. Ein Hauch Mehl auf ihrer Wange verschmilzt mit ihrem silbergrauen Haar.

Die Teigscheibe wird langsam dünner und breitet sich unter dem Druck des Rollholzes nach wenigen ruhigen Strichen auf dem Backbrett aus. Meine Oma schiebt einen Spatel unter den Teig, um ihn von dem Untergrund zu lösen. Sie gibt zusätzlich Mehl über die Arbeitsfläche, wendet den Teig und dreht ihn um 45 Grad. Diesen Vorgang wiederholt sie so lange, bis der Teig vollkommen rund ist: 28 Zentimeter Durchmesser und vier Millimeter dick. Sie faltet die Platte zu einem Viertel zusammen, nimmt sie auf und entfaltet sie dann in ihrer *Pie*-Form.

In derselben Weise verfährt sie mit der zweiten Teighälfte. Sie gießt die Füllung in die Form und belegt sie mit dünnen Butterflöckchen. Über die Beeren legt sie den Teigdeckel und schlägt ihn ringsherum um den Boden, so wie man eine Winterdecke unter eine Matratze stopft. Damit der Rand ordentlich wird, kneift sie Boden und Deckel mit Daumen und Zeigefinger einmal rund herum zusammen. An ihrem Trauring klebt Teig. Damit der Dampf entweichen kann, ritzt sie mit der Spitze eines scharfen Messers ein Schneeflöckchenmuster in den Teigdeckel.

»Wenn du eine glänzende Kruste haben möchtest, kannst du den Deckel mit leicht geschlagenem Ei oder Milch einpinseln«, fuhr sie fort. »Stell das Ganze für gut eine Stunde in den Ofen. Ich lege gewöhnlich ein Stück Backpapier darunter. Denn eins ist sicher: *Pies* müssen blubbern. Und es macht viel Arbeit, den verbrannten Zucker wieder vom Boden des Backofens zu entfernen. Wenn die Kruste goldbraun ist, hol die *Pie* aus dem Ofen und lass sie auf der Küchentheke abkühlen. Das ist schon alles.«

Gleich nachdem ich den Hörer aufgelegt hatte, machte ich mich an die Arbeit. Ich stellte eine Schüssel mit Eiswasser auf die Theke und folgte genau den Anweisungen meiner Oma. Das heißt, ich maß nicht viel ab, verknetete nicht viel und machte mir auch sonst nicht allzu viele Gedanken. Als ich die *Pie* aus dem Ofen holte, strömte mir der Duft von warmen Beeren, brauner Butter und Omas Küche entgegen. Die Kruste glänzte golden, die Ränder ließen blättrige Schichten erkennen, durch die Dampflöcher blubberte dick und glänzend die purpurne Füllung.

Ich war so stolz auf diese *Pie*, dass ich beschloss, sie mit meinen Kollegen im Restaurant zu teilen. Als ich durch die Tür ging, wusste ich, dass ich mich mit meinem Glanzstück einer Phalanx harter Kritiker stellte. »La Varenne« und »Le Cordon Bleu« waren in der Küche beschäftigt. Zufällig war auch »Montpelier« dort, der aus der Stadt zu einer Stippvisite gekommen war.

»La Varenne« holte Teller und ein Messer, schnitt in die *Pie* und legte jedem ein Stück auf einen Teller. Die Füllung glänzte und quoll verführerisch aus dem Teigmantel hervor. Während wir aßen, standen die drei um mich herum, nahmen einen Bissen und hoben dann ihre Teller hoch, um das Stück näher zu inspizieren. Die Kruste hatte sich schon auf Zimmertemperatur abgekühlt, aber die säuerlichen, saftigen Beeren waren immer noch warm auf der Zunge.

»O Gott, ist die gut«, sagte »Montpelier«. »Haben Sie Feinbackmehl genommen oder griffiges Mehl mit Haushaltsmehl gemischt? Haben Sie mit einer Küchenmaschine gearbeitet?«

»Die ist wirklich köstlich«, stimmte »Le Cordon bleu« zu. »Die Kruste ist fantastisch. So leicht und blättrig. Wie viele Touren haben Sie dem Teig gegeben? Haben Sie tiefgekühltes Schweinefett genommen?«

»Exquisit«, ließ sich »La Varenne« vernehmen. »Ich kann mich nicht erinnern, jemals eine so feine *Pâte brisée* gekostet zu haben. Haben Sie mit einem Backbrett und einem Rollholz aus Marmor gearbeitet, oder haben Sie die Arbeitsfläche gekühlt?«

»La Varenne« sah inzwischen ein bisschen hilflos drein. Es gehörte zu ihren festen Grundsätzen, keine Rezepte an ihre Gäste herauszugeben. Sie betrachtete sie als ihr ureigenes Patent, ganz gleich ob es sich um ihre eigenen Kreationen handelte oder nicht. »Meinen Sie ... würde es Ihnen etwas ausmachen ... könnten Sie mir eventuell das Rezept für diese wunderbare *Pâte brisée* geben?«

»Ja, das wäre mir wirklich eine große Ehre«, erwiderte ich. »Aber dies ist keine *Pâte brisée*. Wenn Sie eine gute *Pie*-Kruste machen wollen, müssen Sie mit einem *Pie*-Teig beginnen.«

Ein gutes Brathähnchen

An dem Tag, an dem mein Großvater die Rhode Island Reds mit nach Hause brachte, begann meine Mutter ihre »Laufbahn« als Sengerin. Hier ist mir keineswegs ein Schreibfehler unterlaufen; sie fing nicht etwa an zu singen, nein, sie lernte in der Tat das Sengen. Ich spreche vom Rupfen und dem anschließenden Absengen von Geflügel über einer offenen Flamme. Als ich sie bat, mir noch einmal von ihren Anfängen als Lehrling eines Geflügelhändlers zu erzählen, erklärte sie mir, es sei ihre Aufgabe gewesen, nach dem Rupfen die Stoppeln der Hühner abzusengen. Anstelle einer Sengerin wäre sie lieber »Wachserin« geworden, was laut Mrs Sebastian, die am Ende der Straße weiße Leghorns hielt, etwas Besseres war. Mrs Sebastian sagte, die Stoppeln würden problemlos herausgleiten, wenn man die nackten Vögel mit flüssigem Paraffin bestrich und anschließend das hart gewordene Wachs wieder abzog. Aber meine Großmutter Teresa benötigte das Paraffin für die Zubereitung von Traubengelee. Und außerdem war sie der Meinung, dass die Hühnerhaltung schon genug Unordnung mit sich bringe, da könne man nicht noch einen Trog heißes Wachs zwischen den Füßen gebrauchen.

Eineinhalb Generationen später zog ich ein Brathähnchen aus dem Ofen, und mir ging nicht etwa durch den Kopf, wie meine Mutter früher Stoppeln abgesengt hatte, sondern auf wie viele verschiedene Arten ich das Hähnchen an jenem Abend hätte zubereiten können: Hühnchen *Kiew* oder Hühnchen *Cordon Bleu*, Hühnchen *Chasseur* oder Hühnchen *Chaud-Froid*. Ich hätte die Brüstchen mit Speck umwickeln, die Schenkel braten und die Flügel als *Buffalo-Wings* zubereiten können, oder ich hätte auch *Coq au vin, Coq à la Jambalaya* oder *Coq à la Vindaloo* kochen können. Doch nichts von alledem hätte an mein Brathähnchen in seiner einfachen Ursprünglichkeit herangereicht.

Das Hähnchen sah wahrhaftig gut aus: knusprige Haut mit der Farbe von dunklem Toast, auf dem Boden der Fettpfanne das zischende Fett und ein Duft wie bei meiner Großmutter zu Hause, wenn man einmal die Tomatensoße außer Acht ließ. Diese Zubereitungsart mag in ihrer Einfachheit beinahe enttäuschend klingen. Ich hatte mich nicht einmal an ein Rezept gehalten, sondern das knapp zwei Kilo schwere Brathähnchen lediglich abgespült, trocken getupft, mit geschmolzener Butter bestrichen und innen mit grobem Salz und frisch gemahlenem Pfeffer eingerieben. Dann legte ich es mit der Brustseite nach oben in einen Bräter auf ein Bett aus Rosmarinzweigen und beträufelte es mit dem Saft einer Zitrone. Die ausgedrückte Zitrone steckte ich anschließend zusammen mit ein paar frischen Thymianzweigen und einigen Knoblauchzehen in die Bauchhöhle des Vogels und schob den Bräter dann in die auf zirka 200 °C vorgeheizte Backröhre. Dort garte das Hähnchen etwa eine Stunde lang, so lange, bis der Saft beim Anstechen des Schenkels klar herauslief. Ein Bratenthermometer – ich hatte keines zur Hand –, hätte so um die 80 °C angezeigt. Anschließend ließ ich das Brathähnchen zehn Minuten ruhen, bevor ich es auf einer Platte mit neuen Petersilienkartoffeln und gebutterten Karotten anrichtete. Das war alles.

Allerdings hatte ich auf einem Bauernmarkt ein Freilandhähnchen gekauft, eines, das in seinem Leben schon einige Würmer gefressen hatte – ein Hähnchen mit richtigem Fleisch auf den Knochen und kein Junkie-Hähnchen, das mit Hormonen und Antibiotika gefüttert worden war. Der Knoblauch, die Kartoffeln und die Karotten kamen an diesem Morgen direkt aus meinem Garten, und die Kräuter wuchsen in Töpfen auf der vorderen Veranda. Mir kam plötzlich in den Sinn, dass das Gelingen eines Brathähnchen nicht von einem Rezept abhängt, sondern von der Art, wie man lebt, vom eigenen Umfeld eben: rundum Gemüsegärten und Bauernhöfe und Zutaten, die von dort direkt auf dem Tisch landeten. Dies war das ganze Geheimnis. Im weiteren Sinne bedeutete das – und dies war der Punkt, an dem ich meine Mutter wieder vor mir sah, wie sie ein frisch gerupftes Huhn über einer Kerzenflamme absengte –, dass man die Augen nicht davor verschloss, dass das, was so saftig und knusprig auf einem Bett von Rosmarinzweigen lag, einmal im Dreck gescharrt hatte.

Wenn Sie meinen Großvater Joe gefragt hätten, damals an jenem für meine Mutter so denkwürdigen Augusttag vor nunmehr fünfzig Jahren, als er seine Hühner in eine Lattenkiste steckte, hätte er vielleicht hinzugefügt, dass die Vögel, die auf einem Bauernhof leben, nicht nur im Dreck scharren, sondern auch sehr aggressiv werden können. Ja, einige von ihnen – die alten Hennen nämlich – sind sehr widerspenstig und auch allzu zäh für die Bratpfanne. Man muss sie für eine recht lange Zeit in einem Kochtopf garen, damit sie weich werden und die Gemeinheit sozusagen aus ihnen herausdampft.

Joe war eigentlich kein Farmer, der gewerbsmäßig mit Hühnern handelte. Er hielt wegen der Eier einige Banty-Hennen. Nachdem er aus Italien in den Staat

Washington eingewandert war, arbeitete er zunächst als Metzger in Cle Elum und dann auf dem gewaltigen Columbia River als Fährschiffer, bevor er als Autodidakt Elektroingenieur wurde und nach Yakima Valley ging, was – wie er gern betonte – zeigte, wie weit man es mit ein bisschen Grips und Gelenkschmalz bringen konnte. Er war für die Bewässerungsanlagen einer ganzen Reihe von Obstbauern in der Umgebung zuständig, Obstgärtnern, die sich die Schneeschmelze im Cascade-Gebirgszug zunutze machten, weil in dem Tal, in dem sie lebten, nur zwanzig Zentimeter Niederschlag pro Jahr fiel.

Joe machte sich an jenem Morgen zu den Obstgärten auf, um einen Blick auf die Pumpe irgendeines Farmers zu werfen. Nach einer kurzen Inspektion und anschließender Beratung mit dem Eigentümer willigte er ein, die notwendigen Reparaturen für ein Honorar von siebzig Hühnern vorzunehmen. In Anbetracht der angespannten wirtschaftlichen Lage nach dem Zweiten Weltkrieg war der Tauschhandel nicht nur in unserem Tal gang und gäbe. Joe war bekannt dafür, sich für seine Dienste gelegentlich mit Äpfeln, Brennholz oder auch Kirschen entlohnen zu lassen. Jene Fuhre Vögel jedoch war eine Premiere. Aber warum nicht?, dachte er. In diesen Zeiten nimmt man, was man bekommt.

Als später am Tag der Zeitpunkt gekommen war, den Lohn zu kassieren, war mein Großvater wohl zu der Überzeugung gelangt, dass seine Arbeiten an der Pumpe keine siebzig Hühner wert waren. Vielleicht fand er auch bei der Begutachtung jener Vögel heraus, dass einer in nicht eben gutem Zustand war. Am wahrscheinlichsten jedoch ist es, dass er sich schlicht und einfach verzählte. Denn eine meiner Tanten schwört Stein und Bein, dass er am Abend bei der Rückkehr in die Stadt nur neunundsechzig Rhode Island Reds auf der Ladefläche seines 37er-Dodge-Kleinlasters hatte. Im Übrigen schlugen die Reds mit den Flügeln und gackerten und machten ein Theater, dass man hätte meinen können, sie wüssten, dass sie bald in die ewigen Jagdgründe eingehen würden. Das war kurz darauf auch tatsächlich der Fall.

Es war meine Großmutter, die ihnen den Garaus machte. Sie warf meinem Großvater, seinem Laster und den Hühnern einen strengen Blick zu und murmelte: »Joe Picatti, wenn ich eine Kanone hätte, die um Ecken schießt, wärst du schon lange ein toter Mann.« Aber dann band sie sich eine Schürze über ihr Hauskleid und machte sich noch in der Auffahrt an die Arbeit. Sie klemmte sich ein zappelndes Tier nach dem anderen zwischen die Knie und packte es entschlossen und zielsicher – der kritische Punkt lag etwa auf halber Höhe des Halses – an der Gurgel. Dann ein heftiger Ruck, und der Hals war gebrochen. Das Tier war sofort tot. Meine Großmutter zuckte kein einziges Mal auch nur mit der Wimper. Und auch von ihren Lippen löste sich nicht der leiseste Laut – weder als die Hühner ihren letzten Atemzug taten noch später während der langen Sekunden, da die toten Kreaturen in ihren Händen noch heftig zuckten, bevor sie schließlich erschlafften. Als die unangenehme Aufgabe erledigt war, schien sie jedoch sehr erleichtert.

Gemeinsam mit ihrem Mann hängte sie die Hühner an den Füßen an einer Wäscheleine auf und ließ sie auf das Gras ausbluten. Dann versprach Teresa, Joe zum Abendessen eine Hahnenkammpfanne zuzubereiten. Nur Artischocken habe sie keine. Hahnenkämme und sautierte Nierchen mit Artischocken waren das königliche Leibgericht von keiner Geringeren als der großen

Katharina von Medici. Teresa jedoch wälzte die Kämme nur in Mehl und briet sie in Olivenöl aus, das sie sich für besondere Gelegenheiten aufbewahrte. Und auch so bekam mein Großvater an jenem Abend ein Festmahl.

Zunächst musste das Essen allerdings noch warten, denn die Hühnerschar wurde natürlich gerupft und ausgenommen. Teresa stellte einen großen Topf mit Wasser auf den Herd. Und schon bald duftete die Küche nach Hühnersuppe. Denn sie tauchte einen Vogel nach dem anderen in das brodelnde Wasser und schwenkte ihn für ein paar Sekunden darin, bis die Federn sich lösten. Zwei meiner Tanten, die sich als Rupferinnen verdingten, brachten die tropfenden Hühner zurück in die Einfahrt und rupften die nassen Federn büschelweise aus. Sie trockneten in der Augusthitze, verteilten sich mit der Brise über den Rasen, hängten sich in die Zinnien im Blumenbeet und fingen sich in den Schlitzen zwischen den Pfählen des Gartenzauns. Sie klebten an den Hosen meiner Tanten, und meine Großmutter – plötzlich pingelig geworden – ermahnte ihre Töchter, sie nicht in die Küche zu tragen.

Anschließend waltete meine Mutter ihres Amtes als Sengerin. Sie war ein schlaksiges Kind von elf Jahren, bestand nur aus Haut und Knochen und hatte große braune Augen. In jenem Sommer hatte sie dichte, dunkle Shirley-Temple-Locken und noch nicht die glatten Strähnen, die ihr nach einem Typhusfieber ein Jahr später nachwuchsen. So etwas komme eben dabei heraus, wenn ungezogene Kinder fortliefen, um im Bewässerungsgraben zu schwimmen, hatte Großmutter ihr vorgehalten.

Joe zündete ein Ende einer fest gedrehten Zeitung an. Dann hielt er einen nackten Vogel mit dem Kopf nach unten an die Fackel und zeigte meiner Mutter, wie man die herausstehenden Stoppeln und die weichen Härchen absengte, ohne die Haut zu verkohlen. Als die Zeitung bis zu den Fingern heruntergebrannt war, ließ er sie auf den Betonboden der Einfahrt fallen und drehte das Huhn wie einen Spießbraten über der Flamme.

Den ganzen Nachmittag über sengte meine Mutter die Hühner ab – mit gerümpfter Nase und zusammengepressten Lippen, bis mein Großvater sagte: »Lass gut sein, mein Schatz, so schlecht riechen sie nun auch wieder nicht. Wenn du so weitermachst, behältst du auf Dauer eine krause Nase.« Meine Mutter wurde rot, reichte ihm ein weiteres Huhn zum Ausnehmen und versuchte, sich auf die Geräusche zu konzentrieren, die er bei seiner Arbeit machte. Da war das Schaben von Metall auf Metall, wenn er die Klinge seines Ausbeinmessers an dem Karbon-Wetzstein schärfte, das Knack-Pop-Pop, wenn er die Füße an den Kniegelenken abtrennte, und das sanfte Klatschen, wenn er ein Huhn auf das Schneidebrett fallen ließ. Großmutter beugte sich zu meiner Mutter hinüber und sagte mit einem Blick auf ihn: »Man könnte meinen, es sei erst gestern gewesen, dass er als Metzger in dieser Kohlenstadt Cle Elum gearbeitet hat. Dabei ist es schon über zwanzig Jahre her. Aber es hat ihn damals übrigens davor bewahrt, in den Gruben zu arbeiten. Das sollte man nie vergessen.«

Neunundsechzig Mal legte mein Großvater ein Huhn vor sich auf den Tisch und zog das Messer von oben nach unten der Länge nach über den Hals. Er trennte zuerst die Luftröhre und die Speiseröhre heraus und dann den Kropf, den er aufschnitt, um meiner Mutter die Maiskörner zu zeigen, die der Vogel zuletzt gefressen hatte. Anschließend machte er am Schwanz einen

Schnitt und holte die Innereien heraus. Leber, Herz und Magen legte er beiseite – Innereien in Tomatensoße waren seine große Schwäche. Gelegentlich fand er in einer Legehenne auch eine Hagelschnur mit Eidottern, die er dann in eine Schüssel legte, damit Teresa sie mit Marsala und einer Prise Zucker in die Vanillesoße, die sie *Zabaglione* nannte, schlagen konnte. Die Gedärme hingegen warf er zusammen mit den übrigen Eingeweiden fort. Er entfernte den Fettsack an dem herzförmigen Bürzel, den er Papstnase nannte, und übergab das Huhn dann einem meiner Onkel, der es in dickes Papier einwickelte und für das Fleischschließfach, das sie beim Metzger gemietet hatten, verpackte.

Ich stelle mir gern meinen Großvater vor, wie er mit flinken Fingern arbeitet und mit fachkundiger Hand ein Messer führt. Meine Mutter erinnert sich noch daran, dass er mit seinen Händen so geschickt war, dass er mit einem Taschenmesser die komplette Schale eines Apfels in einem einzigen langen Streifen abschälen konnte. Als Kinder lagen sie und meine Tanten dann ausgestreckt auf dem Boden, die Münder wie die Schnäbel hungriger Spatzenkinder aufgesperrt, und warteten darauf, dass er die saftige Schale auf ihre Zungen fallen ließ. Meine eigenen Erinnerungen setzen etwa um die Zeit ein, als er einen Schlaganfall erlitt. In diesen Erinnerungen liegt seine Hand auf der Armlehne eines grünen Schaukelstuhls und drückt einen orangefarbenen Ball zusammen. Seine ursprüngliche Kraft erlangte er nie wieder zurück.

Ich bedaure es zwar, meinen Großvater nicht schon früher gekannt zu haben, als seine Hand noch ruhig und kräftig genug war, ein Hühnchen auszunehmen. Aber ich bin nicht so sentimental, mich nach einer Zeit zurückzusehnen, da Frauen in gestärkten Schürzen aus der Not heraus die Hälse von Hühnern umdrehten, ganz gleich wie frisch das Essen auf diese Weise auch auf den Tisch gekommen sein mag. Ich finde, meine Terracotta-Kräutertöpfe, mein kleines Gemüsebeet und mein Hähnchen vom Bauernmarkt sind ein gesunder Kompromiss. So denkt auch meine Mutter, die ihre Karriere als Sengerin nie weiterverfolgte und es heute vorzieht, solch unangenehme Dinge wie Rupfen und Ausnehmen dem Schlachthof zu überlassen. Dennoch: Wenn sie von ihrer Zeit als Sengerin erzählt, dann spricht sie nie mit ihrer Damals-hatten-wir-es-wirklich-schwer-Stimme, so wie sie es tut, wenn sie über die Benzinrationierung und das Auftragen von Jungenschuhen spricht. Ihre Stimme nimmt eher einen warmen Klang an, in dem zwar keine Wehmut, aber doch gedankenverlorene Erinnerung mitschwingt.

Die Geschichte meiner Mutter vom Absengen der Hühner kam mir gerade neulich wieder in den Sinn, als ich an der Fleischtheke im Lebensmittelladen wartete. Ich dachte an meinen Großvater, weil ich in der Schlange hinter einer Frau stand, die mir vor Augen führte, dass die Kunst, ein Huhn sachkundig zu taxieren, offenbar immer noch lebendig ist.

Sie war eine zierliche alte Frau. Sie trug einen wettergegerbten Mantel und Galoschen. Um den Kopf hatte sie einen Schal gewunden, der unter dem Kinn fest verknotet war. Sie verlangte fünf Pfund Hähnchenschenkel. Sie hatte also eine Vorliebe für dunkles Fleisch.

Der junge Mann hinter der Theke, der in seinem gestärkten weißen Hemd und seiner gebleichten Schürze wie frisch aus dem Ei gepellt aussah, bemühte sich redlich, nicht die Geduld zu verlieren. Die Alte Frau beugte sich nach vorn und lugte kritisch durch die Scheibe der Vitrine, als er mit seiner Hand im Plastikhandschuh in den Stapel von Hühnerteilen griff und Hähnchenschenkel zur Begutachtung in die Höhe hielt. Ich beobachtete, wie die Frau ein ums andere Mal den faltigen Mund verzog und den Kopf schüttelte. »Nein, junger Mann, den nicht«, sagte sie, und wenn er ihr einen anderen zeigte: »Nein, mit dem kann ich auch nichts anfangen.« Doch gelegentlich nickte sie zustimmend, schmatzte mit den Lippen und meinte: »Ja, den nehme ich«, woraufhin der Angestellte nicht gerade dezent mit den Augen rollte und das Gewählte auf die Waage legte.

Nach einigen Minuten hatte der Verkäufer schließlich genug. »Verzeihung, Lady, aber was ist mit den übrigen Schenkeln eigentlich nicht in Ordnung? Sie sehen doch alle gut aus und sind frisch. Alle sind von Freilandhühnern. Was können Sie mehr verlangen?«

Die Frau richtete sich auf und sah ihm in die Augen. Sie gab zu, dass ein bisschen Herumscharren und entsprechender Auslauf bei einem Huhn tatsächlich für den wahrhaftigen Geschmack sorgten. Aber sie wollte nur ausgesucht dunkles Fleisch. Sie konnte mit einem Blick das Bein erkennen, auf dem ein Huhn jede Nacht auf der Stange geschlafen hatte, und genau dieses wollte sie haben. »Dies ist das Bein, in das all der Geschmack gelangt«, erklärte sie. »Sie müssen nur genau hinsehen, junger Mann, dann erkennen Sie den Unterschied.«

»Das kann doch nicht wahr sein«, murmelte der Verkäufer unwillig und zog die Augenbrauen in die Höhe. Er blieb einen Augenblick unschlüssig stehen und entschied sich dann offensichtlich, seiner Kundin den Willen zu lassen. Er zuckte kurz mit den Schultern und machte sich wieder an die Arbeit. Er griff nach einem Hühnerbein, warf dann einen Blick auf den Stapel auf der Waage, und plötzlich verzog sich sein Gesicht zu einem strahlenden Grinsen. »Oh, jetzt verstehe ich. Dies hier sind rechte Hinterschenkel. Das bedeutet also, dass Hühner immer auf dem rechten Bein schlafen. Warum haben Sie mir das nicht gleich gesagt?« Er inspizierte den Schenkel in seiner Hand, sah, dass es ein linkes Bein war, und warf es schnell zurück in die Schale.

»Na, na, na, nicht so schnell, mein Lieber«, sagte die Frau. »Den will ich haben. Dieses Huhn war ein Linksfüßer.«

Von Kohlköpfen und Königen

Sauerkraut ist ein Gemüse, das man heutzutage nur bei wenigen Amerikanern auf dem Speisezettel findet. Es leidet unter dem Image, nicht schick, nicht fein zu sein. Sauerkraut ist etwas, das schlaff und vergessen im Buffet einer Mensa wartet, etwas, das Opal und Mavis am Freitagabend auf ihrer Farm auftischen. Es gehört auf keinen Fall zu den Gerichten, die bei einem ersten Rendezvous serviert werden sollten. Beeindrucken Sie Ihren neuen Schatz lieber mit einem Thymian-Küken auf Couscous, aber setzen Sie ihm kein Sauerkraut vor.

Sauerkraut zählt nicht zu den lukullischen Höhepunkten, die man vornehm verkostet – es ist vielmehr eine Speise, von der man sich ernährt. Seine Ursprünge gehen ins alte China zurück. Die Arbeiter an der Großen Mauer wurden mit in Wein eingelegtem Kohl versorgt. Im Gepäck der Tataren kam er nach Westen. Auf ihrem Vorstoß nach Mitteleuropa diente Sauerkraut den Tartaren als Grundnahrungsmittel. Plinius berichtet, dass die Römer während der Wintermonate in Öl und Salpeter konservierten Kohl aßen. Außerdem war Sauerkraut entscheidend am Gelingen von James Cooks zweiter Weltumsegelung beteiligt. Cook bestand nämlich darauf, es auf die Proviantliste des Schiffs zu setzen: Sein hoher Vitamin-C-Gehalt bewahrte seine Männer vor Skorbut.

Das deutsche Wort »Sauerkraut« hat sich auch im angloamerikanischen Sprachraum durchgesetzt. Das Gericht wurde im siebzehnten Jahrhundert ein integraler Bestandteil der deutschen Küche und avancierte in der Alten Welt vom Elsass bis nach Estland zu einem der Hauptnahrungsmittel der Bauern. Die langen Winter im Norden verboten den Bauern, Warmwettergemüse und -obst wie Artischocken oder Feigen anzubauen. Der robuste Kohl hingegen konnte sich in der kurzen, kühlen Erntesaison kräftig entwickeln. Wenn die Bäuerin den Kohl in Salz einlegte, hatte sie zudem etwas in der Speisekammer, worauf sie den ganzen Winter über zurückgreifen konnte. Und als die Bauerntöchter und -söhne ihre Taschen packten, um nach Amerika zu reisen, vergaßen sie auch den bescheidenen Kohl nicht. Ihm hatten sie manch königlichen Festschmaus zu verdanken.

Als diese Einwanderer die Neue Welt erreichten, wurden sie von den Amerikanern wegen ihres starken Akzents und ihrer zerlumpten Kleidung zwar belächelt, doch das Sauerkraut wurde – obwohl es das Essen der Sklaven und Armen war – mit offenen Armen willkommen geheißen. Es war schon ein Wunder, dass sie es überhaupt auf ihren Tellern duldeten, aber bald konnten sie kaum genug davon gekommen. Auf dem Lande wurde Sauerkraut sogar zum Schlager. Hausfrauen in Süddakota lagerten es in den Wurzelkellern zwischen den Steinguttöpfen mit Pickles und dem obligaten Sack Rüben. Und in der Stadt mauserte sich Sauerkraut zu einem Gericht, zu dem man auch die Nachbarn einlud. Imbissstuben in Brooklyn legten es zwischen Corned-Beef-Scheiben und Pumpernickel oder gaben es zusammen mit Kielbasa, einer polnischen Knoblauchwurst, in ein Brötchen. Nicht einmal der Krieg, der alle Kriege beenden sollte, konnte der flammenden Leidenschaft der Amerikaner für Sauerkraut etwas anhaben. Leidenschaft für das Nationalgericht der Deutschen? Keine

Sorge. Man änderte einfach den Namen in *Liberty Cabbage* und zog sich damit aus der Affäre.

Diese Passion für das Sauerkraut erwies sich jedoch als Strohfeuer. Vorlieben beim Essen sind – ebenso wie die Länge von Röcken – den Launen der Zeit unterworfen. Sie wechseln immer wieder. *Liberty Cabbage* ist inzwischen out. Wir essen jetzt Pahd Thai und luftgetrocknete jamaikanische Wurst, aber Sauerkraut ist nicht mehr en vogue.

Diese Tatsache wurde mir bei meinem Eintritt ins Berufsleben als Köchin deutlich vor Augen geführt. Ich betrachtete meine eigene Schwäche für Sauerkraut als Zeichen eines ungeschulten Gaumens. Ich empfand es tatsächlich als Handicap, dass ich Hausmannskost den Leckereien der *Haute Cuisine* vorzog. Dennoch gelang es mir, die Zubereitung der klassischen Soßen der feinen Küche zu meistern. Ich perfektionierte die Kunst, eine *Sauce béarnaise* aufzuschlagen – aus dem Handgelenk nämlich. Und für meine *Beurre blanc* reduzierte ich Essig mit fein gehackten Schalotten auf großer Flamme und lernte, den Siruppunkt abzupassen, um die Butter zuzugeben, so dass sie nicht gerann.

Da ich wusste, dass ich nie richtig kochen lernen würde, bevor ich nicht gelernt hatte zu schmecken, nahm ich alles Erdenkliche auf mich, um meinem Gaumen ständig mit exklusiven kulinarischen Genüssen zu verwöhnen. Anstelle von gebratenen Eiern zum Frühstück aß ich *Quiche lorraine.* Milch? Nein, danke! Ich trank *Perrier.* Einen Hamburger mit Pommes? Wie gewöhnlich! Bringen Sie mir ein *Entrecôte,* blutig, bitte, und als Beilage Pommes frites.

Aber ich konnte anstellen, was ich wollte – meine Geschmacksknospen ließen sich nicht auf das *haute niveau* trimmen. Kaviar, den wir mit einem Löffelchen sparsam auf pochiertes Lachsfilet setzten? Für mich schmeckte er wie Forellenköder. Und kristallklare Fasanen-*Consommé* mit Karotten- und Lauch-*Julienne?* Die Hühnersuppe meiner Mutter war mir lieber.

Es war schwer für mich, dies zu akzeptieren. Mir ist bei aller Liebe kein silberner Gaumen anerzogen worden. Und Ausdauer und Beharrlichkeit haben ihn auch nicht herbeigezaubert. Schuld an dieser bedauerlichen Wahrheit hat wohl der Garten meiner Großmutter.

Dieser Garten war nicht darauf angelegt, Geschmack für Kaviar zu entwickeln, sondern war für den Anbau von Kohl und Bohnen bestimmt. Ich blicke auf ihn zurück und sehe immer noch das Abendessen aus der Erde wachsen. Heute verstehe ich diesen Garten als Verbindung zum Land, als Quelle des Reichtums und des Lebens im Einklang mit den Jahreszeiten. Ich gebe gern zu, dass ich dies als Heranwachsende nicht immer so gesehen habe. Ich höre noch die gereizten Worte meiner Mutter: »Möchtest du, dass ich Oma anrufe und ihr erzähle, dass du die Karotten nicht essen willst, die sie mühsam im Schweiße ihres Angesichts im Garten gezogen hat? Wahrscheinlich nicht. Und jetzt iss deinen Teller leer!« Oder ich denke daran, wie unglücklich ich mit vierzehn Jahren war, wie sehr ich mir wünschte, meine Mutter möge das Gemüse doch wie jede normale Mutter im Laden kaufen und mich nicht länger auf die Farm mitnehmen, damit ich beim Unkrautjäten half.

Aber nachdem ich mein Zuhause verlassen und selbst zu kochen begonnen hatte, lernte ich schnell das volle Aroma frischen Gemüses zu schätzen, nahm bewusst wahr, was mir im Garten meiner Großmutter als selbstverständlich erschienen war. Jener Garten ist der Grund dafür, dass ich zarte, junge Erbsen schätze, Erbsen, die im Juni draußen im Freien enthülst und noch roh gegessen werden – frei nach dem Motto: zwei ins Körbchen, eine ins Kröpfchen. Er ist der Grund dafür, dass mir das Wasser im Munde zusammenläuft, wenn ich an die ersten roten Kartoffeln der Saison denke, Kartoffeln, die beim Kochen aus der Schale platzten und dann in geschmolzener Butter und gehackter Petersilie gewälzt wurden. Und ihm verdanke ich auch das Wissen darum, wie eine reife Tomate schmeckt – nicht wässrig wie Treibhaustomaten, sondern würzig wie ein saftiges Steak. Welch ein Genuss, wenn man sie an einem Augustnachmittag frisch vom Strauch pflückt und an Ort und Stelle verspeist und einem der sonnenwarme Saft nur so vom Kinn tropft.

Und da es im Garten meiner Großmutter auch Kohl in Hülle und Fülle gab, entwickelte ich eine Vorliebe für Sauerkrautgerichte, die manch einer naserümpfend als Arme-Leute-Essen bezeichnen würde. Eine Gabel davon beschwört die Erinnerung an Gemüsegärten, heiße Sommernachmittage, Steinguttöpfe und den warmen Boden unter den nackten Füßen herauf. Bilder von meiner Großmutter, die zu ihren Lebzeiten recht viel Sauerkraut einlegte, tauchen vor meinem geistigen Auge wieder auf.

Auf dem weiten Land im Osten des Staates Washington, wo sie aufwuchs, war das Einlegen von Sauerkraut für die Farmerinnen eine Selbstverständlichkeit, ebenso wie das Einmachen von Tomaten kurz davor und das Einkochen von Apfelmus unmittelbar danach. Das zerfledderte Notizbuch meiner Großmutter mit den vielen losen Seiten quoll über von Rezepten für die Dinge, die im Sommer geerntet wurden. In ihrer ordentlichen Schulmädchenschrift hatte sie Seite für Seite gefüllt. Ein paar mürbe Blätter zeigten auch die Handschrift ihrer Mutter, die noch mit Tusche geschrieben hatte: Chutney von grünen Tomaten, Dillbohnen, eingelegte Rote Bete, Pickles, Birnenhonig, Erdbeer-Rhabarber-Marmelade. Meine Großmutter verzieh sich allerdings nie, dass sie das alte Rezept für den Rumtopf verlor. Es wanderte mit ihrer Mutter – Gott hab sie selig – ins Grab und ist jetzt für immer verloren.

Ob sie je ein Rezept für Sauerkraut besaß, kann sie nicht mit Bestimmtheit sagen. Vielleicht hatte sie es sich irgendwann einmal aufgeschrieben und dann verlegt. Aber das spielte auch keine Rolle. Für Sauerkraut benötigt man nur zwei Zutaten: Weißkohl und Salz.

Meine Oma hatte die Zutaten an jenem späten Augustvormittag im Kopf. Einige Verwandte haben sich in ihrem Hinterhof eingefunden – meine Mutter, meine drei Schwestern und ich gehören auch dazu –, und wir sind bereit, Sauerkraut zu machen. Ich bin in diesem Jahr besonders aufgeregt, denn mit nunmehr elf Jahren bin ich alt genug, um den Kohl zu hobeln. Die Kohlköpfe warten in einer Schubkarre neben dem Picknicktisch. Dreißig feste grüne Köpfe, vor dem Frühstück im Garten geschnitten und von der Sonne bereits gewärmt. Es verspricht, ein heißer Tag zu werden. Es ist noch nicht zehn Uhr, trotzdem lassen die Rosen bereits die Köpfe hängen.

Einer meiner kleinen Vettern spritzt den Kohl mit dem Gartenschlauch kräftig ab. Er wurde von meiner Großmutter angewiesen, sie nicht allzu sauber zu machen, denn Sauerkraut entsteht erst durch die guten Bakterien auf den Blättern. Und so lenkt der Kleine die Spritze bald auf seinen Bruder, der kreischend über die Wiese läuft.

Bei den Bakterien handelt es sich um den *Leuconostoc mesenteroides* und den *Lactobacillus plantarum*. Sie haben eine Vorliebe für Salzlösungen. Ein Steinguttopf mit gesalzenem Kohl bietet ihnen geradezu paradiesische Bedingungen – ideale Voraussetzungen, um sich dort anzusiedeln und sich in Windeseile zu vermehren. Das Stoffwechselprodukt ihres Bemühens ist ein Enzym, das sich Milchsäure nennt. Es fermentiert den Kohl und führt zu dem typischen Geschmack und der charakteristischen Struktur dessen, was wir Sauerkraut nennen.

Meine Großmutter ist keine Wissenschaftlerin, aber sie erkennt ein gutes Bakterium an seinem Geschmack. Zuerst entfernen wir von einem Kohlkopf nach dem anderen die losen, äußeren Blätter. Anschließend wischen wir von den knackigen Kohlköpfen die letzten vielleicht noch verbliebenen Erdkrumen mit einem Geschirrtuch, dem Schürzenzipfel oder dem Hemdenschoß ab. Wir nennen es nicht Schmutz. Schmutz ist das, was man unter den Fingernägeln oder hinter den Ohren hat. Das, was beim Ernten am Gemüse hängen bleibt, ist Erde.

Eine Tante halbiert mit einem Küchenbeil mit flinker Hand die Köpfe, und eine andere schneidet mit einem Pariermesser die dicken Strünke heraus. Oma schnitzelt die Köpfe mit dem Krauthobel, der noch aus dem Haushalt ihrer Mutter stammt, zu Krautsalat.

Ein Krauthobel ist ein Gerät aus Metall. Es ist etwa eine Armlänge lang und eine Handspanne breit. Krauthobel sind heutzutage schwer zu bekommen. Mit Glück findet man manchmal einen auf dem Flohmarkt. Meine Oma, die heute etwas über achtzig ist, hat mir versprochen, ich könne ihren eines Tages haben, aber noch braucht sie ihn selbst. Ein Krauthobel ist das ideale Gerät für die Herstellung von Sauerkraut. Er schneidet den Kohl in null Komma nichts in Schnitze, die nicht dicker als eine Münze sind. Für die Fermentation ist dies von entscheidender Bedeutung. Man kann sich aber auch mit einem gut geschliffenen Küchenmesser helfen, muss jedoch unbedingt darauf achten, dass die Scheiben sehr dünn werden, sonst saftet der Kohl nicht und verschimmelt statt zu fermentieren.

Wir beginnen also in Großmutters Hof damit, den Kohl zu hobeln. Mutter, Tochter, Tante, Cousin – in dieser Reihenfolge lösen wir uns immer wieder bei der Arbeit ab. Wir hobeln und hobeln, bis die alten und die jungen Arme müde werden. »Halt deine Hand von der Klinge fern, Liebes. Wenn du nicht aufpasst, schneidest du dir bis auf den Knochen in die Finger!« – Das rhythmische Klopfen des Küchenbeils auf dem Schneidebrett und das Rasseln des Kohls auf dem Hobel geben den Takt vor.

Meine Mutter wiegt auf einer alten Getreidewaage das gehobelte Kraut in Portionen zu je fünf Pfund ab. Sie schüttet es in einen metallenen Waschzuber, wirft drei leicht gehäufte Esslöffel grobes Salz dazu und arbeitet es mit den Händen unter, das heißt, sie knetet es regelrecht ein, bis klarer Saft aus dem Kohl herausströmt und Schaumbläschen an die Oberfläche perlen. Drei oder vier Paar Hände meiner kleinen Cousinen helfen mit. Die Kinder pressen den Kohl durch ihre Patschhändchen und füllen ihn dann in ein großes Steingutfass, das etwa 40 Liter fasst. Zwischendurch stibitzen sie schon einmal eine Hand voll von dem kühlen, knackigen, von Salzlake tropfenden Kohl. Körnige, ungelöste Salzkristalle kleben an den kleinen Fingern, schmelzen auf der warmen Zunge. Eine der Kleinen fängt an zu weinen – sie hat sich in den Daumen geschnitten. Die Salzlake brennt, und Großmutter sagt: »Komm, Schätzchen, ein kleines Pflaster und ein Küsschen, und alles ist wieder gut.«

Es ist schwer zu sagen, ob einige von uns Enkelkindern nicht eher eine Last als eine Hilfe bei der Arbeit sind. Deshalb scheint es niemanden zu stören, als einige Dreikäsehochs das Interesse verlieren und sich in Richtung der Maisfelder aus dem Staub machen. Wir jedoch hobeln und kneten, hobeln und kneten bis in den Nachmittag hinein. Zwei Tanten müssen anpacken, um das Fass in den Keller zu schleppen. Dort drückt meine Oma ein sauberes Musselintuch auf den Krautsalat und lässt es sich mit der schaumigen Lake vollsaugen. Auf das Tuch legt sie einen großen Teller. Dann füllt sie ein großes Einmachglas mit Wasser und beschwert den Teller damit, um das Sauerkraut hinunterzudrücken.

Meine Großmutter wischt sich die Hände an der Schürze ab und wirft einen scharfen Blick auf den Topf. Sie runzelt die Stirn, schürzt die Lippen und zählt an den Fingern ab: »Zehn, elf, zwölf. Ein Dutzend Portionen auf der Waage. Jede Portion wiegt fünf Pfund – das macht sechzig Pfund. Und ein Pfund ist überall auf der Welt ein Pfund.« Sie macht eine Pause und sieht zu meiner Mutter hinüber, die mit dieser These noch nie einverstanden war. Mit hochgezogenen Augenbrauen wartet sie auf den Hinweis meiner Mom, dass ein Pfund Blei doch wohl mehr wiegt als ein Pfund Federn. Aber meine Mutter beißt nicht an. Sie weiß, dass sie den Kürzeren ziehen würde, denn bei Sauerkraut stimmt die Formel. Also fährt meine Oma mit ihren Berechnungen fort: »Zwei Pfund ergeben einen Liter, also haben wir jetzt dreißig Liter Sauerkraut.« Und dann verlassen wir gemeinsam den Keller.

Sauerkraut, das unter einem beschwerten Teller fermentiert, bedarf der täglichen Prüfung. Der Schaum, der an die Oberfläche steigt, muss abgeschöpft, das Tuch gewechselt und jede noch so winzige Spur von Schimmel großzügig entfernt werden. Meine Großmut-

ter erledigte diese Aufgabe zwar mit mehr Pflichtbe-
wusstsein als die meisten, dafür aber mit etwas weniger Sorgfalt, als vielleicht notwendig gewesen wäre.
Sie sei ganz einfach zu beschäftigt, um perfekt zu sein,
sagte sie lapidar. Gelegentlich fand sie auf ihrem Kohl
eine dünne Schimmelschicht vor. Dann trug sie die be-
troffene Stelle gewöhnlich zwei, drei Zentimeter dick
ab, schimpfte leise mit sich und akzeptierte den Verlust.
Sie hatte ohnehin bereits beim Hobeln des Kohls eine
größere Menge kalkuliert, als die Familie in einem Jahr
essen konnte. Auch ihre auf Sauerkraut geradezu ver-
sessenen deutschen Verwandten, die sie mit ihrer
Heirat hinzugewonnen hatte, konnten nicht so viel verzehren.

Vier bis sechs Wochen später, wenn das Kraut ausge-
goren war, hatte sie jedenfalls so viel von dem glasigen,
köstlichen Sauerkraut, dass sie es in zahllosen großen
Einmachgläsern verschließen und auf ihr Vorratsregal
stellen oder an ihre Schwiegertöchter oder an Freunde
weitergeben konnte.

Inzwischen habe ich gelernt, dass man auf den Kohl
auch eine Plastikfolie legen kann, die man mit einer
großen, stabilen, mit Wasser gefüllten Plastiktüte beschwert, so dass der Kohl unter die Lake gedrückt
wird. Die Plastiktüte wird mit einem Bindfaden ver-
schlossen und so auf das Gemüse gelegt, dass sie luftdicht mit den Wänden des Topfs abschließt. Dann
braucht man sich wegen des Schimmels keine Sorgen
zu machen.

Ich bin mit Sauerkraut groß geworden. Es stand das
ganze Jahr über auf dem Speiseplan: mit Schweinebra-
ten gekocht, auf Sandwiches gehäuft, in gebackene
Bohnen gerührt. Aber wenn Sie mich fragen – die beste
Art, es anzurichten, beginnt damit, den Boden eines

gusseisernen Bratentopfs mit dicken durchwachsenen Speckscheiben auszulegen und diese leicht anzubraten. Das ausgelassene Fett wird abgegossen, ein paar gewürfelte Zwiebeln und einige zerdrückte Knoblauchzehen werden hinzugegeben und auf kleiner Flamme geköchelt, bis die Zwiebeln glasig sind und einem der Knoblauchduft in die Nase steigt. Ein Kilo Sauerkraut dazugeben – wenn es nicht hausgemacht ist, zuerst unter fließendem Wasser abspülen, um Salzrückstände herauszuwaschen – und die Fasern mit den Zinken einer Gabel lockern. Je nach Lust und Laune einen geriebenen säuerlichen Apfel, ein paar Lorbeerblätter, etwas zerstoßenen schwarzen Pfeffer und etwa ein Dutzend Wacholderbeeren beimengen. Ein Dutzend rote Kartoffeln, je nach Größe halbiert oder geviertelt, passen gut dazu. Das Ganze mit einem guten Schuss Weißwein und einem halben Liter kräftiger Hühnerbrühe oder auch nur Wasser aufgießen. Deckel drauf und das Sauerkraut so lange köcheln lassen, bis die Kartoffeln gar sind (Messerprobe). Werfen Sie hin und wieder einen Blick in den Topf und geben Sie, falls das Sauerkraut auszutrocknen scheint, etwas Flüssigkeit hinzu.

Jetzt benötigen Sie noch ein paar geräucherte Würstchen – Bratwürstchen, Knackwürste oder polnische Würste –, die Sie von allen Seiten in ein wenig heißem Öl in der Pfanne anbraten – man rechnet je nach Größe ein bis zwei Stück pro Person. Die Würstchen zu dem Sauerkraut geben und das Ganze noch etwa eine halbe Stunde köcheln lassen. Dann stellen Sie das Essen auf den Tisch und servieren es mit grobem braunen Senf und einem dicken Laib Roggenbrot.

Wenn das Sauerkraut dann auf Ihrem Teller liegt und seinen harzigen Wacholderduft zusammen mit dem rauchigen Aroma der Würstchen verströmt, atmen Sie einmal tief ein. Der Duft ist köstlich. Kartoffeln und Würstchen werden großzügig mit Senf bestrichen, die Soße mit Brotbrocken aufgetunkt. Dazu nehmen Sie ein Glas trockenen Riesling oder einen kräftigen Schluck dunkles Bier aus der Flasche. Wenn Sie dieses Sauerkraut essen, wird es Ihnen schwer fallen, sich daran zu erinnern, dass dieses Gericht nicht etwa Ambrosia der Götter und auch nicht der neueste modische Gag ist, sondern ein Essen der Leibeigenen und Sklaven, eine Mahlzeit der Bauern, die schon immer wussten, was gut schmeckt.

Alle Jahre wieder …

Bevor Sie damit beginnen, Ihr Thanksgiving-Essen zu modernisieren, ist es angebracht, die Folgen zu bedenken. Nur weil die Herausgeber der Hochglanzmagazine für Essen und Trinken es inzwischen überdrüssig sind, jedes Jahr wieder einen Truthahn mit entsprechenden Beilagen anzubieten und sich stattdessen für die geräucherte Wachtel, die würzige Füllung aus schwarzen Bohnen und das Gratin mit sonnengetrockneten Tomaten und Arugula-Kartoffeln begeistern, bedeutet das nicht, dass eine solche Thanksgiving-Tafel auch jedem lieb ist. Ganz im Gegenteil. Manche Menschen wollen gar nichts anderes als das Bewährte. Einige von ihnen sind inzwischen geradezu stolz auf den jährlichen Truthahn und die Beilagen. Sie betrachten es keineswegs als bedrückend, dieses Mahl Jahr für Jahr zu wiederholen. Das vertraute Ritual hat für sie etwas Beruhigendes und Tröstliches. Jede Einmischung in das Menü, ganz gleich wie gering sie auch sein und aus welcher guten Absicht heraus sie geschehen mag, lässt bei ihnen nur das Gefühl aufkommen, um irgendetwas betrogen zu werden.

Diese bittere Erfahrung machte auch meine Mutter, als sie bei einem unserer Thanksgiving-Dinner eine kleine Änderung vornahm. Bevor es uns überhaupt bewusst wurde, war es Tradition geworden, dass meine Mutter ihren Feiertags-Truthahn mit zwei verschiedenen Füllungen zubereitete. Sie füllte die eigentliche Bauchhöhle nach einem Rezept meiner Großmutter väterlicherseits mit einer Salbei-Zwiebel-Füllung. Dieses

Rezept nach alter amerikanischer Farmertradition war ein echtes Familienerbstück. Meine Großmutter hatte es ihrerseits schon von ihrer Mutter übernommen. Für die Höhle am Halsende bereitete meine Mutter eine Art Kreuzung aus italienischer und amerikanischer Füllung zu. Diese war nicht authentisch italienisch, aber das Rezept stammte aus der Familie meiner Mutter und ließ mit seiner mediterranen Kombination von Wurstbrät, Spinat, Rosinen und Nüssen das Erbe ihrer italienischen Vorfahren erkennen.

Eines Herbstes aber, als der Feiertag nicht mehr weit war, machte sich meine Mutter plötzlich Gedanken über den alljährlichen Thanksgiving-Schmaus. Sie sah ihn in einem anderen, etwas beunruhigenden Licht. Was all die Jahre als ein geschickter diplomatischer Schachzug erschienen war – dieses Zusammenführen zweier Familientraditionen im Bauche eines Vogels –, nun ja, das schien mit einem Mal eine Übertreibung zu sein. Warum sie daran früher nie einen Gedanken verschwendet hatte, wusste sie nicht, denn sie achtete sonst auch darauf, dass ein Familienessen nicht in ungesunde Prasserei ausartete. Meine Mutter war durchaus ein großzügiger und entgegenkommender Mensch. Sie hatte einmal auf Wunsch ihrer vier Töchter deren Dr.-Seuss-Bücher-Leselust mit einem Frühstück aus grünen Eiern und Schinken gekrönt. Der legendäre amerikanische Kinderbuchautor hatte dieses interessante Mahl in einem seiner Bücher beschrieben. Auf der anderen Seite zwang sie uns zum Beispiel, die Erbsen auf unserem Teller aufzuessen und sagte Dinge wie: »An dem Tag, an dem euer Vater Kühe züchtet, die ohne Leber auf die Welt kommen, werde ich aufhören, zum Abendessen Leber mit Zwiebeln zu servieren. Und jetzt esst eure Teller leer!« Ja, sie wusste, wo die Grenze zu ziehen war.

Meine Mutter beschäftigten ganz andere Dinge. Sie machte sich Gedanken über ausgewogene Ernährung. Der Kartoffelbrei, die gebackenen Süßkartoffeln, die Brötchen und zwei Sorten Füllung – damit lag eindeutig zu viel Stärke auf den Tellern. Stärke, Stärke, Stärke. Was zu viel war, war zu viel. Die Lösung des Problems war indes schnell gefunden: Eine der Füllungen sollte weichen.

Also fragte meine Mutter meinen Vater: »Jim, welche Füllung isst du an Thanksgiving lieber?«

Seine Antwort: »Die Salbei-Zwiebel-Füllung meiner Mutter natürlich. Das ist die Füllung meiner Jugend. Sie ist das eigentliche Herz des Thanksgiving-Essens. Sie ist Tradition, diese Füllung, und ohne sie kann ich mir den Feiertag überhaupt nicht vorstellen.«

Diese Antwort war gar nicht im Sinne meiner Mutter. Denn sie hätte am liebsten auf Omas Salbei-Zwiebel-Füllung verzichtet, weil sie – durchaus nachvollziehbar – die Füllung ihrer Familie bevorzugte: die italienische mit Brät, Spinat und Rosinen. Trotzdem verstand sie den Standpunkt meines Vaters. Wir begingen den Feiertag mit den Angehörigen seiner Familie, und darauf musste sie Rücksicht nehmen. Für die Kindern waren die Füllungen nicht so wichtig. Sie interessierte gewöhnlich vor allem der Kartoffelbrei. Doch den angeheirateten Verwandten würde zweifellos etwas fehlen, wenn Omas Rezept nicht zu Ehren kam. Und sie musste auch zugeben, dass die Salbei-Zwiebel-Füllung mehr dem amerikanischen Geist des Festes entsprach. Selbst Schulkinder wussten, dass es Salbei-Zwiebel-Farce war, die mit wildem Truthahn am Spieß, auf der Feuerstelle gedämpften süßen Kartoffeln, Preiselbeerkompott und Kürbis-*Pie* auf der selbst gezimmerten Banketttafel der Pilgrims aufgetischt wurde.

Ich muss zugeben, auch ich stellte mir das Mahl so vor, und dabei hatte ich das Bild von Miles Standish vor Augen, wie er elegant ein Küchenmesser schwingt und den Truthahnbraten aushöhlt, während er tief in die hellen Augen von Priscilla Mullens blickt. Aber es gibt kein Dokument, das über die Füllung – ob nun Salbei-Zwiebel oder etwas anderes – Auskunft gab, die beim ersten Thanksgiving-Fest der Pilgrims auf den Tisch gekommen war. Dieses Fest war übrigens keineswegs eine so ernste Angelegenheit wie heute, sondern vielmehr ein ausgelassenes Treiben mit Jagd, Spiel und Wein, und die Festlichkeiten dauerten drei Tage lang. Nicht einmal die Truthähne, die damals serviert worden sein sollen, werden irgendwo expressis verbis erwähnt, wenn auch ein Kolonist in seinen Aufzeichnungen von einer Fülle von Geflügel spricht und die meisten Gelehrten es als gesichert betrachten, dass bei den Gelagen auch ein paar Truthähne verzehrt wurden. Das Einzige, was man mit Bestimmtheit sagen kann, ist, dass die Mayflower-Leute fünf Hirsche, Austern, Stockfisch, Aal, Pflaumen, Maisbrot, Gänse, Brunnenkresse, Lauch, Beeren und Pflaumen auftischten. Es gab wohl auch Kürbisse, aber niemand machte sich die Mühe aufzuzeichnen, wie sie zubereitet wurden. *Pies* wurden jedoch mit Sicherheit nicht gebacken, denn der Weizenanbau war gescheitert und die Schiffsvorräte an Mehl waren längst aufgebraucht.

Das traditionelle Essen, wie wir es kennen, geht übrigens nicht auf die erhabenen Pilgrims mit ihren hohen Krägen zurück, ja nicht einmal auf die Kolonialzeiten, sondern auf Hausköche des neunzehnten Jahrhunderts. Die Idee zur Feier eines jährlichen Erntedankfestes wurde erst in dieser Zeit geboren. Die treibende Kraft war die Neuengländerin Sarah Josepha Hale (zu ihrem

Erbe gehört auch der Kinderreim »*Mary Had a Little Lamb*«). Als Herausgeberin des populären Magazins *Godey's Lady's Book* warb sie auf den Seiten der Wochenzeitschrift fast zwanzig Jahre lang für den Feiertag. Jahr für Jahr bombardierte sie die Gouverneure der einzelnen Staaten und den Präsidenten mit Briefen, und peu à peu nahm ein Staat nach dem anderen die Idee auf. Zu guter Letzt führte Abraham Lincoln, der verzweifelt nach Möglichkeiten suchte, das vom Krieg erschütterte Land zu einen, im Jahre 1863 den ersten nationalen Thanksgiving-Feiertag ein.

Und was brachte die Hausherrin an diesem neuen Feiertag auf den Tisch? Ihr Standardgesellschaftsessen für den Herbst natürlich, nämlich gebratenen Truthahn mit Preiselbeersoße, Kartoffelgratin und Kartoffelbrei, kandierte süße Kartoffeln, geschmorte Rüben, Sahnezwiebeln, Preiselbeerkompott, Hackfleisch- und Kürbis-*Pie,* ein Menü, an dem sich bis heute bemerkenswert wenig geändert hat. Und schon damals wurde jeder Truthahn mit einer Füllung zubereitet.

Die Praxis, den Bauch eines Vogels zu füllen, geht auf die Antike zurück. Der Hohlraum war ein praktisches Kochgefäß für Familien, die allzu oft nur einen Topf besaßen. Die Rezepte haben sich über die Jahrtausende verändert. Das Kochbuch, das dem römischen Astronomen Apicius zugeschrieben wird, erwähnt ein Rezept mit Hackfleisch, gehacktem Hirn, Couscous, Pinienkernen, Liebstöckel und Ingwer; abgesehen von dem Hirn könnten die Zutaten auch aus einem Rezept aus einem Trend-Kochbuch von heute stammen. Im Mittelalter favorisierten englische Köche scharf gewürzte Füllungen mit Honig auf der Basis von Fleischabfällen, ein Rezept, bei dem sich heute unsere verwöhnten Mägen umdrehen würden. Die amerikanischen Köche des neunzehnten Jahrhunderts füllten auch weiterhin ihre Vögel, unabhängig davon, wie viele Töpfe und Pfannen sie in der Küche zur Hand hatten, und Rezepte im Stil der Zwiebel-Salbei-Füllung meiner Oma wurden ein beliebter Bestandteil manch eines frühen Thanksgiving-Dinners.

Nicht weniger beliebt, populär oder traditionell war allerdings auch eine Anzahl anderer Variationen. Hausfrauen im Mais anbauenden Süden bevorzugten Rezepte mit Maisbrot, wenn sie einen Truthahn füllten. An der Ostküste stopften sie die Vögel mit nektarsüßen Austern, während man im Landesinneren in Richtung Norden, so weit wie einst die Kastanienbäume wuchsen, ganze Ladungen von zarten Maronen in die Füllung mengte. Aber viele Köche schätzten auch Rezepte auf der Basis von Hackfleisch, Trockenfrüchten, Herbstgemüse und Haselnüssen – also diejenigen Produkte aus der Herbsternte, auf denen das Familienrezept meiner Mutter basierte, so dass sie ihre Lieblingsversion gar nicht als unkonventionell hätte ausmustern müssen.

Die vornehmen Damen aus dem letzten Jahrhunderts hätten das Dilemma meiner Mutter nicht in dem Zuviel an Stärke, sondern in dem Zuwenig an Fleisch gesehen. Unsere amerikanischen Vorfahren waren passionierte Fleischesser, und ein magerer Truthahn wäre bei einem Mahl, das den üppigen Reichtum des Landes zur Schau stellen sollte, als überaus unpassend empfunden worden. »Zieh alle Register, Darlene«, höre ich sie beinahe meiner Mutter zurufen. Neben dem unumgänglichen Truthahn servierten sie – soweit das Budget es erlaubte – *Chicken-Pie*, Rinderkeule und gebratene Gans. So viel zusätzliches Fleisch hätte das Menü meiner Mutter in ihren Augen sicherlich aufgewertet.

Womöglich hätte sich eine dieser Frauen auch noch

dazu verpflichtet gefühlt, meine Mutter beiseite zu nehmen und ihr zuzuflüstern, sie solle ihre Zubereitung doch wirklich lieber »Farce« und nicht »Füllung« nennen, wobei mit »Füllung« eher die im Vogel befindliche Masse bezeichnet wurde und mit »Farce« auch jene, die neben dem Braten in der Form lag. Wie auch immer – wenn Großmutter ihre Farce Füllung nannte, dann war sie es auch. Dasselbe gilt für die Füllung von Tante Pearl, gleichgültig, wo sie ihren Platz findet. Viel wichtiger ist es, die Füllung nicht allzu fest in den Vogel zu stopfen, da sie sich beim Garen ausdehnt und die Nähte zum Platzen bringen kann.

Hätte meine Mutter damals bei Mrs Sarah Josepha Hale oder deren Zeitgenossinnen Rat gesucht, dann hätte sie sich wahrscheinlich einige Sorgen ersparen können. Denn obwohl sie ihre Entscheidung getroffen hatte, fiel es ihr doch sehr schwer, auf das Familienrezept zu verzichten. Die Tage gingen dahin, und sie wurde zunehmend schlechterer Laune. Doch dann, eines kühlen, grauen Morgens zwei Wochen vor Thanksgiving – sie schob gerade ihren Einkaufswagen durch den Gang zur Fleischtheke des Supermarkts –, kam ihr plötzlich der rettende Gedanke. Wer sagte, dass Feiertagsgerichte für Feiertage bestimmt waren, und nur für Feiertage? Ja, wer denn eigentlich? Sie brauchte gar nicht auf ihre jährliche Portion Familienfüllung zu verzichten. Schon legte sie einen frischen Truthahn in den Wagen, setzte spontan noch ein paar zusätzliche Dinge auf die Einkaufsliste, fuhr nach Hause und machte sich an die Arbeit.

Sie holte ihre große Bratpfanne aus dem Küchenschrank, setzte sie bei kleiner Flamme auf den Herd, ließ ein halbes Päckchen Butter darin zergehen und krümelte 350 Gramm Schweinebrät hinein. Nachdem das Fleisch Farbe angenommen hatte, rührte sie eine gewürfelte Zwiebel, zwei gepresste Knoblauchzehen, einige Stangen geschnittenen Sellerie und ungefähr 100 Gramm in Scheiben geschnittene Champignons darunter. Das Ganze ließ sie so lange köcheln, bis die Zwiebeln glasig waren. Sie fügte eine große Schüssel gehackten Spinat aus dem Garten hinzu, den sie im Frühjahr blanchiert und eingefroren hatte, und erhitzte ihn. Dann gab sie den Inhalt der Pfanne in eine große Keramikschüssel. Nachdem die Mischung auf Raumtemperatur abgekühlt war, schnitt sie ein altbackenes Weißbrot in Würfel – ungefähr ein Litermaß voll – und gab diese zusammen mit reichlich Rosinen und jeweils gut einer Tasse geschnittener Mandeln und frisch geriebenem Parmesan ebenfalls in die Schüssel. Dann würzte sie die Füllung mit Salz, schwarzem Pfeffer und einer großzügig bemessenen Prise Oregano und Rosmarin, bevor sie ein Glas Weißwein hineinträufelte. Mit den Händen knetete sie alle Zutaten gut durch und schmeckte dann mit dem Finger ab. Noch eine Prise Salz und fertig. Zum Schluss stopfte sie die Füllung mit einem Löffel in den Vogel, jedoch nicht zu fest, band ihn zusammen und schob ihn in die Backröhre, wo er den Rest des Nachmittags garte.

Übrigens ist meine Mutter auch eine perfekte Näherin. Wenn sie wollte, könnte sie Knopflöcher in einen Truthahn nähen. Aber sie stimmt mit mir darin überein, dass es zum Dressieren eines Vogels keiner komplizierten Eins-rechts-zwei-links-Technik bedarf, wie viele Kochbücher es vorschreiben. Diese ausgefeilte Handarbeit stammt noch aus den Tagen, als man in der Küche über offenem Feuer brutzelte. Durch das Dressieren wollte man verhindern, dass die Schenkel und die Flügel in den Flammen baumelten, wenn sich der

Vogel auf einem Spieß drehte. Heute hat es nur noch die Funktion eines verstaubten, konservativen Tests, mit dem die Geschicklichkeit des Kochs überprüft werden soll: Kann er auch einen Truthahn dressieren? Um die Jahrhundertwende gehörte der massive Eisenherd bereits zur Standardeinrichtung eines jeden amerikanischen Haushalts, und das Braten in der Backröhre machte all das Verknoten und Sticheln und Zurren überflüssig. Das Dressieren diente jetzt in erster Linie dazu, die Füllung zu fixieren und dem Vogel mit gekreuzten Knöcheln ein gesetztes Aussehen zu verleihen, wenn er auf den Tisch kam. Es genügt im Allgemeinen, die Flügel nach hinten zu biegen und die Schenkel mit Küchengarn zusammenzubinden

Als meine Mom den Hals und die Innereien in einem Suppentopf für den Fond auf den Herd setzte, entschied sie, Kartoffelpüree als Beilage sei genau das Richtige, um die Mahlzeit abzurunden. Dann entdeckte sie noch ein paar Süßkartoffeln in dem Eimer unter der Spüle. Wären die in etwas Butter mit Ingwer und braunem Zucker geröstet nicht ebenfalls sehr lecker? Als sie sich dann an die winzigen scharfen Zwiebeln erinnerte, die im Gemüsefach des Kühlschranks umherkullerten, fand sie, sie könne sie mit ein paar Brotwürfeln und Sahne zu einem Gratin verarbeiten.

Der Truthahn knisterte und zischte in der Backröhre und erfüllte jeden Winkel und jede Ritze im Haus mit seinem verlockenden Duft nach Winterfeiertag, und ehe sich meine Mutter versah, rollte sie auch schon den Teig für eine Kürbis-*Pie* aus. Mein Vater kam von der Arbeit heim, hängte seinen Mantel an die Garderobe und kam gerade rechtzeitig in die Küche, um zu sehen, wie das Preiselbeerkompott aus der Konservendose in eine Schüssel fiel. Mom stellte es in einer Sterlingsilberschale auf den Tisch – eine herrlich wabbelnde Geleemasse, die noch den Abdruck der gestanzten Buchstaben des Büchsenbodens zeigte. Gott segne die Leute der Firma Ocean Spray; auch sie trugen immer zum Erfolg unseres Truthahnessens bei. Meine Mutter wandte sich an meinen Vater und sagte: »Das Essen ist fast fertig.«

Meine Mutter sah, wie sich ihre Familie um den Tisch versammelte und das Truthahnfestmahl sichtlich genoss – an einem Abend Anfang November. Nach dem Essen lehnte sich mein Vater zurück, streckte sich und verschränkte die Hände hinter dem Kopf. Er habe es ja schon immer für eine Schande gehalten, sagte er, für eine unnötige Kasteiung, dass die Amerikaner nur einmal im Jahr an Thanksgiving Truthahn essen. Dieses wunderbare Essen eben habe seinen Standpunkt nur gestärkt. Es war wirklich ein Genuss, ja, ein echter Genuss! Aber die Freude der Familie an diesem Abend war nur eine angenehme Zugabe für meine Mutter, da sie das Essen für sich zubereitet hatte, nur für sich allein, und sie empfand ein Gefühl tiefer Befriedigung.

Als dann schließlich der offizielle Feiertag kam, hielt meine Mutter sich an ihren Vorsatz und gab beim Abendessen der Salbei-Zwiebel-Füllung meiner Oma den Vorrang. Sie dünstete zuerst zwei gehackte Zwiebeln und vier in dünne Scheiben geschnittene Stangen Sellerie einschließlich des Blattwerks in einem Klecks Butter an. Nach kurzem Überlegen fügte sie zwei gehackte Knoblauchzehen hinzu. Sie konnte nicht widerstehen. Sie wusste, dass meine Oma sie für etwas ungeschickt hielt, was den Umgang mit Knoblauch betraf, aber das war ihr gleichgültig, es war schließlich ihre Küche.

Als das Gemüse weich war und köstlich duftete, zog sie die Pfanne von der Flamme und ließ sie abkühlen. Dann füllte sie die Mischung in eine Schüssel und vermengte sie locker mit zwei Litermaß-Bechern voll festen, altbackenen Brotwürfeln, einem guten Esslöffel getrocknetem Salbei, einer reichlichen Hand voll frischer Petersilie, etwas Salz und Pfeffer und einer Prise Muskatnuss. Jetzt fehlte noch die Brühe. Sie nahm gerade so viel, dass die Masse zusammenhielt, wenn sie eine Hand voll davon zusammendrückte (zirka 200 ml, eventuell auch etwas mehr). Sie legte den Klumpen wieder zurück, klopfte alles leicht zusammen und löffelte die fertige Masse in den Thanksgiving-Vogel.

Am Abend traf meine Großmutter ein, im Gepäck ihre Senfgurken und ihre drei *Pies* – Apfel, Kürbis, Hackfleisch. Cousins und Cousinen strömten ins Haus und brachten weitere Aufläufe in abgedeckten Formen; ein Onkel kam durch die Tür, dann eine Tante. Bald setzten wir uns mit unseren randvoll beladenen Tellern zum Essen an zwei Tische. Mitten in dem Geklapper des Bestecks und dem allgemeinen Gekicher und Gelächter hielt mein Vater plötzlich inne und stutzte. Seine Gabel steckte in einer saftigen Scheibe dunklem Schenkelfleisch, und sein Messer setzte gerade zum Schneiden an. Er blickte angespannt nach unten, und sein Blick kreiste wie ein Adler über das Essen auf seinem Teller. Er verrenkte den Hals und nahm die Platten und Schüsseln, die auf der Buffettheke am anderen Ende des Zimmers standen, genau in Augenschein. »Darlene«, sagte er, »wir haben hier wirklich reichlich zu essen, versteh mich nicht falsch. Aber weißt du, was fehlt? Es ist die andere Füllung, die du sonst immer machst. Die, die wir neulich hatten, mit den vielen Rosinen und Nüssen und so.«

Mein Mom ließ beinahe ihre Gabel fallen. »Aber du hast mir doch gesagt, dass du die Füllung deiner Mutter lieber magst.«

Er blickte wieder auf den Truthahn und die Beilagen auf seinem Teller. »Schon richtig, aber das heißt nicht, dass mir deine nicht auch schmeckt. Ohne diese Füllung scheint Thanksgiving nicht tatsächlich Thanksgiving zu sein. Findest du nicht auch?«

Die Füllung nach dem Rezept meiner Mutter musste erst fehlen, bevor meinem Vater klar wurde, zu welch wichtigem Bestandteil des Festes sie inzwischen geworden war. So gab das Jahr, in dem der Truthahn nur *eine* Füllung hatte, den Anstoß dafür, dass von nun an stets beide Rezepte auf dem Thanksgiving-Speiseplan meiner Mutter standen. Wenn altehrwürdige Traditionen unversehens ihren Anfang nehmen, dann brauchen sie sich, so scheint es, nicht um Ausgewogenheit oder die Erfordernisse gesunder Ernährung, ja nicht einmal um historische Genauigkeit zu scheren. Denn solche Rituale entstehen aus Erinnerungen, und Erinnerungen sind keinen harten Fakten unterworfen. Und sie sträuben sich gegen jede Form der Veränderung.

Wenn Väter kochen

Wenn mich in meiner Kindheit jemand nach den Kochkünsten meines Vaters gefragt hätte, wären mir sicher nur Spiegeleier, Reibekuchen und Steaks eingefallen. Und große Erdnussbutter-Cookies. Andere Väter kamen abends von der Arbeit nach Hause, lockerten ihre Krawatten und lasen Zeitung. Die Mütter kochten. Es lag Vätern nicht, sich mit Fleischbrocken und Aufläufen herumzuplagen oder sich mit den Banalitäten der Hauswirtschaft abzugeben. Selbst als ich bereits zehn Jahre alt war und mein Vater plötzlich auf die Idee kam, sich zu einem Kochkurs für Männer anzumelden, hätte ich das, was er dann in der Küche tat, nicht als »Kochen« bezeichnet. Er machte keine Fleischpasteten, keine Knödel mit Specksoße, keine Marmelade. Er band sich auch keine Schürze um und nahm das Küchenmesser nicht etwa zur Hand, um einfach nur zu kochen, nein, er betrat die Küche, um eine Vorstellung zu geben.

Mein Vater folgte der Tradition der großen professionellen Köche Europas, Männern, die den Esstisch als Theaterbühne verstanden, die sich damit beschäftigten, Tournedos zu flambieren und ihr zur Konvention erhobenes Repertoire der *Haute Cuisine* zu kodifizieren. Diese Köche hielten sich nicht mit unkomplizierten Eintöpfen oder leise köchelnden Suppenhühnern auf. Derart gewöhnliche Gerichte lehnten sie ab und verwiesen sie in die Sparte *Cuisine des femmes:* rustikale Gerichte, die von Bauersfrauen gekocht wurden, und zwar mit den Zutaten, die sie gerade zur Hand hatten, und nach Rezepten aus dem Kopf, die von Generation zu Generation weitergegeben worden waren. *Cuisine des femmes?*, pflegten die Kochkünstler verächtlich auszurufen. Hier kochten doch Ehefrauen, damit ihre hart arbeitenden Ehemänner etwas auf die Rippen bekamen und sich die leeren Mägen zahlloser Kinder beruhigten. Es spielte keine Rolle, dass sich manch ein Gourmetkoch die Michelin-Sterne mit Gerichten verdiente, die seine eigene Mutter zu kochen pflegte.

Sechs Dienstage hintereinander ging mein Vater aus dem Haus, um sich in die Geheimnisse von *Escalopes de veau gratinées, Coquilles St. Jacques* und *Sauce hollandaise* einführen zu lassen. Seine kulinarischen Talente erblühten unter den gestrengen Anweisungen seines Kurslehrers, Chefkoch Bradley, der sich Gericht für Gericht durch beide Bände *Mastering the Art of French Cooking* hindurchsautiert und -gerührt hatte. Und wir, seine Familie, waren die Nutznießer seiner wachsenden Erfahrung.

Ein paar Wochen, nachdem mein Vater seinen Kurs beendet hatte, kam er eines Nachmittags schon früh von seinem Anwaltsbüro nach Hause, die Arme voller Lebensmittel. Er verkündete, dass wir die Lasagne, die meine Mutter zum Abendessen vorbereitet hatte, nicht brauchten. Sie könne ja bis zum nächsten Tag warten. Er küsste meine Mutter auf die Wange, tätschelte ihren Ellbogen und fügte hinzu, sie solle nach oben gehen und sich ein schönes, entspannendes Bad einlassen. Nein, versicherte er ihr, er brauche keinerlei Hilfe. Er habe ja sein Rezept und seine Aufzeichnungen. Heute Abend würde er seine Frau und seine vier Töchter mit *Cioppino* verwöhnen.

Cioppino ist eine herzhafte Fischpfanne mit duftendem Knoblauch, Tomaten und Meeresfrüchten. Das Gericht war zwar eine Spezialität der frühen Einwanderer, die sich rund um Fisherman's Wharf in San Francisco ansiedelten, aber über seinen Ursprung lässt sich nichts mit Sicherheit sagen. Es gibt zahlreiche Geschichten darüber. Manche sagen, *Cioppino* sei ein Erbe der Portugiesen, die sich an der Küste Kaliforniens niederließen. Andere behaupten, die Fischpfanne gehe auf die Italiener zurück, die an San Franciscos North Beach ihre Zelte aufschlugen. In einem heute vergessenen Dialekt bedeutet »*Cioppino*« nämlich so viel wie »to chop up«, »in Stücke schneiden«, ein Verweis darauf, wie die italienischen Hausfrauen den Fisch zerlegten, bevor sie ihn in ihre würzige Brühe gaben. Nach einer weiteren Geschichte stammt der Name von einer bunt gemischten Gruppe von eingewanderten Goldwäschern, die nach dem Goldrausch von 1849 gescheitert waren. Die ausgezehrten Männer trieben sich in den Docks herum und erbettelten von den Fischern Reste. »Chip in! Chip in!« – »Eine milde Gabe! Eine milde Gabe!« – riefen sie in dem für sie typischen Akzent. Dann kochten sie die Ausbeute in einem Gemeinschaftskessel über offenem Feuer und tunkten den Saft mit dickem Sauerteigbrot auf.

Ungeachtet seines Ursprungs wurde *Cioppino* in den letzten Jahren zum Opfer seiner eigenen Popularität. Unprofessionelle Gastwirte haben es erreicht, das Gericht auf einen dampfenden Kessel Galeerenkost zu reduzieren. Sie servieren es zu wenig gewürzt und völlig verkocht in zu kleinen Portionen zu überteuerten Preisen. Eine weitaus größere Tragödie sei es, klagte einmal eine meiner Chefinnen, dass die *Bouillabaisse* ein ähnliches Schicksal ereilt habe. »Wissen Sie«, erklärte sie, »an der *Bouillabaisse*, diesem eleganten Juwel aus Marseille, werden alle Meeresfrüchte-Eintöpfe gemessen. *Cioppino* ist nur ihr armer Verwandter.« Vielleicht hätte ich sie daran erinnern sollen, dass die meisten mediterran inspirierten Meeresfrüchte-Eintöpfe eine derbe »Häng-ein-Lätzchen-um-und-iss-mit-den-Fingern-Angelegenheit« waren. Mit Knochen und Gräten, Schalen und triefenden Säften waren sie nicht für vornehme Seelen und saubere Finger gedacht. Angefangen bei *Cioppino* bis hin zur *Bouillabaisse* – mit diesen Gerichten sollten ursprünglich Fischabfälle verwertet werden – die Reste und der Ausschuss, der sich den Tag über nicht verkauft hatte. Diese Gerichte mögen sich zwar je nach Landstrich und Zubereitungsart voneinander unterscheiden, aber sie atmen alle denselben Geist, denn sie zollen einer langen Reihe von Köchen Tribut, die wussten, wie man auch aus nichts etwas macht.

Sie fragen sich vielleicht, warum mein Vater, dessen Hände für die Zubereitung von *Tournedos sautées chasseur* und *Bavarois à la vanille* geschult worden waren, ausgerechnet ein soches Gericht zubereiten wollte. Vergessen Sie nicht, dass in den Siebzigerjahren in dem im Binnenland liegenden Yakima Valley von Washington nur weißfleischiger, tiefgefrorener Fisch zu bekommen war. Er kam aus dem Supermarkt, in Styropor eingeschweißt, und hielt sich zu Hause – wie Besuch – nur drei Tage lang frisch, bevor er zu riechen begann. *Cioppino* mit frischem Meeresfisch war also in der Tat ein exotisches Mahl.

Wie hätte meine Mutter also ein so großzügiges Angebot ablehnen können? Sie warf einen kurzen Blick auf das Rezept, holte ein Glas ihrer eingemachten Tomaten aus dem Keller, zog eine Tupperware-Dose mit Fond aus dem Gefrierfach und begab sich dann ins Bad.

So ein Festessen verlangte ein gerüttelt Maß an Dramaturgie. Gegen etwas Hintergrundmusik sei sicher nichts einzuwenden, sagte mein Vater, als wir Mädchen uns um ihn versammelten, um der Show beizuwohnen. Etwas Feierliches müsste es sein. Etwas mit Flair, dem Anlass angemessen. »Nein, Kinder, nicht ›Someone's in the Kitchen with Dinah‹. Wir werden hier bestimmt nicht Mitch Miller singen; was eure Mutter euch hören lässt, interessiert mich nicht.« Er ging zum Stereoanlagenschrank und sah seine Plattensammlung durch. »Ah, hier haben wir genau das Richtige«, sagte er schließlich und blies den Staub von dem Album. »Das wird uns in die richtige Stimmung versetzen.« Und damit krempelte er die Ärmel hoch und machte sich ans Werk, wobei er die Anfangstakte von Beethovens Neunter Symphonie, *allegro ma non troppo,* mitsummte.

Vielleicht hätte sich mein Vater erst zu einem Fortgeschrittenenkurs bei Chefkoch Bradley anmelden oder aber meine Mutter in der Küche ein bisschen aufmerksamer beobachten sollen. Dann hätte er sicher eine vage Vorstellung davon gehabt, was die Franzosen *Mise en place* nennen. Es bedeutet so viel wie »Platz für alles und alles an seinem Platz«, um es mit den Worten von Mary Poppins auszudrücken. Bevor der erfahrene Koch mit seiner Arbeit am Herd beginnt, liest er sich erst einmal das Rezept durch, sucht sich die notwendigen Utensilien zusammen und hat bereits alle Zutaten geputzt, geschnitten und fertig bereitliegen.

An die Stelle von Erfahrung und *Mise en place* setzte mein Vater Gottvertrauen, und so band er sich die Grillschürze um und begann oben, am Anfang des Rezepts, um sich nach unten durchzuarbeiten. »Zwei große Dungeness-Krebse säubern, kochen und zerteilen«, stand da. Das war leicht. Der gute Mann auf dem Fischmarkt hatte dies bereits erledigt. Im Westen der USA sind Dungeness-Krebse die vielleicht wichtigste Zutat im *Cioppino*. Benannt nach dem etwa acht Kilometer langen Sandstreifen auf der Washington-State's-Olympic-Halbinsel, kann man die Krebse entlang der Pazifik-Küste von Mittelkalifornien bis zu den Aleuten und in den meisten Fisch-Feinkostläden in diesem Abschnitt finden. Auch wenn Puristen es vielleicht als Sakrileg empfinden mögen, hieß es im Rezept meines Vaters, würden zur Not auch Alaska-Königskrebse, Maine-Hummer oder sogar ein Pfund Kammmuscheln genügen.

Da mein Vater zugesehen hatte, wie Chefkoch Bradley *Velouté de crevettes* und *Moules à la marinière* zubereitete, hatte er keine Schwierigkeiten damit, ein Pfund Tiefseegarnelen aus der Schale zu brechen und die Därme zu entfernen und anschließend die Miesmuscheln abzubürsten und zu entbarten. Außerdem war er der Meinung, dass die Sandklaffmuscheln, die er gekauft hatte, es ebenfalls vertragen konnten, einmal tüchtig geschrubbt zu werden. Er ließ die Spitze seines Pariermessers zur vierten Zeile des Rezepts gleiten. »Ein Pfund Red Snapper oder einen anderen Fisch mit festem Fleisch in fünf Zentimeter große Stücke schneiden«, las er laut vor. »Diese Kocherei ist wirklich ein ganz schön kompliziertes Unterfangen«, stöhnte er, als er den Hechtdorsch, den ihm der Händler empfohlen hatte, in Stücke schnitt.

Er wandte seine Aufmerksamkeit einer großen Zwiebel zu, um sie in Würfel zu schneiden, und griff sich dann einen Wetzstein. »Wie in aller Welt schafft eure Mutter es bloß, mit solch stumpfen Messern in dieser Küche irgendetwas zu kochen. Das ist und bleibt für mich ein Rätsel«, murmelte er. Er berührte die Klinge mit dem Nagel seines Daumens, war mit der Verbesserung zufrieden und begann mit beachtlicher Geschwindigkeit, zwei Selleriestangen in dünne Scheiben zu schneiden und eine grüne und eine rote Paprikaschote zu würfeln, verlor jedoch an Schwung, als er umblätterte und sah, dass das Rezept vier große, durchgepresste Knoblauchzehen vorschrieb. Chefkoch Bradley hatte ein spezielles Gerät dafür. Man legte eine Zehe hinein, presste die Griffe zusammen, und heraus kam zerkleinerter Knoblauch. Er wühlte in der Schublade mit den Küchenutensilien, beendete seine Suche aber mit leeren Händen. Wie sollte er ohne ein solches Gerät fortfahren? Er trocknete sich an einem Küchenhandtuch die Hände ab und wischte sich die Schweißperlen, die sich inzwischen an seinem zurückweichenden Haaransatz gebildet hatten, fort. Dann stürmte er mit einer Knoblauchknolle die Treppe hinauf und riss die Badezimmertür auf. »Wie soll ich denn das hier klein schneiden?«

Meine Mutter legte ihre Haus- und Gartenzeitschrift auf den Rand der Badewanne und blickte erstaunt auf die Knoblauchknolle. Sie hatte sich inzwischen zwar an die in letzter Zeit häufigen Fragen meines Vaters zum Thema Kochen gewöhnt, aber in der Badewanne hatte er sie bisher damit verschont. Meine Mutter, die als Tochter italienischer Einwanderer aufgewachsen und für die ein Essen ohne Knoblauch eigentlich gar kein Essen war, die ihr Leben lang, seit sie über die Küchentheke schauen konnte, Knoblauchzehen geschält und gehackt hatte, konnte nicht begreifen, warum dies irgendeiner Erklärung bedurfte. Sie seufzte. »Brich erst einmal die Zehen heraus, die du brauchst ...«

Mein Vater nestelte an der Knolle herum. »Sind dies große oder mittelgroße Zehen?«

»Mittelgroße.«

»Oh, mein Gott! Mein Rezept verlangt aber vier große Zehen.«

»Nimm sechs davon. Damit kommst du hin«, versicherte sie ihm. »Leg sie auf das Schneidebrett und klopf mit der flachen Seite des Messers darauf. Dann entfernst du die papierene Haut und zerquetschtst die Zehen, ebenfalls mit der flachen Seite des Messers.«

»Danke, mein Schatz.«

Nach ein paar Minuten musterte mein Vater sein Werk. Chefkoch Bradley wäre stolz gewesen. Mein Vater sah wieder in den Anleitungen nach, setzte dann einen großen flachen Bratentopf auf den Herd und rieb sich entschlossen die Hände. Er studierte die Vorderseite des Olivenölkanisters und goss eine halbe Tasse davon in den Kessel, wobei er gern gewusst hätte, was es wohl mit dem »Extra Vergine« auf sich hatte.

Die Antwort hat nichts mit jungfräulichen Priesterinnen oder heiligen Sakramenten zu tun. »Extra Vergine« bezieht sich vielmehr auf das Öl aus der ersten Pressung der Oliven, den sämigen, aromatischen Saft, der ausschließlich durch das Zerquetschen nicht entkernter Früchte gewonnen wird. Dieses »jungfräuliche« Öl wird nach dem Anteil einer Fettsäure klassifiziert, die sich bildet, wenn die Fettmoleküle aufgebrochen werden. Je niedriger der Säureanteil, desto höher die Qualität des Öls. »Extra Vergine«-Öl enthält weniger als ein Prozent gesättigte Fettsäuren und wird in Europa als »Natives Olivenöl extra« bezeichnet. Darauf folgt »Natives Olivenöl« mit einer Höchstgrenze an gesättigten Fettsäuren von bis zu 2%. Sobald der Säuregehalt 4% übersteigt, muss der Säuregehalt verringert werden und darf die Bezeichnung »vergine« nicht mehr tragen. Für die nachfolgenden Pressungen benötigt man Hitze und Chemikalien, um zusätzliches Öl aus den Oliven zu extrahieren. Das entstehende Produkt schmeckt strenger und weniger aromatisch, wird mit »Vergine«-Öl verfeinert und als »rein« etikettiert, weil es nur aus Oliven hergestellt ist, ohne Beimischung von beispielsweise Mais- oder Traubenkernöl.

Mein Vater erhitzte das Öl auf mittlerer Flamme und fügte, als es zu sieden begann, die Zwiebeln, den Sellerie und die Paprikawürfel hinzu. Er rührte einmal um, reduzierte die Hitze und ließ das Gemüse ein paar Minuten lang anschwitzen, während er im Schrank nach den Gewürzen suchte, die er brauchte. Er fand den spanischen Safran in einer Hustenpastillendose. Hätte er gewusst, dass Safranfäden die getrockneten Narbenschenkel der Griffel des crocus sativus, einer im Herbst blühenden Krokussorte sind, dass Feldarbeiter in mühevoller Handarbeit achtzigtausend Blüten sammeln müssen, um nur ein Kilo dieses Gewürzes zu erhalten, oder wie viel ein Pfund echter Safran kostet, hätte er die Fäden, die daneben fielen, als er eine Prise in den Topf warf, wohl nicht auf den Boden gewischt.

Er entdeckte einen Behälter mit Thymianblättern, maß sorgfältig einen Teelöffel ab und verteilte das Kraut über sein Stew. Dann warf er ein Lorbeerblatt hinein und würzte das Ganze mit einem halben Teelöffel zerstoßener roter Chilischote. Er kramte im Schrank herum und förderte einen Mixbecher voller Reißzwecken, eine angeschlagene Porzellantasse mit Schinkenspeck, einen Umschlag voller Rabattmarken und ein blaues Wick-Vaporub-Glas zutage, das die Samen enthielt, die meine Mutter aussäen wollte, sobald sie sich daran erinnerte, wo sie sie nur verstaut hatte. Doch die nächste Zutat auf der Liste konnte mein Vater nicht finden.

Einen Augenblick später hörte meine Mutter leichte Schritte auf der Treppe. Als die Badezimmertür sich öffnete, sah sie von ihrer Zeitschrift auf und erblickte das grinsende, sommersprossige Gesicht meiner sieben Jahre alten Schwester. »Daddy will wissen, was Ohre-Gaan-o ist und wo du es aufbewahrst.«

Meine Mutter unterdrückte ein Lächeln, beantwortete ihre Frage und wandte sich dann wieder einem Artikel über winterfeste Beete im westlichen Landschaftsgartenbau zu. Mit einem Wippen ihres Pferdeschwanzes und einem »Danke, Mama!« machte meine Schwester kehrt und trottete pflichtbewusst die Treppe hinunter zurück in die Küche. »Sie sagt, es heißt Or-e-gan-o, und es steht im Gewürzregal.«

Mein Vater fand das Oregano-Glas und gab einen Teelöffel voll in den Topf. Dann kam der Rotwein an die Reihe. Auf Empfehlung von Chefkoch Bradley hatte mein Dad eine Flasche Sebastiani Cabernet Sauvignon besorgt, ein preiswerter, überall erhältlicher, aber dennoch sehr wohlschmeckender Wein. Er goss einen Viertelliter davon in den *Cioppino*, schenkte sich selbst ein Glas ein und nahm einen Schluck.

Während das Gericht im Bratentopf blubberte, nahm mein Dad das Glas Tomaten zur Hand, das meine Mutter ihm hingestellt hatte, und studierte wieder das Rezept. Er blätterte seine Notizen durch und jagte plötzlich, immer zwei Stufen auf einmal nehmend, die Treppe hinauf und platzte ins Badezimmer. War meiner Mutter eigentlich klar, dass er für dieses Rezept achthundert Gramm brauchte, die in weniger als drei Minuten im Topf sein mussten? »Wie viel Gramm sind da drin?«

»Zirka neunhundert.«

»Ich brauche nur achthundert. Was, um Himmels willen, soll ich jetzt ohne Waage anfangen?«

»Nimm das ganze Glas. Es macht keinen großen Unterschied.« Ihre Stimme klang ruhig, aber doch ein bisschen gereizt.

»Bist du sicher?«

»Ganz sicher. Sei so nett und schließ die Tür. Es ist kalt.«

»Tut mir Leid, Liebes.«

Als mein Vater wieder am Herd stand, blieben ihm noch dreißig Sekunden. Er gab zwei Teelöffel Tomatenmark zum Gemüse, dann das Glas Tomaten und zerdrückte die Früchte mit einem Holzlöffel. Mit einem tomatenbeschmierten Finger schob er sich die Brille zurecht. Jetzt brauchte er drei Viertel Liter Fischfond. Er hätte ihn leicht selbst herstellen können. Er hätte nur die Garnelenschalen und ein paar Fischabfälle dreißig Minuten lang in Wasser und etwas Weißwein köcheln lassen müssen. Ein besonders feiner Fond wäre es geworden, wenn er noch eine Zwiebel, eine Mohrrübe, eine Selleriestange, einen Petersilienstängel und ein paar Pfefferkörner hinzugefügt hätte. Stattdessen nahm er die Tupperdose auf der Küchentheke ins Visier, die meine Mutter nur mit »Fond« etikettiert hatte. In dem Rezept stand in Klammern, dass man sich, wenn kein Fischfond zur Hand war, auch mit einer Dose Hühnerbrühe oder mit mit Wasser verdünntem Muschelsaft aus dem Glas behelfen könne. So griff er nach der Tupperdose, atmete einmal tief durch und lief erneut die Treppe hinauf.

»Was ist das hier?«

Meine Mutter ließ die Zeitschrift auf den Boden fallen. Ihre Kiefermuskeln zeigten an, dass sie allmählich die Geduld verlor. Doch mein Vater bemerkte es nicht.

»Das ist Hühnerfond. Manche Leute nennen es auch Hühnerbrühe. Dazu koche ich die Karkasse aus, die übrig bleibt, wenn wir ein Brathähnchen essen.«

»Aber mein Rezept verlangt Dosenhühnerbrühe. Bradley verwendet nur die von Swanson.«

»Alles schön und gut«, sagte sie und zog den Stöpsel aus der Badewanne. »Aber, wie glaubst du, stellt Mrs Swanson ihren Hühnerfond her?«

»Oh«, erwiderte mein Vater verblüfft. Er reichte meiner Mutter ein Handtuch und kehrte in die Küche zurück, um ihren Fond in den Topf zu gießen.

Während das Gericht auf dem Herd leise köchelte, halfen wir, den Tisch zu decken.

»Weg mit den Plastik-Sets und heraus mit der Spitzentischdecke«, wies er uns an.

»Oh, Daddy«, belehrten wir ihn, »das Messer und der Löffel kommen nach rechts«.

Nach dreißig Minuten war die kräftige Brühe leicht eingedickt, und selbst meine Mutter oben im Badezimmer konnte schon das herzhafte Aroma riechen. Nach einem weiteren Ausflug über die Treppe wusste mein Vater, dass das frische Basilikum und die Petersilie draußen vor der Hintertür neben den Chrysanthemen wuchsen. Er schnitt sich von beidem jeweils so viel ab, dass es gehackt etwa drei Esslöffel voll ergeben würde, rührte die Kräuter in die Pfanne, schmeckte ab und gab noch etwas Salz dazu. Dann wischte er sich die Hände vorn an der Schürze ab. Der Augenblick für das große Finale war gekommen: Die Schalentiere mussten hinein. Mit dem Rezept in der Hand leicht nach vorn über den Herd gebeugt ließ er die Sandklaffmuscheln und die Krebsstücke in den Topf fallen. Dann setzte er den Deckel darauf und ließ das Ganze ungefähr vier Minuten köcheln.

»Zündet die Kerzen an!«, schrie er plötzlich. »Jemand soll Mom holen! In fünf Minuten sind wir so weit!«

Kurz darauf fügte er die übrigen Muscheln und den

Hechtdorsch hinzu, setzte den Deckel wieder auf den Bratentopf und ließ alles unter gelegentlichem Hin- und Herschütteln des Topfes weiterköcheln, bis die Muscheln sich öffneten, die Garnelen eine rosa Farbe angenommen hatten und der Fisch gerade durch war.

Fertig abgetrocknet und mit Talkum eingepudert kam meine Mutter die Treppe herunter. Sie hatte extra für diesen Anlass ein frisches Baumwollkleid ange- zogen.

»Oh, das sieht aber köstlich aus!«, rief sie, als mein Vater den Topf auf den Tisch stellte. Sie meinte es auch so. Der *Cioppino* war in der Tat auch etwas für die Augen. Mein Vater schöpfte jedem von uns eine Kelle in die tiefen Teller. Mit dem Appetit eingewanderter Fischer schlürften wir die Suppe mit großen Löffeln in uns hinein und pulten mit klebrigen Fingern die Scha- lentiere heraus. Wir kleckerten würzig tomatenrote Brühe auf die Spitzendecke meiner Mutter und wisch- ten unsere Teller mit dicken Scheiben Sauerteigbrot aus. Mein Vater bediente uns ein zweites Mal. Dann tupfte sich meine Mutter mit ihrer Leinenserviette die Mund- winkel ab und sagte: »Wisst ihr, Mädchen, ich hatte ja so meine Zweifel, aber euer Vater scheint doch ein recht guter Koch zu sein.«

Brot von gestern

Um einen Laib Brot zu backen, braucht man nichts weiter als Mehl, Wasser, einen Würfel Hefe und – Zeit. Ja, und wenn man genügend Zeit hat, kann man sogar auf den Hefewürfel verzichten, denn das Gewimmel von Hefepilzen in der Luft setzt sich mit der Zeit auf den Teig, macht sich über das Mehl her und entwickelt schließlich genügend Kraft, um den Teig aufgehen zu lassen. Dies war eine Methode, auf die der Mensch bereits vor etwa sechstausend Jahren kam. Das glauben die Historiker jedenfalls. Als die Sklaven der Ägypter ein Gemisch aus Schrotmehl und Wasser allzu lange in der warmen Sonne stehen ließen, bemerkten sie, dass das Brot daraufhin weich und luftig wurde und wesentlich besser schmeckte als die bröckligen Fladen, die sie eigentlich backen wollten.

Um eine krümelige Masse aus Mehl, Wasser und Hefe zum Leben zu erwecken, um einen plumpen Teigklumpen in einen knusprigen Laib Brot zu verwandeln, bedarf es allerdings immer noch ausgiebiger Pflege von Menschenhand. Selbst professionelle Bäcker, die den Teig in Sechzig-Liter-Rührmaschinen kneten, bestehen auch heute noch darauf, jeden Laib Brot von Hand zu rollen und zu formen. In der Tat ist es dieser Kontakt mit mehlbestäubten Bäckerhänden, der einen Brotlaib zu einer der größten Tafelfreuden werden lässt, ein Geschenk, das nicht nur den hungrigen Magen füllt, sondern auch die Sinne erfreut. Dass so elementare und bescheidene Zutaten sich in etwas so Großartiges verwandeln können, ist zweifellos der Grund dafür, warum der bloße Gedanke, ein Brot zu backen, den Bäckerlehrling mit einer gewissen Angst erfüllt. Er quält zahllose Hobbyköche, die es versucht haben und gescheitert sind, sich aber trotzdem in den Kopf gesetzt haben, perfekte Bäcker zu werden, um nicht dem Schicksal zu erliegen, ein Leben mit ausschließlich im Laden gekauftem Brot zu fristen.

Ein gewandter Verkäufer von Küchengeräten würde, ohne mit der Wimper zu zucken, diese aufstrebenden Bäcker darauf hinweisen, dass sich all ihre Probleme mit einem Brotbackautomaten lösen ließen. Mit einem solchen Backautomaten sei das Ganze ein Leichtes, und obendrein mache man sich die Finger nicht mit dem kleinsten Stäubchen Mehl schmutzig. Ich selbst bin von diesen Geräten nicht begeistert. Ich gestehe gern zu, dass sie eine Marktlücke füllen. Die Brote, die mit ihrer Hilfe gebacken werden können, sind viel besser als die klebrige Watte, die Industriebäcker lieblos in Plastiktüten verpacken. Es ist nicht die seltsame quadratische Form dieser Brote, die mir nicht gefällt, es ist ihr Innenleben, der Teil, den viele amerikanische Bäcker Krume oder »Fleisch« nennen, weil sie keinen besseren Ausdruck dafür haben. Die Franzosen, die von Haus aus mehr Zeit als wir damit verbringen, über das Essen nachzudenken, haben für das Innere des Brots einen Namen. Sie nennen es *mie*. Sie haben sogar ein *Pain de mie*, ein Brot, das in speziellen Blechformen mit Deckel gebacken wird und deshalb keine Kruste hat. Dass wir im Englischen nicht über ein entsprechendes Wort verfügen, ist vielleicht ein Indiz für unsere alte, langlebige Gleichgültigkeit dem Brot gegenüber. Jedenfalls ist das Innere von im Automaten gebackenen Broten vom Aussehen, von der Konsistenz und vom Geschmack her nicht so, dass ich es völlig ablehne, aber überzeugen kann es mich auch nicht. Diese Brote mögen praktisch sein, aber was Aroma und Aussehen betrifft, können sie mit einem handgemachten Brot nicht konkurrieren.

Ich habe eine weißhaarige Tante in Washington, die behauptet, den frustrierten Bäckern, diesen armen Menschen, fehle einfach eine Eigenschaft, die sie Fingerspitzengefühl nennt. »Es geht kein Weg daran vorbei«, sagte sie einmal zu mir, als sie gerade mit beiden Armen in der Brotschüssel steckte. »Wenn man Brot backen will, braucht man Fingerspitzengefühl.«

Lena meinte die Mischung aus Entschiedenheit, Leidenschaft und gesundem Menschenverstand, die einem Laib Brot Charakter und Dimension verleiht. Wenn ich Brotteig knete, spüre ich dieses Fingerspitzengefühl manchmal auch in meinen eigenen Händen, und die Bäcker, die ich am meisten bewundere, scheinen es allesamt zu besitzen, ein undefinierbares Etwas, das sich in dem würzigen Aroma und dem rustikalen Aussehen ihrer Brote zeigt. Dieses Fingerspitzengefühl von Lena ist genau das, was ein von Hand gebackenes Brot von all den gescheiterten Versuchen unterscheidet, die mit bleischweren, klitschigen oder verbrannten Broten enden. Es ist diese Sensibilität, die einem guten Brot die Seele verleiht.

Lena ist eigentlich die Tante meines Vaters. Sie hat ihr ganzes Leben inmitten von Getreidefarmern verbracht und würde sich selbst nie als Gourmet bezeichnen. Sie macht zum Beispiel keine flambierten Omeletts, keine *Poularde à la parisienne*. Aber kochen kann sie. Man brauche sie nur mit einem Raum voller hungriger Farmer zu konfrontieren, erzählte sie mir, und schon bereite sie Schweinekoteletts, Schmorfleisch, Specksoße und und und zu. Sie ist auch nicht zu bescheiden zuzugeben, dass Brotbacken ihre Spezialität ist. Sie backt fantastische Bauernbrote, riesige, oben eingekerbte runde Laibe, die im Backofen aufgehen und sich über die Ränder der Backformen wölben, so wie die Speck-falten einer beleibten Dame im Korsett. Sie backt nun schon seit siebzig Jahren Brot, seit der Zeit, da sie ein kleiner, gerade mal zehn Jahre alter Floh war. Noch zu klein, um über die Tischkante zu schauen, kniete sie auf dem Holzboden im Haus der Familie Endicott und kne-tete Teig in einem Holztrog, der vor ihr auf einem Hocker stand. Um festzustellen, wann der holzbefeu-erte Backofen heiß genug war, um die Brote hineinzu-schieben, öffnete sie nur die Ofenklappe und hielt ihre glatte, kleine Hand in den Luftraum.

Obwohl ihre Mutter Brot backen konnte, sie selbst Brot backen kann und sogar ihr sechzig Jahre alter Sohn mit seinen kräftigen Händen es kann, glaubt Lena nicht, dass einem das Fingerspitzengefühl in die Wiege gelegt wird, dass man es sozusagen erbt. Nein, Finger-spitzengefühl ist eine Frage der Übung. Man braucht Geduld. Mit Sicherheit war es Übungssache, ein Gefühl für die richtige Temperatur des Wassers zu bekommen, das sie brauchte, um die Hefe anzusetzen, eine Tem-peratur, die sie vom Ausnehmen der Hofhühner und der Fasane, die ihr Vater von den Weizenfeldern mit-brachte, kannte. Es war auch Übungssache, die seidige Struktur eines gut durchgekneteten Teigs zu beurtei-len – weich wie ein Kinderpo, geschmeidig wie ihr Ohr-läppchen. Und nur durch Übung lernte sie, wann ein Brot fertig war. Sie zog es aus dem Ofen, klopfte mit den Fingerknöcheln darauf und erkannte am Klang, dass es durchgebacken war.

Vor ein paar Jahren holte Lena ihre mechanische Schreibmaschine mit ihrem abgenutzten Farbband und ihren Kursivtypen hervor und tippte einen ganzen Stoß

Rezepte ab. Als ich sie neulich durchsah – Streuselbrot, Hefe-Doughnuts, Saure-Sahne-Kringel – stiegen eine Reihe von Hefeduft geschwängerten Erinnerungen an sie in mir auf. Ich sah sie vor mir, wie sie an einem Herbstmorgen aus dem Fenster blickte, die dunklen Wolken betrachtete und den Tag für Besorgungen strich. Stattdessen erklärte sie ihn zum Brotbacktag. Und schon hatte sie ihr riesiges Backbrett aus Kiefernholz hervorgeholt. Ich erinnerte mich daran, dass ich einen noch warmen Kanten ihres Brotes in meiner Hand hielt und zusah, wie ein Klecks Butter in seinen Poren schmolz. Und ich hörte wieder die Enttäuschung in ihrer Stimme, als sie eines Tages fiel und sich das Handgelenk verstauchte und widerstrebend einräumen musste, dass sie mit nur einer Hand den Teig nicht kneten konnte.

Ganz unten in Lenas Rezeptestapel stieß ich auf eins meiner Lieblingsrezepte, ein Rezept für Roggenbrot. Lena behauptet, es sei von meiner Urgroßmutter, einer Frau mit starken Unterarmen und einem festen Haarknoten, die ich nur von einem zerknitterten Foto aus der Feldkiste meines Vaters her kenne. Sie sei ihrerseits ebenfalls, wie Lena mir versichert, eine famose Bäckerin gewesen. Das Rezept hat nichts zu tun mit den dunklen Brotlaiben aus den Feinkostläden, die viele Amerikaner vor Augen haben, wenn sie an Roggenbrot denken. Nein, es handelt sich um leichte Brote mit einem feinen nussigen Geschmack und gerade genug Roggenaroma, um an unser gemeinsames Erbe der Wolgadeutschen zu erinnern. Und es ist ein Rezept, das in der Tradition der Farmerfrauen von gestern steht, die nicht viel mehr als ihre Intuition und die Wärme ihrer Hände in die Waagschale werfen konnten, um gutes Brot zu backen.

Als ich daran dachte, wie Lena bei diesem Brot zu Werke ging, wurde mir klar, dass sich all die Stunden und Tage, in denen sie ihr Fingerspitzengefühl trainiert hatte, durch nichts ersetzen lassen. Aber gleichzeitig ging mir auch durch den Kopf, dass ein paar Einsichten, einige Erklärungen zu den Vorgängen, die beim Aufgehen eines Brotes eine Rolle spielen, nicht schaden können, um die Nervosität und die Unsicherheit beim Brotbackenlernen etwas zu reduzieren.

Im Geiste sah ich Lena vor mir. Sie begann nach dem Abendessen, nachdem das Geschirr abgewaschen und die Küchentheke sauber war. Zuerst kochte sie eine Kartoffel – etwa von der Größe einer Kinderfaust – in einem Topf mit Wasser, bis man mühelos mit einem Messer hineinstechen konnte. Sobald der Topf auf Säuglingsfläschchen-Temperatur abgekühlt war, pellte sie die Kartoffel und zerdrückte sie in einer schweren Brotschüssel, um anschließend 350 ml der Kochflüssigkeit darüberzugießen. Sie löste einen Teelöffel Hefe in warmem Wasser auf, wartete ein paar Minuten, bis sie aufschäumte und träufelte das Gemisch in die Schüssel. Als Nächstes rührte sie je 150 Gramm weißes Mehl und Roggenmehl ein, bedeckte die Schüssel mit einem Handtuch und ließ sie über Nacht an einem zugfreien Ort bis zum Morgen stehen.

Dieser Vorteig heißt bei uns »Schwamm« und ist ein Überbleibsel aus der Zeit, bevor es Hefe im Laden zu kaufen gab. Hefe besteht aus mikroskopisch kleinen Pilzen, die sich über die Jahrtausende hinweg als höchst nützlich erwiesen haben. Sie sind allgegenwärtig. Doch da sie eine süße, feuchte Umgebung lieben, versammeln sie sich besonders gern auf der Schale von Früchten, auf nektarreichen Blumen und auf Getreideähren. Dort ernähren sie sich von Zucker, wobei sie

Alkohol und Kohlendioxid produzieren. Sie verwandeln zerstampfte Weintrauben in Wein, zerdrückte Äpfel in Most, Honig in Met und gemälzte Gerste in Bier. Das Wort »Hefe« bezog sich ursprünglich auf den Schaum, der den Prozess der Fermentierung anzeigte. Im Mittelalter nannte man diesen Schaum auch »Goddesguote«, wohl weil man annahm, er bilde sich mit der Güte Gottes. Erst als Pasteur seine Bechergläser und Kolben hervorholte und mit seinen klassischen Weinexperimenten begann, kam die wahre Natur dieser Fermentierung ans Licht.

Wenn sich die Hefepilze im Brotteig über die Stärke im Mehl hermachen, produzieren sie Alkohol, der beim Backen verdunstet. Doch das Kohlendioxid bleibt in den Lufttaschen des Teigs hängen und bewirkt, dass der Teig sich ausdehnt. Wilde Hefepilze sind unbeständig und schwach und reagieren nur langsam; es brauchte immer einige Tage, um einen Laib Brot herzustellen. Trotzdem waren sie Jahrhunderte lang das einzige Treibmittel, das man besaß. Sehr oft beschafften sich Bäcker diese wilden Hefepilze, indem sie einfach ein kleines Stück des aufgegangenen Teigs von einem Backtag zum nächsten aufbewahrten. Oder aber sie gingen zum örtlichen Brauhaus und baten um etwas Bärme, den hefigen Schaum, der auf dem fermentierenden Bier schwimmt. Um diese trägen, frei herumfliegenden Hefepilze anzuregen, arbeiteten die Bäcker die Teigstückchen beziehungsweise die Dosis Bärme in einen Brei aus Mehl und Wasser ein und stellten das Ganze dann für einige Stunden an einen warmen Ort. Dieser »Schwamm«, so genannt wegen seiner blasigen Struktur, ermöglichte es den Hefepilzen, sich zu vervielfachen und Kraft für die schwierige Aufgabe, ein Stück Teig aufgehen zu lassen, zu sammeln.

Erst im späten neunzehnten Jahrhundert lernten die Brauer, in den Labors zuverlässige, potente Hefekulturen zu entwickeln. Bald darauf begannen Firmen damit, dehydrierte abgepackte Hefewürfel industriell herzustellen, die speziell auf die Erfordernisse des Brotbackens abgestimmt waren. Die heute handelsübliche Backhefe ist ein reines Konzentrat von *Saccharomyces cerevisia*, was so viel bedeutet wie »Brauer-Zuckerhefe«, ein Hinweis darauf, dass sie aus einer Bärmeprobe isoliert wurde. Kräftig und robust, wie sie ist, kann sie einen Teigklumpen in weniger als einer Stunde auf die doppelte Größe aufgehen lassen, eine enorme Zeitersparnis, zumal man auf den Vorteig beinahe verzichten kann. Doch erfahrene Bäcker wie Lena bestehen weiter auf dem »Schwamm«, denn der lange, langsame Fermentierungsprozess verbessert die Konsistenz und verstärkt das Aroma der Brote.

Die zerdrückte Kartoffel in Lenas »Schwamm« verfeinert den Geschmack zusätzlich. Außerdem sorgt sie für eine feine, zarte Krume und verhindert durch ihre Feuchtigkeit, dass das gebackene Brot schnell alt und trocken wird. Die Ironie dabei ist, dass das Rezept mit Kartoffeln ein Überbleibsel aus harten Zeiten ist. Denn wenn man die Geschichte betrachtet, landeten Kartoffeln immer dann im Brot, wenn das Getreide knapp war und das Mehl ausging. Mit Kartoffeln konnte man das Brot strecken und ein paar hungrige Mäuler mehr stopfen. Das Kochwasser der Kartoffel ist außerdem reich an Stärke. Als im neunzehnten Jahrhundert die Bäcker in Europa damit begannen, diese Flüssigkeit in ihren Brotteig einzuarbeiten, fanden sie heraus, dass sie ein besonders guter Nährboden für den Hefepilznachwuchs war, und so gaben sie diesen Trick von einer Generation an die nächste weiter.

Am nächsten Morgen kehrte Lena zu ihrem Vorteig zurück, der sich inzwischen in eine schäumende Masse verwandelt hatte. Sie rührte ihn mit einem Holzlöffel glatt und träufelte einen Esslöffel Öl hinein, gab eine große Prise Zucker dazu und zusätzlich einen gestrichenen Esslöffel Salz. Dann arbeitete sie nach und nach 600 Gramm Mehl ein. Als das Rühren zu mühselig wurde, gab sie den Teig auf das bemehlte Backbrett und begann zu kneten. Immer wieder streute sie zusätzlich etwas Mehl auf das Brett, damit der Teig nicht anklebte. Dieser Knetvorgang – der Teig wird immer wieder nach vorn umgeschlagen, zusammengedrückt und mit einem Handballen nach hinten gewalkt, dann mit der anderen Hand etwas gedreht, wieder umgeschlagen, zusammengedrückt, gewalkt und gedreht, umgeschlagen, zusammengedrückt, gewalkt und gedreht – bringt Ordnung in ein Chaos. Wenn die Proteine aus dem Mehl mit Flüssigkeit in Berührung kommen, bilden sie so genannte Glutenstränge. Zunächst sind diese Stränge nur ein in sich verschlungener Wirrwarr, ähnlich einer Garnrolle, mit der sich eine Katze die Langeweile vertrieben hat. Doch mit dem Kneten entwirren sich die Stränge, richten sich aus und verlängern sich. Sie werden langsam elastisch und können sich, wenn die Hefepilze das Gas entwickeln, wie Sprungfedern dehnen, so dass sich die Lufttaschen in dem Teig ausdehnen können, ohne zu zerplatzen.

Lena stand da, die Füße auf den Boden gestemmt, die Schultern über die Küchentheke gebeugt, und war völlig in das kraftvolle, rhythmische Kneten vertieft. Ohne aufzuschauen, sagte sie mit ihrer leisen, zitternden Stimme: »Brotbacken ist wie Kinder großziehen.«

Und ich begriff, dass ihr viel beschworenes Fingerspitzengefühl nichts mit Zögern, Zaudern und Ausprobieren zu tun hatte, sondern vielmehr mit einer Sensibilität, die sowohl Geduld als auch Entschlossenheit verlangte.

»Weißt du, Liebling, von nichts kommt nämlich nichts. Nur Sonne, Mond und Sterne gehen von allein auf.«

Innerhalb von zehn Minuten war der Teig seidig und glatt. Sie wiegte ihn in knotigen Fingern und legte ihn dann in eine leicht geölte Schüssel. Lena weiß, dass Hefepilze, was die Temperatur betrifft, empfindlich sind. Am aktivsten sind sie dort, wo es warm, aber nicht heiß ist. Denn bei Temperaturen über fünfzig Grad sterben sie ab, und wenn es zu kalt ist, vegetieren sie elend dahin. Also stellte Lena die Schüssel an einen ruhigen Platz am Herdrand, deckte sie mit einem Küchenhandtuch ab und ließ den Teig anderthalb, vielleicht auch zwei Stunden gehen. Als nach etwa der Hälfte der Zeit plötzlich ein grauhaariger, vom Alter gebeugter Nachbar an die Tür klopfte, drängte Lena ihn, sofort hereinzukommen: »Rein oder raus, aber schließ bitte die Tür, mein Brotteig bekommt sonst Zug. Komm, ich mach dir schnell eine Tasse Tee.«

Als der Teig auf die doppelte Größe aufgegangen war, fuhr sie mit der Hand hinein, so dass er in sich zusammenfiel. Dann gab sie ihn auf die Küchentheke, walkte ihn noch einmal durch und formte daraus zwei runde Laibe, die sie anschließend in leicht gefetteten Kuchenformen mit zirka zwanzig Zentimeter Durchmesser (normale Brotformen sind ebenfalls zulässig) eine weitere Dreiviertelstunde lang abgedeckt ruhen ließ, bis sich ihr Volumen wieder beinahe verdoppelt hatte. Dieses zweite Gehen verhilft dem Brot zu seiner charakteristischen feinen Struktur: Das wabenartige Netz großer Lufttaschen, das sich beim ersten Gehen bildet, verwandelt sich in ein feinmaschiges Gespinst aus winzigen Luftbläschen.

Zum Schluss ritzte Lena in jeden Laib zwei flache Kerben und schob die Formen in den Backofen, den sie auf zirka 190 Grad eingestellt hatte.

Eine Dreiviertelstunde später rief der Duft von Malz und geröstetem Weizen Lena zurück in die Küche. Sie öffnete die Ofentür und schaute hinein, um vor sich zwei hoch aufgegangene, bernsteinfarbene runde Brote zu sehen. »Immer wieder was Wunderbares«, sagte sie mit einem kleinen Seufzer, als sie die Brotlaibe zum Auskühlen auf einem Rost abstellte. Und der jugendliche Stolz, der sich auf ihrem alten Gesicht spiegelte, verriet mir, dass dieses Werk ihrer eigenen verarbeiteten Hände ihr auch noch beim tausendsten Mal beinahe den Atem verschlug.

Dass Brotbacken immer wieder so großen Spaß macht, liegt vor allem auch daran, dass jedes Brot anders ausbackt. Warum dies so ist, das haben selbst die Mikrobiologen mit ihren Pilznährböden und ihren Elektronenmikroskopen immer noch nicht ganz verstanden. Was das Brot aufgehen lässt, ist für uns zwar kein Buch mit sieben Siegeln mehr, aber der selbst gebackene Laib Brot ist immer noch für Überraschungsmomente gut und bleibt ein Mysterium, ein Umstand, der den Reiz des Brotbackens jedoch zusätzlich erhöht. Das bedeutet: Ein gewisses Basiswissen über die Vorgänge, die beim Brotbacken entscheidend sind, kann zwar durchaus hilfreich dabei sein, Lenas viel beschworenes Fingerspitzengefühl zu entwickeln, aber allzu viele Gedanken sollten Sie sich über all diese Abläufe nicht machen. Darin bestärkt mich vor allem auch mein letztes Gespräch mit Lena. Wir sprachen über Brot, und ich erzählte ihr alles über Fermentierungsprozesse, die

Kultivierung von Hefepilzen und die Verflechtung von Glutensträngen, worauf es aus ihr herausbrach: »Du lieber Himmel!« Sie war einen Moment lang still und fügte dann hinzu: »Ich bin mir nicht sicher, ob jemand das alles wissen will, wenn er gerade mit dem Brotbacken beginnt. Es könnte ihn viel zu sehr belasten und verunsichern.«

In der Tat: Es spricht vieles dafür, nur die Ärmel hochzukrempeln und sich an die Arbeit zu machen, dafür also, Brotbacken einfach aus dem Gefühl heraus zu lernen.

Keine Angst vor Fremden

In Dijon stürmen die Leute in jedem Frühjahr die Bistros, weil *Morilles à la crème* auf den Speisekarten stehen. Piemontesische Hausfrauen machen sich im Oktober auf die Suche nach ein paar frischen *Porcini* für die Risottogerichte. Und in der Ukraine diskutieren Männer im Zug die Aussichten für die nächste *Pecherytsia*-Saison wie Yankee-Farmer das Wetter. Diese Wildpilze nebst vielen anderen wachsen auch in Hülle und Fülle in unseren nordamerikanischen Wäldern, entlang unserer Landstraßen im Hinterland und oftmals sogar in unseren eigenen Gärten. Trotzdem kennen die meisten Leute in den Vereinigten Staaten essbare Pilze nur als die kleinen weißen Knöpfe in Plastikschalen, die sie aus den Regalen bei ihrem Lebensmittelhändlers holen. Wenige von uns denken bei Wildpilzen an eine Delikatesse. Wir betrachten sie mit Misstrauen, Angst und Verachtung, wenn wir überhaupt von ihnen Notiz nehmen.

Kulturgeschichtlich gesehen verdanken wir diese Pilzphobie den Briten, von denen unsere Nation auch die unglückselige Neigung übernommen hat, Spargel und Lammkeule zu zerkochen. Während das übrige Europa über Jahrhunderte hinweg voller Genuss Speisepilze aß und dabei eine Leidenschaft für die ungeheure Vielfalt entwickelte – schlechte Pilze lernte es zu meiden –, aßen die Briten nur Champignons. Alles andere waren Giftpilze. Und Giftpilze sind, wie jeder weiß, unbekömmlich, teuflisch, tödlich.

Dies ist auch der Grund dafür, warum wilde Pilze

Visionen von Hexenkesseln, Fledermausflügeln und Molchaugen heraufbeschwören. Aus der Fäulnis des Waldbodens kommen finstere Aasfresser, die sich von Kadavern ernähren und bei anderen Lebewesen schmarotzen. Unsere Eltern warnten uns vor der großen Gefahr, die uns drohte, falls wir einen schmierigen, glitschigen Giftpilz berührten oder gar aßen.

Dieses Erbe prägte auch meine eigene Meinung über Wildpilze, und die Botanikvorlesungen am College trugen wenig dazu bei, sie in meinem Ansehen steigen zu lassen. Ich lernte Pilze nach lateinischen Namen zu klassifizieren: Ascomyzeten, Basidiomyzeten, Discomyzeten, Gasteromyzeten, Namen, die zwar das Gedächtnis trainierten, aber für jede Nutzanwendung, es sei denn für einen Test, bedeutungslos waren.

Andererseits lernte ich auch, dass das, was die meisten Leute Pilz nennen, in Wirklichkeit nur die reproduktive Struktur, der so genannte »Fruchtkörper« des eigentlichen Pilzes, ist. Der tatsächliche Pilz ist ein Netzwerk aus haarfeinen Fäden, das sich Myzel nennt, ein Geflecht, das oft zu fein ist, als dass es mit bloßem Auge erkannt werden könnte. Die Fäden verzweigen sich im Boden (oder Baum oder irgendeinem anderen Nährboden, den sie sich ausgesucht haben), breiten sich aus und treffen schließlich auf ein anderes Myzel derselben Spezies. Unter günstigen Bedingungen – Nahrung, Feuchtigkeit, Temperatur, Licht – vereinigen sich die beiden, und ein Pilz entsteht. Dieser Pilz wächst sich aus und verstreut Sporen, die sich einen geeigneten Landeplatz suchen und ihrerseits zu Myzelen entwickeln. Aber all das war für mich nichts weiter als eine hübsche kleine Geschichte ähnlich der, dass eine Gottesanbeterin ihrem Geliebten erst einmal den Kopf abbeißt, bevor sie sich mit ihm paart.

Dann erfuhr ich etwas über die trüben Evolutionspfade, über die die Pilze in ihre Nischen als Unglücksbringer geraten sind. Ich hörte Geschichten wie zum Beispiel die vom *Hebeloma syriense*, einem kleinen rötlich braunen Pilz aus der Familie der Fälblinge, der im Englischen treffenderweise *Corpsefinder* – Leichenfinder – genannt wird, weil er aus einem Boden sprießt, der seinen hohen Nährstoffgehalt unter anderem auch menschlichen Überresten zu verdanken hat. Der Legende nach soll sich irgendein Detektiv diese mykologische Tatsache einmal genutzt haben, um einen Mordfall aufzuklären. Er entdeckte eine Stelle mit diesen Pilzen, grub darunter nach und fand die Leiche des Opfers. Ein anderer Pilz, die Stinkmorchel, hat dagegen einen höchst aussagekräftigen Geruch. Als besonderes Vermächtnis einer hinterhältigen Evolution reift die Stinkmorchel bei heißem, feuchten Wetter und verpestet die Luft mit ihrem ekligen Gestank. Sie riecht genauso wie ein frischer, warmer, dampfender Misthaufen. Fliegen lassen sich auf diesen schleimigen Pilzen nieder wie, nun ja, wie Fliegen eben. Eine Stinkmorchel ist bei der Vermehrung auf die Gnade der Fliegen angewiesen. Während die meisten höheren Pilze ihre Sporen in die Luft senden -so wie der Löwenzahn seine Samen vom Wind davontragen lässt –, fliegen Stinkmorchelsporen nicht durch die Luft. Sie bleiben am Körper der Fliege hängen, die sie im Flug verliert. Ein anderer scheußlicher Konsorte ist der Wespenfresser, ein Gast ohne Manieren, der uneingeladen erscheint und länger bleibt, als er willkommen ist. Er befällt eine unter der Erde überwinternde Wespe, ernährt sich von ihr und lässt aus den mumifizierten Überresten seines höflichen Gastgebers einen Pilz sprießen.

Sie können sich vorstellen, dass unappetitliche Details wie diese wenig dazu beitrugen, mein düsteres Bild von Pilzen zu verschönern. Irgendein Professor mag vielleicht einmal erwähnt haben, dass man Wildpilze auch essen kann, aber es lag mir fern, diese Herausforderung anzunehmen.

Ich hatte mir auch meine Meinung über die Mykologie gebildet. Sie war die unterste Schublade der Biologie. Wenn Mykologen nur einen Funken Selbstachtung hätten, wären sie unterwegs, um Berglöwen oder Grizzly-Bären oder eine andere hochentwickelte Tierart zu studieren. Ein ganzes Berufsleben mit der Analyse von Pilzen zu verbringen, war doch das Eingeständnis einer unschönen Vorliebe für Tod und Zerfall.

Ich ließ mir nichts vormachen, ich wusste Bescheid. Ich wusste, welche Sorte Leute das Essen wilder Pilze propagierten. Ich hatte einmal einen Artikel über die Erfahrungen eines Farmers an der Südküste des Staates Washington Mitte der siebziger Jahre gelesen. Er wunderte sich über den Strom von Campingfahrzeugen mit kalifornischen Nummernschildern, die ständig an seinem Grundstück vorbeizogen. Die Besitzer baten immer darum, einen Spaziergang über seine obere Weide machen zu dürfen. Er dachte, diese Besucher hätten angehalten, um das Gelände hinter der Scheune zu bewundern, das sich an die sanft ansteigenden Ausläufer der Cascades schmiegte. Oder aber seine prächtige Hereford-Rinder-Herde mit den gestutzten Hörnern habe es ihnen vielleicht angetan. Immerhin waren zwei Preisträger darunter, die im Jahr zuvor auf der Puyallup-Kirmes ausgezeichnet worden waren. Aber diese langhaarigen Beatniks mit den Batikhalstüchern waren in Wirklichkeit an einem kleinen braunen Zauberpilz mit Namen Liberty Cap (spitzkegliger Kahlkopf) interessiert. Die Grashügel der Kuhweide gehörten in jedem Jahr zu den größten Rauschpilzproduzenten am nordwestlichen Pazifik. Man stelle sich das vor! Tausend Freifahrtscheine für einen Psychotrip – man brauchte sich nur zu bedienen. Als der Farmer von den wahren Hintergründen erfuhr, schossen BETRE-TEN-VERBOTEN-Schilder aus dem Boden. Zauberpilze mochten fettfreie Naturkost sein, aber ihr Verzehr war illegal. Nun verschrumpeln die Pilze und sterben ab, und das Feld ist nichts weiter als ein Schrein für unerfüllte psychedelische Träume.

Ja, abfällige Bemerkungen über Leute zu machen, die wilde Pilze aßen, das gehörte zu meinen leichtesten Übungen. Und diese unartige Alice war auch so ein Früchtchen. Ein Bissen von der einen Seite des Giftpilzes ließ Alice größer werden, ein Bissen von der anderen Seite ließ sie schrumpfen. Geschah ihr ganz recht! Vielleicht hatte Lewis Carroll sie überhaupt erst nach einem Bissen von einem solchen Giftpilz erfinden können! Es ist besser, wenn ich über solche Experimente gar nicht erst nachdenke.

Ich muss zugeben, dass es auch Fachleute gab, die wilde Pilze in guter Absicht verwendeten. Landärzte sammelten Knoten- oder Faltentintlinge und verschrieben sie den Trunkbolden im Dorf. Trinkergift nannten sie sie. Aus diesen überall vorkommenden Pilzen ließ sich ein wohlschmeckendes Mahl für den Patienten zubereiten. Doch schon ein kleiner Schluck aus der Flasche genügte, und das leckere Essen war ruiniert. Die Tintlinge blockieren nämlich die Fähigkeit der Leber, Alkohol zu entgiften. Die Symptome, die bei dem Sünder auftraten, waren leichter und vorübergehender Natur, es handelte sich um Benommenheit, Brechreiz und ein bisschen Herzklopfen. Dennoch reichten sie aus, um ihn ein, zwei Tage nüchtern zu halten. – In diesem Zusammenhang fällt mir auch Alexander Fleming ein, der über einen großartigen kleinen Schimmelpilz stolperte und dabei das Penizillin entdeckte. Ein muffiger Pilz öffnete die Tore für das Zeitalter der modernen Medizin. Aber solche Beispiele waren doch die Ausnahme, nicht die Regel, oder?

Genau so empfand ich es jedenfalls. Bis ich die ersten Morcheln in einem Restaurant auf der Long-Beach-Halbinsel in Washington probierte. Abgesehen von diesem Restaurant war die Stadt nichts weiter als ein x-beliebiges ärmliches Fischerdorf an der Mündung des Columbia-River. Die Küchenchefin hatte sich einen Namen gemacht, weil sie dem ungeheuren Reichtum an regionalen Produkten Tribut zollte. Heimische Pilze standen auf ihrer Speisekarte ebenso wie Austern, Lachs, Winkerkrabben und wilde Brombeeren. Ich ging in der Hoffnung dorthin, sie würde mich vielleicht in die kulinarischen Geheimnisse einweihen, die Leute aus Seattle dazu trieben, dreieinhalb Stunden Fahrt auf sich zu nehmen, nur um sich bei ihr an den Tisch zu setzen.

Mein denkwürdiges Essen war der Höhepunkt eines Vorstellungstermins für einen Posten in der Küche. Nachdem ich den Abend an der Küchenfront verbracht hatte, sagte man mir, ich könne mein Essen im Speisesaal einnehmen. Also weg mit der Schürze, dem weißen Jackett und der Kochmütze, und da stand ich nun in Jeans und T-Shirt. In der Küche war es heiß gewesen. Dazu kam meine Nervosität. Ich wischte mir die Schweißtropfen mit dem Handrücken von der Stirn und ordnete mit der anderen Hand schnell ein paar Strähnen, die sich aus meinem Zopf gelöst hatten. Ich folgte der Wirtin zu einem kleinen Ecktisch. Es war kein schöner Platz, aber da ich allein speiste, konnte ich kaum mit etwas anderem rechnen.

Niemand fragte mich, was ich essen wollte. Doch ein paar Minuten später servierte mir eine Kellnerin einen rosa umrandeten Teller mit sautiertem Störfilet mit Morcheln und Cabernet. Bevor der Stör an jenem Abend auf meinem Teller endete, war sein Zuhause das kühle Wasser der Willapa Bay hinter dem Restaurant gewesen. Die schwarzen Morcheln mit ihren waben-artigen Kappen stammten von dem Moosboden eines nahe gelegenen Nadelwaldes. Ich hatte diese Pilze vor-her in der Küche in Scheiben geschnitten und mich ge-fragt, wer solche Kuriositäten wohl essen würde. Jetzt nahm ich meine Gabel zur Hand und war bereit, sie aus Höflichkeit zu probieren.

Der Stör war ein Gedicht. Perfekt gebraten, tadellos gewürzt. Und erst die Morcheln! Fleischig und würzig, wie ein rauchiger Weihnachtsschinken. In dem Moment war mir klar, dass ich den Job mit vier fünfzig die Stunde, Sechs-Tage-Woche und einem Zwölf-Stunden-Tag in der Tasche hatte. Andernfalls hätte man mir si-cher einen Hamburger gebracht.

Ich hatte Recht und ging an diesen ersten Job mit großem Eifer heran. Und neben Hacken, Schnippeln, Entbeinen, Rösten, Braten und Sautieren lernte ich in jener Küche auch, wie köstlich Wildpilze schmecken können. Als ich begann, war es Mitte Mai – Hochsai-son für Morcheln. Ich entdeckte, dass dieser appetitli-che Pilz unter Pilzliebhabern geradezu Begeisterungs-stürme auslöst. Die Saison ist kurz und köstlich und beginnt im Frühling, wenn – wie ein alter Pilzsamm-ler es ausdrückte – »die Blätter der Eiche die Größe von Mausohren haben«. In den Staaten Neuenglands schießen die Morcheln mit dem Beginn der Apfelblüte aus dem Boden. Man findet sie in alten Obstgärten, un-ter toten Ulmen und in kurz zuvor abgebranntem

Gelände. Doch sie verschmelzen so mit ihrer Umgebung, dass man sie leicht übersieht. In den Cascades studieren Sammler Forstwirtschaftskarten, in denen die Brände des Sommers des Vorjahres eingezeichnet sind in der Hoffnung, Morcheln zu finden. Und beim jährlichen Morchelfest in Boyne City, Michigan, stürmen die Wettbewerbsteilnehmer auf einen Pistolenschuss hin davon, um in anderthalb Stunden so viele Morcheln wie möglich zu sammeln. Der Rekord steht bei über neunhundert Stück.

In unserem Restaurant hatten wir nie das Glück, diese Pilze in solch großen Mengen zu bekommen. Aber wir hatten einen Sammler aus dem Ort mit Namen Ed, der uns gelegentlich einen Karton voll brachte. Mit Beginn des Sommers ging die Morchelernte immer mehr zurück und hörte dann schließlich ganz auf, jedoch nur um Platz für den Überfluss der neuen Jahreszeit zu machen. Ed erschien am Hintereingang der Küche, einen Korb mit Köstlichkeiten in seinen plumpen, teigigen Armen. Er war ein komischer Kauz und entsprach genau dem Bild, das ich mir von den Typen gemacht hatte, die ihre Zeit damit verbrachten, den Waldboden abzusuchen. Er war Mitte dreißig und war nicht viel größer als einen Meter fünfzig. Auf dem Kopf trug er keck eine ausgeblichene Baskenmütze, unter der wilde rote Haarbüschel hervorquollen. Ich öffnete die Tür und bat Ed herein, wie ich es in diesem Sommer schon ein halbes Dutzend Mal getan hatte.

»Die Chefin da?«, fragte er und wandte seine Aufmerksamkeit dem Boden zu, wo er mit der Spitze seines Arbeitsstiefels den Rand einer Fliese nachzeichnete.

Als meine Arbeitgeberin seine Stimme hörte, legte sie ihr Messer nieder und blickte von dem Chinook-Lachs, den sie gerade filetieren wollte, auf. Sie wandte sich von ihrem »Patienten« auf dem Operationstisch ab, griff nach einem Handtuch und lief mit ausgestreckten, immer noch feuchten Händen quer durch die Küche. »Ed, schön Sie zu sehen. Was haben wir denn heute mitgebracht?«

»Pfifferlinge gibt's.«

Sie sah in seinen Korb, beschnupperte und betastete den Inhalt und drückte an einigen Exemplaren der orangefarbenen Trompeten herum, um sie auf ihre Frische hin zu prüfen. Zufrieden ging sie durch die Schwingtür zur Bar, öffnete die Registrierkasse und kehrte mit Bargeld zurück, um Ed an Ort und Stelle zu bezahlen.

Er nahm das Geld mit seiner schmutzigen, schwieligen Hand und stopfte es in seine Hosentasche. »Danke«, murmelte er und wandte sich zum Gehen.

»Warten Sie eine Minute«, platzte es aus mir heraus. »Kann ich einmal mit Ihnen mitkommen? Zum Pilzesammeln?« Die Erinnerung an jene ersten Morcheln trieb mich dazu. Ed war zwar ein seltsamer Mann, aber er kannte seine Pilze. Und ich wollte unbedingt einen Lehrer wie ihn. Nicht einen dieser belesenen College-Studenten, die mir sagen konnten, ob Lamellen am Stiel angewachsen, frei oder am Stängel herablaufend waren, sondern jemanden, der wusste, wie man einen Speisepilz aufspürt und sich ein Abendessen zusammensammelt. »Ich würde die Stellen nicht ausräubern oder so«, fuhr ich fort. »Ich schließe sogar die Augen, so dass ich nicht sehe, wie man dorthin kommt. Ich möchte nur gern wissen, wo die Pilze wachsen, welchen Standort sie bevorzugen, und ich möchte lernen, wie man sie bestimmt.«

Ed sah mich scharf an und richtete seinen Blick

dann wieder auf die Kacheln. »Nun … hm … na ja … ich muss drüber nachdenken«, erwiderte er schließlich und verschwand.

Nach ein paar Tagen warmen Dauerregens erschien Ed mit frischen Pfifferlingen auf der rückwärtigen Veranda. Ich schaute von zweihundert Austern, die ich gerade knackte, auf und grüßte zu ihm hinüber. Er wurde blass, nickte und ging sofort zum Geschäftlichen über.

Draußen auf der Veranda stand eine kleine grauhaarige, runzlige Frau mit einem Schal um den Kopf und spähte durch die Fliegentür. Sie wog kaum mehr Pfund, als sie an Jahren zählte. »Kann ich Ihnen helfen?«, fragte ich. Sie zog sich wortlos von der Tür zurück und verschwand.

Ed wickelte sein Geschäft ab und marschierte zur Tür hinaus. Ich nahm an, er wollte nicht noch einmal auf meinen Vorstoß zu sprechen kommen und mir ausweichen. Doch ein paar Minuten später war er wieder da. Er nahm seine Baskenmütze ab und reichte mir eine zerknitterte braune Tüte. »Meine Ma sagt, es ist okay, wenn ich Sie zum Pilzesuchen mitnehme.«

Wir verabredeten uns für den Montag darauf, zehn Uhr, und schon war Ed wieder zur Tür hinaus. Ich blickte in die Papiertüte. Sie war voller frischer, junger Pfifferlinge, noch feucht vom Morgentau. Durchs Fenster schaute ich seinem Wagen nach. Die winzige Silhouette auf dem Beifahrersitz nahm sich den Schal vom Kopf.

Am Montagmorgen hätte ich es mir beinahe noch einmal anders überlegt. Was für ein Typ war das nur, wenn er seine Mutter um Erlaubnis fragte? Doch die Pfifferlinge reizten mich. Und schließlich konnte ich der Mutter keinen Vorwurf daraus machen, dass sie einen

Blick auf mich geworfen hatte. Immerhin waren die Stellen, die ich sehen wollte, geheiligter Boden. Ich hatte, entschied ich, Glück gehabt, die Musterung bestanden zu haben.

Die alte Dame hatte indessen wohl doch nicht eine so hohe Meinung von mir. Ed sagte mir nämlich, dass wir auf dem Weg zur zweitbesten Stelle seien, nicht zu dem Sammelgebiet der ersten Wahl. Er fuhr eine enge, ausgewaschene Straße hinauf und stellte den Wagen ab. Mit gebeugten Köpfen liefen wir auf einer Rotwildfährte durch das Gehölz, wobei mir unsere Beute weitaus schwerer aufzuspüren schien als jeder Sechsender.

Ed deutete plötzlich auf eine Stelle abseits des Pfades. Ich sah nichts. Er kroch unter einen umgestürzten Baum, nahm sein Taschenmesser und erntete vier rundliche Pilze mit zimtfarbenen Kappen. »Steinpilze«, sagte er. Er stülpte einen der Pilze um und zeigte mir die cremefarbene, schwammige Unterseite und den knolligen beigefarbenen Stiel.

»Dort ist noch einer«, sagte ich aufgeregt.

»Taugt nichts«, erwiderte er und stieß die Kappe vom Stängel des Pilzes. Innen wimmelte es nur so von Maden. »Zu alt. Muss man nehmen, wenn sie gerade aus dem Boden geschossen sind; sonst sind sie verwurmt.« Er schnitt einen der Steinpilze der Länge nach in zwei Hälften, um mir sein reines, makelloses Fleisch zu zeigen. »Hübsch, nicht?« Er lächelte und entblößte dabei ein Gebiss, in dem einige Zähne fehlten. »Der Lieblingspilz meiner Ma. Nehmen Sie sich einen.«

Ich lehnte sein Angebot ab, wagte es nicht, mich an den Pilzen seiner Mutter zu vergreifen. Ich selbst fand meinen ersten eigenen Steinpilz erst, als ich drei Jahre später nach New Hampshire zog. In Europa kennt man den Steinpilz, lateinisch Boletus edulis, unter vielen Namen: King Bolete, Porcini, Cèpe, Eichen-Steinpilz, Herrenpilz …, aber wie auch immer er genannt wird – alle sprechen von ihm mit Bewunderung. Sein erdiger, würziger Geschmack veredelt jeden Eintopf und schreit förmlich nach einem herzhaften Glas Rotwein als Begleiter. Die dickfleischigen Pilze schießen in Nadelwäldern nach einem Sommer- oder Herbstregen in Kolonien aus dem Boden. Der Hut eines Steinpilzes kann einen Durchmesser von über fünfundzwanzig Zentimetern erreichen. Ein einzelnes Exemplar kann mehr als ein Pfund wiegen. Ein paar Pilze können schon ausreichen, um ein nahrhaftes Abendessen für die ganze Familie zu zaubern.

Während wir uns weiter durch das Gehölz arbeiteten, fragte ich mich im Stillen, wie Eds Mutter die Pilze wohl zubereitete.

Von der Rotwildspur war schon lange nichts mehr zu sehen. Ich deutete auf jeden Pilz, den ich sah, benahm mich wie ein Kind bei der Suche nach Ostereiern. »Was ist das? Und das hier? Und das dort?«

Jedes Mal erwiderte Ed: »Ist nichts. Ist nichts. Ist nichts.«

Schließlich blieb er stehen und ging auf einen hübschen Pilz zu, der aus einem Haufen Laub herausschaute. »Hier ist einer, den Sie unbedingt kennen sollten.«

Der Pilz stand für sich allein. Schlank, elegant, lilienweiß, verführerisch wie eine Primadonna im Ballett, mit einem durchscheinenden Schleier, der schamhaft seinen Stiel verhüllte. Er sah fantastisch aus.

»Er ist wunderschön«, sagte ich atemlos.

Ed schüttelte den Kopf. Er räusperte sich und deklamierte:

Gar lieblich anzuschauen
Verlockend seine edle Gestalt
Doch iss ihn – und er lehrt dich das Grauen,
Dein Herz wird für immer kalt.

Ich lachte verlegen. Ich hatte nicht erwartet, dass dieser linkische Mann, der seine Ware im Restaurant feilbot, Gedichte aufsagte.

»Meine Mutter hat mir das beigebracht«, sagte er. »Todesengel. Bringt einen garantiert um.« Er deutete auf die Erkennungsmerkmale – die weißen Lamellen, der fragile Schleier um den Stamm – und riss den Pilz mit der Wurzel aus. Der Stiel steckte in einem eiförmigen Sack, dem endgültigen Beweis, denn diese Hülle ist das verräterische Kennzeichen aller *Amaniten*. Viele Knollenblätterpilze sind giftig, manche tödlich. Es gibt zwar ein paar essbare Pilze aus dieser Familie, die jedoch nur Fachleute mit einem Mikroskop und einem Säuretest feststellen können. Aber da eine falsche Bestimmung tödlich sein kann, halte ich es für überflüssig, sich den Kopf darüber zu zerbrechen.

Wir überquerten eine Lichtung und stießen auf einen anderen Holzfällerweg, der sich entlang eines Bächleins dahinschlängelte. Die moosbedeckten Wegränder waren, so weit das Auge blickte, mit orangefarbenen Pilzen übersät. Das also war Eds Pfifferlingfundstelle Nummer zwei. Ich fragte mich, wie wohl Nummer eins aussah.

Ed pflückte einen der vasenförmigen Pilze. Er war fleischig, beinahe starr und roch nach Aprikosen. Die im Vergleich zu Ed beinahe als Plünderer zu bezeichnenden kommerziellen Pilzsucher an der nordwestlichen Pazifikküste ernten sie zu Tausenden. Sie verkaufen die Pfifferlinge an Großhändler, die sie meist in

Lake konservieren, um sie zu hohen Preisen nach Europa zu verschiffen.

Die Pfifferlinge wanderten in unsere Körbe. Es waren dicke, ausgewachsene Pilze, manche so groß wie mein Handteller. Als »Anwalt« der Pilze achtete Ed darauf, bestimmte Regeln einzuhalten. Er zeigte mir, wie man sie am unteren Ende oberhalb der Wurzeln abschnitt, so dass das Myzel im Boden nicht beschädigt wurde. Und er ließ die kleinen Knöpfe, die nicht größer als mein Fingernagel waren, stehen, damit sie ausreifen und ihre Sporen für die Ernte der nächsten Saison verstreuen konnten.

Eine Stunde später traten wir mit nahezu fünf Pfund Pfifferlingen aus dem Wald. Ed brachte mich zum Restaurant. »Bis bald«, sagte er, den Blick starr geradeaus gerichtet. »Zu schade, dass ich Sie nicht zu der anderen Stelle mitnehmen kann, aber Sie wissen ja.«

»Machen Sie sich nur keine Gedanken. Und sagen Sie Ihrer Mutter schönen Dank, ja? Und bei Ihnen bedanke ich mich auch. Ich habe heute so viel gelernt, wirklich.«

Ed fummelte an seiner Mütze herum, sagte auf Wiedersehen und fuhr davon. Meine Tüte voller Pilze, den Kopf voller neu erworbener Kenntnisse über Pilze ging ich nach Hause. Vor meinem geistigen Auge hatte ich ein genaues Bild von den Pfifferlingen, die ich im Wald gesehen hatte. Ich würde sie mit Sicherheit überall wieder erkennen, glaubte ich. Doch später, als ich allein in die Wälder ging, half mir die Erinnerung kaum. Waren das nun Pfifferlinge, die aus dem toten Baumstamm dort herauswuchsen? Und dieser fette Pilz dort, das könnte ein Steinpilz sein, aber Eds Pilze waren unten nicht rot und sie wurden auch nicht blau, wenn er sie anschnitt, oder? Meine Zuversicht schwand, ich kehrte mit leeren Händen nach Hause zurück.

Ich hätte Ed noch einmal gebraucht. Eine piemontesische Hausfrau erwirbt ihr Wissen über Pilze wahrscheinlich auf den Knien ihrer Mutter, genauso wie Ed. Und ebenso wenig, wie sie einen Apfel mit einer Tomate verwechseln würde, käme sie je auf die Idee, irgendeinen orangefarbenen Pilz für einen Pfifferling zu halten. Aber solche Knie sind hierzulande schwer zu finden. Ich musste einen beschwerlicheren Weg gehen, um es zu lernen. Wildpilze waren Fremde für mich, und es brauchte mehr als nur einen Ausflug in den Wald, um mich mit ihnen anzufreunden. Ich las Bücher, machte mir Notizen, arbeitete mit Querverweisen. Aber mein eigentliches Wissen erwarb ich im Wald, wenn ich stundenlang auf dem Waldboden umherkroch und die Pilze zum hundertsten und nicht zum ersten Mal betrachtete. Ich brachte die einzelnen Pilze so lange zur Begutachtung zu professionellen Pilzsammlern, um eine zweite Meinung einzuholen, bis ich meinem eigenen Urteil traute.

Ich kehrte nie wieder zu Eds privater Pfifferlingfundstelle zurück; ich weiß nicht einmal, ob ich sie überhaupt wiedererkannt hätte. Dennoch habe ich genug über Pfifferlinge, Steinpilze, Schopftintlinge, Totentrompeten und Habichtspilze gelernt, um mir eine reiche Pilzernte zu sichern. Und ich muss zu meiner Schande gestehen: Wenn es um meine Lieblingssammelstellen geht, dann hüte ich ihr Geheimnis beinahe ebenso besitzergreifend wie Eds Mom. Schließlich sind gute Pilzfundstellen wie gute Fischgründe. Wenn man einmal einen Volltreffer landet, teilt man ihn eben nicht gern mit anderen.

Wein nach Punkten

Wenn man in einem Restaurant einen Wein bestellen will, kann man sich immer an Zahlen halten. Ein Amerikaner in einem Zweireiher von Armani, zu dem er eine dünne Lederkrawatte und spitze italienische Schuhe trägt, sitzt in der Ecke eines Trendlokals und gleitet mit dem Finger die Preisspalte der Weinkarte entlang. Bei der höchsten Ziffer hält er inne. Ist der Preis dreistellig? Umso besser. »Ich nehme eine Flasche von diesem Montrachet«, sagt er und klappt die Karte mit einer schnellen Drehung des Handgelenks zu, und das Gold einer Rolex blitzt auf. Man möchte ihn gern darauf hinweisen, dass seine Aussprache zu wünschen übrig lässt und der Name sich nicht auf »hatchet« reimt, aber er sieht so aus, als würde er die Belehrung nicht zu schätzen wissen.

Am anderen Ende des Raumes sitzt eine pingelig aussehende, schmallippige alte Frau mit Brille. Ihre Bluse mit Stehkragen wird von einer Brosche mit einer Kamee zusammengehalten. Auch sie hält Ausschau nach einem passenden Wein und studiert die Preisspalte, allerdings am entgegengesetzten Ende der Skala. Sie runzelt missbilligend die Stirn, seufzt auf und sagt: »Ich nehme eine halbe Karaffe Rosé des Hauses.«

Andere Restaurantbesucher wissen es besser und folgen bei der Wahl des Weins nicht dem Diktat von Dollarzeichen. Sie lassen sich von den Bewertungen in Weinführern und nicht von Preisschildern leiten. Diese Leute haben Verstand und ihre Hausaufgaben gemacht: Sie haben sich mit Weinführern beschäftigt. Diese Publikationen, teils Bibel, teils Bauern-Almanach, teils Gesellschaftspostille, leiten den Leser durch den Dschungel von Weingütern, Rebsorten, Weinlagen und Jahrgängen und beschreiben, was einen guten Wein ausmacht.

Die aufgeklärten Leser wissen inzwischen, dass astronomische Preise nicht immer ein Zeichen für Qualität sind, denn ein hoher Preis kann auch das Ergebnis einer aggressiven Werbekampagne sein. Sie zucken zusammen, wenn sie mitansehen müssen, wie gute Weine an Banausen verschwendet werden, die den edlen Tropfen gar nicht zu würdigen wissen; sie schütteln den Kopf über die Dummköpfe, die ihr Geld für überteuerte Weine zum Fenster hinauswerfen, Dummköpfe, die nicht ihrem Gaumen, sondern ihrem Ego schmeicheln und angeben wollen; und sie danken Gott für die vielfältigen Möglichkeiten, sich in Sachen Wein zu informieren. Ja, die klugen Weintrinker wissen, dass der Kauf von Wein oft ein riskantes Geschäft ist. Warum also das Wagnis eingehen, sich auf unbekanntem ökologischem Terrain zu verirren, wenn es Experten gibt, die darin geübt sind, Weine sowohl nach ihrem Ausbau als auch nach ihrem sinnlichen Eindruck zu beurteilen, und ihrem Gaumen die Enttäuschung eines schlecht schmeckenden Weins ersparen können? Diese Meister ihres Fachs lassen ein Schlückchen über die Zunge rollen und ordnen die Weinproben auf einer 100-Punkte-Skala ein, trennen die schlechten von den guten, die unbekömmlichen von den bekömmlichen Weinen.

Ihre Geschmacksknospen sind perfekt geschult. In einem Schlückchen Cabernet entdecken sie nicht nur einfach Minze, sondern sie können auch zwischen Pfefferminze und Wintergrün, einer immergrünen nordamerikanischen Pflanze (*Gaultheria procumbens*), deren ovale Blätter ein ätherisches Öl produzieren, unterscheiden. Aus einer Probe Burgunder schmecken sie einen Hauch Pflaume heraus, aber nicht den irgendeiner Pflaume, sondern den der Damaszenerpflaume. Die Karamelnote könnte einen gut ausbalancierten Napa Valley Chardonnay vielleicht auf 94 Punkte bringen, doch das deutliche Röstaroma, das in der Sonoma-Flasche hängt, bringt ihm garantiert einen Abzug von zwölf Punkten ein.

Weinkritiker versehen diese Bewertungen mit detaillierten Geschmacksnoten, so dass der Käufer weiß, was ihn erwartet, bevor er die Flasche öffnet. Vollmundig, ausgereift, außerordentlicher Körper schreiben sie, starke, kräftige Nase. Angenehme Weichheit … Weintrinker vertrauen dem Schiedsspruch dieser hochsensiblen Gaumen ohne Wenn und Aber. Doch was nützt es ihnen, wenn ihre eigenen Geschmacksknospen bestenfalls bitter, süß, sauer und salzig voneinander unterscheiden können?

Ich muss zugeben, dass auch ich während meiner Tätigkeit in einem Top-Restaurant in Kalifornien auf diese Weinführer angewiesen war. Wir hatten eine seriöse Weinkarte. Seltene und teure Weine boten wir an, das Restaurant war ein Eldorado für Weinkenner. Jeden Abend entkorkte ich Flaschen von La Tâche oder La Tour aus Frankreich, abgesehen von den erlesenen Weinen, die das Napa Valley zu bieten hatte. Da ich mich immer mit dem neuesten Stand der Weinliteratur vertraut machte, konnte ich die Gäste fragen, wie ihnen beispielsweise der Chablis *Premier Cru* mit der mineralischen Note, dm eleganten Körper, der fantastischen Fruchtigkeit gemundet habe. Und der Apfelblütenton in der Nase, hätten sie den nicht auch bemerkt? Ja, natürlich, bekam ich zur Antwort, selbstverständlich. Und als ich einen jungen Cabernet dekantierte, musste ich mich zurückhalten, um nicht »Kindermörder« zu rufen. Denn trotz seiner überbordenden Fruchtigkeit hätte ein Wein dieser Struktur mit solchem Körper und einem solchen Abgang noch mindestens fünf weitere Jahre lagern müssen, um sich voll entfalten zu können. Ich wusste tatsächlich so viel über diese Weine, dass ich darüber vergaß, nur wenige von ihnen selbst verkostet zu haben. Persönlicher Geschmack war in der Tat ein Kriterium, das ich vollständig übersehen hatte.

Dies war auch der Grund, warum mich die Besitzerin eines Weinhandels in Yakima geradezu vor den Kopf stieß, als sie bekannte, dass sie die Russian River Ranches den Les Pierres vorzog. Wir sprachen natürlich über die Chardonnays der Sonoma Cutrer Winery. Jedermann wusste, dass die Les Pierres Vineyards in den Weinführern allen anderen Lagen den Rang abliefen, doch sie meinte, die Russian River Ranches schmeckten ihr besser. Schmeckten besser? Ich wies ihre törichte Ansicht weit von mir. Wen interessierte schon ihre Meinung? Les Pierres war das Weingut, das die Kritiker zu Lobeshymnen hinriss.

Ich strich zärtlich über die Flasche und studierte das Etikett in dem dämmrigen Licht. Die Literatur über seine verschwenderische Fülle an honigsüßen Fruchtaromen mit eingebundenen Eiche- und Rösttönen war ihr sicherlich nicht unbekannt. Alle Kritiker gaben ihm den Vorzug gegenüber seiner Mauerblümchen-Schwester von den Russian River Ranches. Wie konnte sie da anderer Meinung sein? Und ich hatte gedacht, sie verstünde etwas von ihren Weinen.

Ich war bei meinen Eltern im Staat Washington zu Besuch und hatte das Geschäft an einem grauen Novembertag spätnachmittags betreten. Auf der Suche nach einem noblen kalifornischen Chardonnay für das Abendessen am nächsten Tag nahm ich eine Flasche nach der anderen zur Hand, um mir einen Überblick zu verschaffen. An den unverputzten, grauen Steinwänden reihten sich übereinander gestapelte hölzerne Weinkisten. Außerdem war der Raum mit vier großen Mahagonitischen mit Klauenfüßen vollgestellt, auf denen – angeordnet in Form eines Speichenrades – eine Auswahl edler Weine mit dem Etikett nach oben auslag. Ich bemerkte, dass ich in den letzten Minuten vor Ladenschluss der einzige Kunde war.

Sie wiederholte: »Ja, der Russian River Ranches ist für mich weitaus bemerkenswerter. Zu welchem Anlass suchen Sie etwas?«

»Ich brauche einen ganz speziellen Wein. Ich will morgen Abend *Pasta e Vongole* machen.«

»Ah«, sagte sie, »Spaghetti mit Muscheln.« Sie kräuselte die Lippen. Die Wangenknochen sahen trotz ihrer etwa sechzig Jahre wie gemeißelt aus. Ihr schütteres Haar war ebenso schwarz wie ihr Wollpullover, zu dem sie eine Perlenkette trug, der das Dämmerlicht des Abends einen sanften Glanz verlieh. »Sie denken an einen Les Pierres? Der könnte das Essen leicht erdrücken. Aber ich habe genau das Richtige für Sie da. Einen Oregon Pinot Gris. Möchten Sie ihn vielleicht einmal verkosten?«

Ich folgte ihr quer durch den Raum zur Registrierkasse. Sie zog eine geöffnete Flasche Wein aus einem Terracotta-Kühler, zeigte mir das Etikett und schenkte mir etwas ein. Ich hielt die Flüssigkeit gegen das Licht und inspizierte die klare, strohgelbe Farbe des Weins. Dann schnupperte ich daran: sehr fruchtiges Aroma. Schmeckt nach Apfel, dachte ich, während ich daran nippte, obwohl ich nicht hätte sagen können, ob es nun Gravensteiner oder Pippin war.

»Sehr schön«, sagte ich. »Hm, und wie teuer ist der?«

»Acht fünfundzwanzig.«

»Wie kommt es, dass er so billig ist?«, fragte ich enttäuscht. Ich hatte mich darauf eingestellt, dreißig Dollar für einen Chardonnay zu zahlen.

»Nicht billig, sondern preiswert«, korrigierte sie mich. »Leute, die glauben, nur ein teurer Wein könne ein guter Wein sein, müssen noch viel lernen.«

Ich stimmte ihr zu und erzählte ihr von dem Mann im Armani-Anzug. Sie lächelte. Ich hatte das Gefühl, dass auch ihr selbst solche Typen schon begegnet waren. Mein Blick fiel auf eine Flasche Bordeaux auf dem Tisch. Ich wollte schon den Mund öffnen und sagen, dass ein Schluck von diesem Bordeaux nicht besser schmecke als ein Teebeutel. Ob sie das nicht auch finde. Und ob sie nicht auch entsetzt darüber sei, wie sehr die Standards der Weinkellereien in den letzten Jahren gefallen seien. Wenn sie die Oktoberausgabe des *Wine Spectator* gelesen hatte, würde sie mir sicher zustimmen.

O ja, ich gefiel mir schon sehr in der Rolle eines Weinkenners. Doch in diesem Augenblick, im Angesicht ihres Acht-Dollar-Pinot-Gris, der so süffig und fruchtig war und dazu so ehrlich, wurde mir bewusst, dass meine Worte ins Leere laufen würden. Und so nahm ich einfach einen weiteren Schluck und fragte: »Wenn Sie dem Preis so gar keine Bedeutung beimessen und auch nicht allzu viel Vertrauen in die Kritiker setzen, woher wissen Sie dann, welches ein guter Wein ist?«

Sie sah mich mit großen Augen verwundert an. »Ich beurteile einen Wein lieber nach seinem Geschmack.«

Sie blickte auf ihre Uhr. Es war nach fünf. »Hätten Sie

Lust, einen roten Rhône-Wein zu verkosten?« Ohne meine Antwort abzuwarten, ging sie zur Vordertür, schloss ab und stellte das Schild »Geschlossen« auf das Fensterbrett. Anschließend verschwand sie im Hinterzimmer.

Während ich schweigend wartete, betrachtete ich die Flaschen ihrer Schatzhöhle und dachte über das ungewöhnliche Geschäftsgebaren der Frau nach. Ein gewiefter Weinhändler würde ihre Strategie ganz gewiss nicht billigen. Ein Händler, für den Bordeaux-Weine eine Ware wie jede andere waren, nicht besser und nicht schlechter als Schweinehälften oder Linsen, würde auch sofort seine Sachen packen und in eine Stadt ziehen. Er würde sein Schild in ein Fenster in Seattle oder San Francisco hängen oder sich zumindest in einer malerischen Touristenstadt wie Mendocino niederlassen, irgendwo, wo er für die feinen Leute mit dicken Brieftaschen leicht erreichbar wäre. Er würde wissen, dass man, wenn man Profit machen wollte, eine Weinboutique nicht in einer hinterwäldlerischen Apfelstadt wie Yakima eröffnete, zwischen sich endlos aneinander reihenden Lagerhäusern mit Obst und einem staubigen, stillgelegten Bahnhof. Man versuchte es nicht in einem Block, vor dem bekanntermaßen die elf, zwölf Huren der Stadt auf den Strich gehen. Nicht mit einem Sortiment wie dem in diesem Geschäft, ganz sicher nicht. Dort verkauft man vielleicht Kautabak oder Zigarettenpapier, aber nicht Burgunder und Graves. Genauso wenig redete man seinen Kunden einen Dreißig-Dollar-Chardonnay aus und einen preiswerten Acht-Dollar-Wein ein. Und man schloss vor allem nicht die Tür ab, um ein Glas alten Rotwein mit einer unwissenden jungen Frau zu trinken.

Nur jemand mit einer Leidenschaft für Weine würde all dies und wahrscheinlich noch viel mehr tun.

Die Besitzerin kehrte mit einer staubigen alten Flasche, einem Stück Cheddar und einer Schachtel Cracker aus dem Hinterzimmer zurück. Sie stellte alles neben die Kasse. Dann stülpte sie eine leere Weinkiste um, rückte sie neben die Verkaufstheke und forderte mich auf, Platz zu nehmen. Der Wein war ein Vieux Télégraphe Châteauneuf-du-Pape, zehn Jahre alt. Ich fragte mich, ob ich wohl der Versuchung widerstehen würde, nachzusehen, was *The Wine Spectator* über ihn zu sagen hatte. Als sie die Flasche öffnete, bemerkte ich, dass die arthritischen Hände schrecklich verkrüppelt waren. Trotzdem gelang es ihr, die Flasche mit ein bisschen List und Tücke zu entkorken. Sie setzte sich in den Windsorsessel hinter der Theke und schenkte jedem von uns ein Glas von dem Rhône-Wein ein. Es war ein dunkler Wein mit den typischen ziegelroten Reflexen, die ein Rotwein mit dem Alter bekommt. Wir stießen auf guten Wein an.

Der Wein schmeckte erdig und würzig, war aromatisch und rund im Mund und hatte trotz seiner Rasse einen weichen Abgang. Ich spürte förmlich die Sonne Südfrankreichs, unter der er gereift war. Die Aromen verweilten noch lange, nachdem ich geschluckt hatte, auf meiner Zunge. Ich nahm einen zweiten Schluck, und der Geschmack intensivierte sich. Es war wahrhaftig das erste Mal, dass ich einen Wein nur mit meinem Gaumen testete. Die Besitzerin hatte die Augen geschlossen und lächelte. Ich brach mir ein Stückchen Käse ab, legte es auf einen Cracker und fragte mich, wann sie etwas sagen würde.

»Verstehen Sie mich nicht falsch«, sagte sie schließlich. »Preislisten und Hundert-Punkte-Skalen sind gut und schön, vor allem für Weinhändler, Investoren und solche Leute. Aber wo es tatsächlich um das Weintrinken geht, reicht auch eine Fünf-Punkte-Skala.«

Die niedrigste Punktzahl, die ein Wein erreichen kann, erklärte sie mir, ist ein Punkt. Ein Punkt steht für einen Wein, den man lieber ausspuckt als hinunterschluckt, für einen Wein, mit dem man vielleicht im äußersten Notfall einen Salat anmacht, den man aber auf keinen Fall aus einem Glas trinkt. Das französische Wort für Essig »vinaigre« heißt ja wörtlich übersetzt »saurer Wein«.

Weine mit einem Punkt findet man heutzutage nicht mehr so häufig wie früher. Fast jeder Wein, der in den Handel kommt, ist zumindest genießbar. Die Winzer verfügen schließlich über eine ganze Palette von technischen Möglichkeiten: Zentrifugen und Filtersysteme, sterilisierte Stahltanks und genetische Manipulation – es ist inzwischen recht schwierig, einen wirklich schlechten Wein zu produzieren. Was nicht heißen soll, dass es unmöglich ist.

Ich erzählte ihr, wie sich mir der Mund nach einem Schluck Messwein immer zusammenzieht und die Zunge pelzig wird. Ich könnte mir vorstellen, dass dies ein Ein-Punkte-Wein sei. Meine Mutter fragte einmal unseren Priester, ob die Kirche nicht sammeln könnte, um die Qualität des »Hausweins« zu verbessern. Mit einem fruchtigen Chianti oder einem leichten Beaujolais wäre der Gemeinde vielleicht besser gedient. Immerhin sollte er doch das Blut Christi verkörpern. Er erinnerte meine Mutter höflich, aber mit Nachdruck daran, dass die Kommunion ein heiliges Sakrament und keine Cocktailparty sei.

Die Besitzerin stimmte mir zu, dass dies nach einem Punkt klang. Sie griff nach der Flasche und neigte sie in meine Richtung. »Mmm, ja, gern«, sagte ich und schob mein Glas über die Theke.

»Und dann gibt es einen Wein, den ich ›Zweier‹ nenne«, fuhr sie fort. »Ein Wein ist ein Zweier, wenn ein Glas davon besser ist als gar kein Wein.« Ein Zweier lässt sich sicher gut trinken. Doch wenn man die Wahl zwischen zehn Weinen hätte, würde man ihn gewiss erst an neunter Stelle nehmen. Das ist genau die Sorte Wein, dachte ich, die ich mit meinen Freunden am College immer getrunken habe. Wir hatten wenige Möglichkeiten, unsere Brieftaschen waren dünn. Dennoch brauchten wir einen billigen Wein, um hin und wieder einen zur Brust zu nehmen. Ja, ich griff damals wohl mehr als ein Mal zu einem Zweier.

Sie drehte sich in ihrem Sessel um und deutete auf eine Weinkiste mit jungem Burgunder. »Glauben Sie nur nicht, ein teurer Wein könne niemals ein Zweier sein. Ein Spitzenrotwein kann ein perfektes Gleichgewicht zwischen Säure und Eiche, Tannin und Frucht haben, aber das alles wird zur Makulatur, wenn er für Sie nach Spülmittel schmeckt. Maßgebend ist einzig und allein Ihr Gaumen.«

Sie erklärte mir, ein billiger Zweier sei für sie genau der richtige Kochwein. »Luxusrestaurants reichen zu ihren Filets mignons gern eine Sauce bordelaise, für die sie einen Cabernet zu zwanzig Dollar die Flasche nehmen. Doch einen feinen Weißwein trinkt man aus einem Kelch und schlürft ihn nicht vom Teller. Zum Marinieren, Schmoren und Verfeinern von Soßen können Sie so gut wie jeden Wein nehmen. Es sollte nur mindestens ein Zweier sein. Denn wenn Sie zum Beispiel Lust auf einen Coq au vin oder ein Boeuf bourguignon haben, dann können Sie mit dem Wein ablöschen und sich anschließend selbst ein Gläschen genehmigen. Das erleichtert das Stehen am Herd ungemein.«

Sie machte eine Pause und nahm noch einen Schluck. Dabei zog sie die Augenbrauen in die Höhe und sah mich über den Rand ihres Glases an. »Und das ist auch der Grund«, sagte sie, »warum ich zum Kochen lieber einen Dreier nehme. Ein Dreier ist ein Wein für alle Tage. Jung, fruchtig und preiswert. In Frankreich hat man dafür zwei Namen, vielleicht, weil die Franzosen so viel davon trinken: *Vin du Pays,* also ›Landwein‹ und *Vin ordinaire* – ›gewöhnlicher Wein‹. In Italien nennen sie ihn *Vino da tavola* – Tafelwein. Ein Drei-Punkte-Wein ist ein Wein, den man zum Essen trinkt. Dafür ist Wein in erster Linie ja auch gedacht. Wein verstärkt das Aroma der Speisen und regt den Appetit an. Jeder Franzose, der es wert ist, Franzose genannt zu werden, wird sagen, dass selbst das beste Gericht ohne Wein unvollständig ist. Umgekehrt kann selbst das bescheidenste Mahl befriedigen, wenn dazu eine Flasche Wein auf den Tisch kommt. Niemand regt sich auf, wenn man von einem Dreier beim Einschenken ein bisschen auf dem Tisch verschüttet. Das tut niemandem weh. Das ist kein Malheur, keine sinnlose Vergeudung von teurem Geld bei jedem Tropfen. Und die Flecken auf der Tischdecke? Ein gutes, herzhaftes Essen ist eine kleine Erinnerung wert.«

Während ich ihren Worten lauschte, bemerkte ich, dass ich bereits wusste, wofür ein Wein mit drei Punkten gut war. Man kann ihn zu allem und jedem und zu jeder Zeit trinken – aus einem unpassenden Stielglas zu einem Topf Spaghetti und einem Laib knusprigem Knoblauchbrot; aus dicken Glasbechern zu einer bestellten Pizza, mitten auf dem Boden im Wohnzimmer; direkt aus der Flasche zu kaltem Hähnchen,

Blauschimmelkäse und Äpfeln bei einem Picknick im Wald.

Sie klärte mich auf, dass man bei einem Dreier sogar sagen dürfe, er schmecke nach Trauben. »Ein Urteil, das man sich bei einem edleren Wein nie erlauben würde«, ergänzte sie mit einem Augenzwinkern. »Denn wenn die Reben in die Hände eines talentierten Winzers geraten, wird die Weinherstellung weit über das technische Know-how hinaus zur Kunst. Ein Meister seines Fachs verführt seine Trauben, kitzelt aus ihnen die Essenzen von schwarzen Kirschen, Brombeeren und schwarzen Johannisbeeren. Oder von Erdbeeren, Schokolade, Oliven, Haselnüssen und Tabak; nicht zu vergessen, Vanille, Apfel, Ananas, Melone, Leder und Feige.« Außer Atem hielt sie inne.

»Sie haben Pflaume und Minze vergessen.«

Sie warf mir einen bedeutungsschweren Blick zu. »Dann verstehen Sie also, welche Beleidigung es für einen Winzer wäre, wenn Sie ihm sagten, sein Wein schmecke einfach nur nach Trauben.«

Ich griff über die Theke und schenkte uns nach. Sie schwenkte ihr Glas und blickte nachdenklich in den Wirbel. »Diese Premium-Weine sind das, was ich als Vierer bezeichne. Vier Punkte bekommt ein Wein, wenn er den Wunsch weckt, sich häufiger ein Glas zu genehmigen, als man es gemeinhin tut.« Unglücklicherweise, erklärte sie, sei die Flasche entweder zu teuer oder zu schwer zu bekommen. Oder aber man gehöre zu jener bedauernswerten Spezies, die überhaupt viel zu wenig Wein trinkt. Wenn man einen Vierer verkostet, möchte man ihn am liebsten schnell austrinken, weil man nicht genug davon bekommen kann. Stattdessen zwingt man sich, ganz langsam zu trinken, um jeden Tropfen zu genießen. Bei einem Vierer dürfe das Essen getrost in den

Hintergrund rücken. »Wenn ich mir jeden Abend zu Hause ein Glas alten Bordeaux einschenken könnte, bräuchte ich nur ein paar Scheiben gutes Brot, einen Kanten Käse, vielleicht noch eine Birne, und ich würde wunschlos glücklich zu Bett gehen«, sagte sie.

Sie setzte ihr Glas ab, und wir saßen ein paar Minuten schweigend da, dachten an schöne Träume und alten Bordeaux. Schließlich sagte sie: »Für welchen Wein Sie sich auch immer entscheiden, mit vier Punkten sind Sie so gut wie immer bestens bedient. Das reicht aus. Doch eines Tages werden Sie auch auf einen Fünf-Punkte-Wein stoßen. Die Messlatte für einen Fünfer wird jenseits von Geschmack, Alter und Preis angesetzt. Ein Fünfer ist mehr als nur eine Flasche Wein. Man könnte sagen, ein Fünfer ist der Sprung des Vierers in die Unsterblichkeit. Es braucht mehr als nur den reinen Geschmack, um einen Wein denkwürdig zu machen. Die Gesellschaft, das Ambiente, das Essen, alles muss perfekt sein. Kein Önologe kann mit seinen Messgeräten die Dimensionen berechnen, die solche Komponenten dem Wein verleihen. Wahrscheinlich erkennen Sie einen Fünfer gar nicht, wenn Sie den ersten Schluck verkosten. Erst später, wenn die Flasche sich ihrem Ende neigt, vielleicht aber auch erst im Rückblick auf den Tag, werden Sie begreifen, dass Sie einen Wein mit fünf Punkten genossen haben.«

Sie beugte sich zu mir. »Zum ersten Mal einen Fünfer zu trinken«, sagte sie mit weicher Stimme, »ist nicht viel anders, als das erste Mal mit jemandem zu schlafen. Der Wein mag in der Tat nicht ganz fehlerlos sein, aber er wird Ihnen vollendet erscheinen. Sie werden nie wieder eine andere Flasche trinken, ohne an Ihre erste Begegnung mit diesem Wein zu denken. Ein staubtrockener *Pinot blanc* könnte zu einem Fünfer avancieren, wenn gute Freunde ihn am Strand trinken und dazu mit Sand zwischen den Zähnen frische Austern schlürfen. Oder wenn ein Pärchen inmitten der Mojave eine Flasche Champagner leert, um auf die Schönheit der erblühenden Wüste anzustoßen, dann sagen die beiden wahrscheinlich auch, die Flasche war ein Fünfer. Mein erster Fünfer war ein 45er-Talbot«, sagte sie mit einem Lächeln. »Aber ich bin eine diskrete Frau, und mehr werde ich von meinen Erinnerungen nicht preisgeben.«

Sie nahm einen Cracker und zerbrach ihn in zwei Teile. Unsere Gläser standen nebeneinander, in jedem war nur noch ein rubinroter Tropfen. Wann hatten wir die Flasche eigentlich ausgetrunken? Ich sah auf die Uhr – Viertel nach sechs. Jetzt müsse ich aber wirklich gehen, erklärte ich. Ich beschloss, eine Flasche von dem Pinot gris zu kaufen. Sie habe Recht, sagte ich, er sei leicht und spritzig, und das herbe Aroma würde sich wunderbar mit meiner Muschelsoße ergänzen. Ich dankte ihr für den *Château-Neuf-du-Pape*. Welch ein erlesenes, vollmundiges Spitzengewächs. Es sei schön gewesen, einen düsteren Novembernachmittag auf eine derart angenehme Art zu verbringen. »Ach, übrigens, wo ordnen Sie denn nun den hier ein?«

»Diesen alten Rhône?«, fragte sie und klopfte sachte mit einem verkrümmten Finger auf die Flasche. »Von heute an ist es, glaube ich, ein Fünfer.«

Caesar-Salat

Über die *Hin*richtung Caesars gab es nie eine kontroverse Diskussion. Brutus und seine Kumpane hatten keine Schwierigkeiten, sich darauf zu einigen, wie man den armen Julius am besten meuchelte. Ein Schierlingsbecher? Eine Giftnatter? Nein, auf keinen Fall. Es musste ein Dolch sein. Doch wenn es heute in unserer modernen Zeit um die *An*richtung eines »Caesars« geht, diesem Inbegriff eines Romagnasalates mit Knoblauchcroûtons, dann erhitzen sich die Gemüter, und jeder Koch besteht auf seiner eigenen Variante. Nimmt man kurz gekochte oder rohe Eier? O nein, am besten lässt man sie ganz weg. Anchovis, ja oder nein? Auf jeden Fall, aber sie müssen zu einer Paste verarbeitet sein. Um Gottes willen nicht würfeln, das wäre ein Sakrileg! Solch stinkenden Dinger dürfen nicht einmal in die Nähe der Salatschüssel kommen. Dijon-Senf? Unerlässlich! Bleibt mir bloß mit dem Zeug weg. Und so weiter, und so weiter.

Niemand scheint sich dafür zu interessieren, wie der Schöpfer dieses Salats dazu stand. Der Namensgeber war weder Julius noch Augustus. Er war noch nicht einmal ein Kaiser, sondern der italienische Einwanderer Caesar Cardini, Besitzer des Caesar's-Palace-Restaurants in Tijuana, Mexiko. Der Überlieferung nach – manche behaupten allerdings, die Geschichte entbehre jeder Grundlage – war das Restaurant Cardinis am 4. Juli 1924 brechend voll mit schmuckbehängten, champagnerfröhlichen und hungrigen Gästen aus Hollywood, als der Vorrat an Lebensmitteln zur Neige ging. Cardini durchforstete seine Speisekammer und fand Romagnasalat, Parmesankäse, einen Tag altes Brot, Olivenöl und ein paar andere Lebensmittel. All diese Reste komponierte er zu einem Spezialgericht – sehr zum Entzücken seiner Gäste im Speisesaal.

Die Popularität dieses Salats breitete sich schnell nach Norden aus. Er erschien auf der Speisekarte von Chasen's und Romanoff's, zwei Luxusrestaurants in Los Angeles, eroberte von dort aus die Westküste und trat bald seinen Siegeszug im ganzen Land an. Heute findet man ihn auf jeder Speisekarte, gleichgültig, ob man in einem lauten Café in der Nachbarschaft zu Mittag essen will oder ob man nach der Oper in einem feinen Lokal mit edlem Porzellan dinieren möchte. Die internationale Epikureer-Gesellschaft in Paris wählte ihn zum großartigsten Rezept amerikanischen Ursprungs der letzten fünfzig Jahre.

In der Originalversion arrangierte Cardini die inneren Blätter eines Romagnasalats auf einem Teller, füllte sie mit Croûtons und übergoss das Ganze mit einem Dressing, und zwar mit der Intention, dass der Salat mit den Fingern gegessen werden sollte. Offensichtlich waren seine Stammgäste jedoch nicht gewillt, sich die Finger schmutzig zu machen. Denn bald schon ging Cardini dazu über, die Salatherzen auseinander zu reißen und seine Hausspezialität als angemachten Salat zu servieren.

Was die übrigen Zutaten betraf, bestand er auf ausschließlich italienischem Olivenöl und Parmesankäse, handgepresstem Zitronensaft, Worcestersoße, gepresstem Knoblauch, frisch gemahlenem Pfeffer und einem kurz gekochten Ei. (Dieses muss für genau eine Minute in kochendes Wasser gelegt werden, so dass es nicht mehr ganz roh, aber auch nicht gekocht ist.) Zum

Thema Anchovis legte Cardini sich unmissverständlich fest: Lasst die Finger davon! Er verwies darauf, dass die Stärke eines Caesar-Salats in der Subtilität seiner Aromen liege. Leute mit spitzfindigem Gaumen, die einen Hauch salzlakiger Essenz zu erkennen meinten, hatten fälschlicherweise aus den sechs Tropfen Worcestersoße, die er in die Schüssel gab, Anchovis herausgeschmeckt.

Doch Cardini ist bereits seit Jahrzehnten begraben, und die Küchenchefs haben seit langem aufgehört, sich an seine Vorgaben zu halten. Anchovis sind zum festen Bestandteil eines Caesar-Salats geworden. Mag sein, dass hier ein kulinarischer Darwinismus vorliegt. Manche Köche nehmen sich sogar noch größere Freiheiten heraus, gehen noch kühner vor und behandeln einen Caesar-Salat ähnlich wie ein kleines Schwarzes, das passend zur Gelegenheit mit allen möglichen Accessoires aufgepeppt wird. Sie fügen Roquefort hinzu, knusprige Speckwürfel, Tomatenschnitze, Hühnchenwürfel, Oliven, ja sogar panierte Austern. Andere erschauern schon bei dem Gedanken daran. Sie wollen von solchem Schnickschnack nichts wissen. »Nennt ihn Spezialität des Hauses. Bietet ihn als Hauptgericht an. Aber nennt ihn nicht Caesar-Salat!«

Vielleicht wäre es zu dieser Caesar-Anarchie gar nicht gekommen, wenn der Salat die Erfindung eines französischen Kochs und nicht die eines italienischen Einwanderers gewesen wäre. Im Jahre 1947 bestimmte der dritte Internationale Gastronomie-Kongress in Paris, dass *Pâté de foie gras* zu Beginn einer Menüfolge serviert werden müsse und nicht erst später mit dem Salat, wie es einige Freidenker unter den Köchen inzwischen gern taten. Sicherlich hätte der Kongress auch einiges über die Zubereitung eines Caesar-Salats zu sagen gehabt. Bitten Sie irgendeinen x-beliebigen französischen

Koch der klassischen Schule, Ihnen eine *Beurre blanc* zuzubereiten, und er wird in seine Küche gehen und Ihnen eine Soße aus Schalotten, Essig, Weißwein und Butter kredenzen. Versammeln Sie zwanzig italienische Hausfrauen in einer Küche und bitten Sie sie, Ihnen ein Hühnchen *alla cacciatora* zuzubereiten, und Sie können Gift darauf nehmen, dass sich die Gemüter erhitzen und Bratpfannen fliegen werden. Denn jede Hausfrau hat ihre eigene Vorstellung davon, wie man vorzugehen hat.

Diese Diskrepanz spiegelt nur den historischen Unterschied zwischen zwei Kulturen wider. Die italienische Geschichte ist eine Geschichte der Zersplitterung. Durch sprachliche, geographische und politische Barrieren voneinander getrennt, entwickelten sich die Regionen Italiens völlig eigenständig. Die Italiener selbst kämen gar nicht auf den Gedanken, von nationaler Küche zu sprechen. Sie haben die toskanische Küche, die sizilianische Küche oder die piemontesische Küche, um nur ein paar Beispiele zu nennen. Im Vergleich dazu kann Frankreich auf eine Geschichte relativ langer kultureller und politischer Einheit verweisen. François Pierre La Varenne legte die Grundsätze der *Haute Cuisine* im Jahre 1651, als er *Le Cuisinier François* herausgab, schriftlich nieder, seine Meisterschüler schlossen sich zu Gesellschaften zusammen und halten sich seither pedantisch an die meisten seiner Rezeptvorgaben. Die professionellen Küchenchefs von Paris, die die Aristokratie bekochten, gingen durch diese Schule. Als sie nach der Revolution plötzlich ohne Arbeit auf der Straße standen, eröffneten Hunderte von ihnen über ganz Frankreich und andere Teile Europas verteilt Restaurants und tischten dem gemeinen Volk *Coquilles St. Jacques* und *Pommes Anna* auf.

Dasselbe Traditionsbewusstsein findet man meiner Meinung nach auch bei amerikanischen Rezepten mit französischen Wurzeln. Man denke beispielsweise an Eier Benedict, ein klassisches Entrée beim Brunch, das zum ersten Mal im späten neunzehnten Jahrhundert im Restaurant Delmonico's in New York City serviert wurde. Delmonico war kein Franzose, sondern Schweizer, aber er führte die französische *Haute Cuisine* in Amerika ein, und sein Koch kreierte Eier Benedict auf Wunsch eines Gastes, dem die Speisekarte zu langweilig war. Wenn Sie sich heute das Gericht auf irgendeiner Speisekarte im Lande aussuchen, dann finden Sie garantiert zwei wackelnde pochierte Eier unter einem großzügigen Klecks *Sauce hollandaise,* das Ganze belegt mit geräucherten kanadischen Schinkenscheiben und auf einem aufgeschnittenem getoasteten und gebutterten englischen *Muffin* liegend. Kein Spiegelei auf braunem Toast, keine Béchamelsoße, keine Überraschung. Der Koch entscheidet nur, ob er das Gericht mit etwas gehackter Petersilie garniert oder ob er einen frischen Stängel davon zwischen die beiden Eier steckt, der dann wie eine Ansteckblume am Dekolletée einer Debütantin wirkt.

Ordern Sie dagegen einen Caesar-Salat, dann wissen Sie nicht, was Sie bekommen. Denn es gibt ebenso viele Möglichkeiten, ihn anzumachen, wie es Hände gibt, die ihn zubereiten. Zwar sind sich die meisten darin einig, dass Romagnasalat, Knoblauchcroûtons und Parmesankäse dazu gehören, aber alles andere bleibt mehr oder weniger ein Streitpunkt. Ja, selbst wenn die Köche sich über die Zutaten einigen können, streiten sie sich darüber, wie man ihn richtig anmacht. Nicht einmal Cardinis Nachkommen, die seit 1956 ein beträchtliches Vermögen mit der industriellen Herstellung einer

Trockenmischung des Dressings – man fügt nur noch Essig und Öl hinzu – gemacht haben, bereiten einen Caesar-Salat noch in der Originalversion zu. Dennoch scheinen mir die Restaurants nur so von Cardini-Schülern zu wimmeln, die das Anmachen eines Caesar-Salats noch an der Seite des alten Mannes gelernt haben wollen. Doch sie glauben, ihren Meister inzwischen überflügelt zu haben, wie sie in aller Bescheidenheit bemerken.

Meinen ersten authentischen Caesar-Salat habe ich gegessen, als ich mit meinem zukünftigen Ehemann abends zum Dinner verabredet war. Er überredete mich, einen Caesar-Salat für zwei Personen bestellen. Er hatte nämlich gehört, dass das Lokal eine regelrechte Zeremonie daraus mache. Wir gaben die Bestellung also beim Ober auf. Er trug einen Smoking und war ein nervöser Mann mit schütterem Haar und einem spärlichen Schnurrbart. »Eine ausgezeichnete Wahl«, sagte er. »Wir bereiten unseren Caesar im Geist und in der großen Tradition des Originals zu.« Dann beugte er sich zu uns und senkte die Stimme: »Wenn ich ehrlich sein darf, wir machen ihn besser.«

Er kehrte schon bald darauf mit einem exquisiten silbernen Servierwagen zurück, den er durch den mit Kerzen erleuchteten Saal schob. Einige Köpfe drehten sich zu uns, um die Show zu beobachten. Der Wagen, der so sauber und blank wie ein Operationstisch war, war mit silbernen Löffeln, Gabeln und Zangen, gekühlten Tellern und einer Salatschüssel aus Holz gedeckt.

Der Ober nahm eine Knoblauchzehe, schnitt sie in der Mitte durch und rieb mit der Schnittfläche schwungvoll die Schüssel aus. Mit geschickten Fingern legte er Anchovis in die Schale und zerdrückte sie mit seiner Gabel. Dann kam der Romagnasalat dazu, und zwar nur die zarten, blassgrünen Herzen, die akkurat in mundgerechte Streifen geschnitten waren. Gewiss war es etwas extravagant, aber selbst das Wild, das mit Eicheln und Baumrinde einen langen Winter überlebt, verachtet im Juni, wenn es in die Gärten einfällt, die zähen, dunklen Außenblätter und knabbert nur an den saftigen Salatherzen herum.

Unser Kellner taufte diese jungen Blätter mit dem Saft einer frisch gepressten Zitrone und träufelte Olivenöl darauf. Er ließ die Hände wie ein Magier, wie ein Heiler über der Schüssel kreisen und streute eine Prise Salz darüber, gab einige Spritzer Worcestersoße, einen Schuss Tabasco und einen Hauch Parmesan hinzu. Dann ließ er vorsichtig ein Ei in eine winzige Kasserolle mit siedendem Wasser gleiten und exakt sechzig Sekunden lang ziehen. Als er es direkt danach auf der Kante seines Wagens anklopfte, strömte Dampf aus der angerissenen Schale.

Sein dünner Schnurrbart zuckte, und an seinen Schläfen glänzten Schweißperlen. Ich hielt den Atem an. Er hob die Hände über den Salat und ließ das Ei in all seiner Herrlichkeit aus der Schale gleiten. Dann schob er die Salatschüssel mit den Fingerspitzen zu uns heran, so dass wir das sonnengelbe, aufgeplatze Eigelb aus seiner Haut herausfließen sehen konnten. Der Kellner nahm seine Silberlöffel zur Hand und begann, den Salat mit Verve zu vermischen. Dabei arbeitete er nicht nur mit den Händen, nein, sein ganzer Oberkörper ging schwungvoll mit, so als würde er Tschaikowskys Ouvertüre 1812 dirigieren. Schließlich hielt er inne, warf eine großzügige Hand voll Croûtons in die Schüssel, mischte den Salat noch ein letztes Mal durch und häufte ihn dann auf die gekühlten Teller. Er stellte sie vor uns auf den Tisch und fragte mit einer riesigen Pfeffermühle aus Messing in der Hand: »Möchte die Dame vielleicht etwas Pfeffer?«

Ich nickte nur. Ich war erschöpft. Die Gäste am Nebentisch applaudierten. Ich war von der Intensität dieser Vorstellung, von ihrer frischen Ausstrahlung, ihrer Unmittelbarkeit so gefangen genommen, dass ich anfangs gar nicht richtig wahrnahm, was ich beim ersten Bissen schmeckte. Aber dann nahm ich den zweiten Happen. Ein Blick in Berts Augen überzeugte mich, dass es ihm ebenso erging wie mir. Ich würgte die gallertartige Masse in meinem Mund hinunter und spürte, wie das glibbrige, rohe Eiweiß langsam die Speiseröhre hinunterglitt. Dies war also das Geschmacksempfinden in der Ausprägung der großen Tradition!

Ich hielt mich danach vom Caesar-Salat fern, bis ich in einem Lokal arbeitete, wo es zu meinen Aufgaben gehörte, ihn allabendlich zuzubereiten. Meine Chefin hatte ihre ganz eigene Theorie über den Caesar-Salat entwickelt. Sie betrachtete ihn als eine Art kulinarischen Test für alle weiteren Gänge. Wenn das Restaurant einen perfekten Caesar servierte, konnten sich die Gäste entspannt zurücklehnen. Sowohl ihr Gaumen als auch ihr Magen würden an diesem Abend bestens bedient werden. Ich selbst tendiere eher dazu, die Suppe als Indikator zu nehmen.

»Dies ist der Grund, warum wir uns solche Mühe mit dem Caesar geben. Er ist quasi unser Aushängeschild«, sagte sie zu mir und legte einen Zitronenschnitz neben den Salat, nachdem sie mir gerade gezeigt hatte, wie das Haus ihn zubereitete. Sie nahm den Zipfel eines Geschirrhandtuchs und wischte einen Spritzer des Dressings vom Rand des Tellers. »Natürlich haben wir uns im Vergleich zum Original ein paar Freiheiten herausgenommen«, fuhr sie fort. »Alles Verbesserungen, versteht sich.«

In dieser Küche ging man pragmatisch an die Zubereitung eines Caesar-Salats heran. Wir richteten ihn in der Küche hinter verschlossenen Türen bei angemessenen Lichtverhältnissen an. Das Dressing schlugen wir in einem Mixer auf, um den Gast mit dem glibbrigen Eiweiß zu verschonen. Ein rohes Ei, lernte ich, sei alles in allem ebenso geeignet wie ein kurz gekochtes. Die Besitzerin lehrte mich auch, die Salatblätter zu zupfen und nicht zu zerschneiden. »Mischen Sie die Croûtons unter den Salat«, wies sie mich an. »Es ist gut, wenn die Croûtons ein bisschen Dressing aufsaugen. Das Gleiche gilt für den Parmesan; er ist ein wesentliches Element des Salats und nicht nur als Garnierung gedacht.« Im Übrigen müsse man mit dem Dressing sparsam umgehen, denn der Salat soll schließlich nicht darin ertrinken, das schmeckt nicht. Ein Salat mit einem Hauch Dressing ist dagegen ein kulinarisches Meisterwerk.

Als ich diesen Arbeitsplatz verließ, wusste ich, wie man einen »anständigen« Caesar-Salat auf den Tisch brachte. Allerdings keinen perfekten Caesar, denn das Dressing war etwas zu dickflüssig, etwas zu mayonnaiseartig und für meinem Geschmack auch etwas zu senfhaltig. Ich konnte mir vorstellen, dass es auf einem Brötchen mit Roastbeef und einer dicken Scheibe Tomate wunderbar schmecken würde. Aber ich suchte immer noch nach einem anderen Rezept für meinen Romagnasalat. Was wiederum, nach der Theorie meiner Chefin, eine Erklärung dafür gewesen sein könnte, warum ihr Lokal noch in jenem Jahr geschlossen wurde.

Einige Zeit später heuerte ich in einem Restaurant an, das sich der »neuen amerikanischen Küche« verschrieben hatte. Das bedeutete, dass der Chef sich zum Ziel gesetzt hatte, der Tradition amerikanischer Kochkunst zu einem Höhenflug zu verhelfen. Und wenn es etwas gab, was einem Koch dabei helfen konnte, dann war es die Fähigkeit, einen perfekten Caesar-Salat zu zaubern.

Mein neuer Boss war ein drahtiger, hektischer Mann, der aufgeregt zwischen den Herden hin- und herlief und laut mit Töpfen und Bratpfannen klapperte. Er trug ein gestärktes, weißes Küchenjackett, eine Kochmütze und ein weißes Halstuch, das in Wirklichkeit eine Serviette war, die er diagonal aufrollte und sich mit einem geschickten Knoten um den Hals band. Ohne dieses Requisit wagte er nicht zu kochen. Mehr als einmal stürmte er durch die Küche und schrie: »Wo ist meine Krawatte? Ich kann meine Krawatte nicht finden! Ich gebe kein Gericht heraus, bevor ich sie nicht gefunden habe!« Dies alles erschien mir doch ein bisschen zu viel des Aberglaubens für einen so progressiven Koch. Aber was wusste ich schon?

Ich wisse ganz offensichtlich nicht, wie man einen Caesar-Salat anrichte, bellte er mich während meiner ersten Schicht an. Als die Bestellung kam, griff ich nach dem Romagnasalat und begann, ihn zu zupfen.

»Nein, nein«, sagte er und versuchte, sich in Geduld zu üben. Schließlich war ich neu und noch nicht in die Geheimnisse seiner Gourmetbewegung eingeweiht. »Lassen Sie jedes Blatt ganz. In der neuen amerikanischen Küche glauben wir, dass, je weniger ein Produkt manipuliert wird, desto besser die natürlichen Geschmacksstoffe zur Geltung kommen. Wir bemühen uns, die Zutaten so weit wie möglich in ihrem natürlichen Zustand zu belassen.«

Ich stimmte dieser Philosophie zwar mit ganzer Seele zu, doch es war Mitte Januar. Jener Salat war kein zarter, junger Sprössling, der gerade im Garten hinter dem Haus geerntet worden war. Er war überdüngt – drei Pfund schwere Köpfe mit tellergroßen Blättern aus einem Karton. »Sie wollen unverfälschten Salat?«, wäre ich beinahe herausgeplatzt. »Warum legen Sie dann nicht einfach einen ganzen Salatkopf auf den Teller und setzen ihn dem Gast vor?« Aber ich hielt mich zurück und gab stattdessen einige Hand voll Croûtons und Parmesankäse in die Schüssel.

»Was tun Sie da?«, keifte er. »Die Croûtons werden so doch matschig. Auf diese Weise ruinieren Sie den Salat. Und der Parmesan dient als Garnierung. Er kommt nicht *in* den Caesar, er kommt *darüber!*«

Pflichtschuldig pickte ich die Croûtons heraus und gab eine Kelle Dressing in die Schüssel.

»Mehr, mehr!«, schrie er. »Seien Sie nicht so zimperlich damit. Die Leute bestellen einen Caesar, weil sie das Dressing mögen.«

Gehorsam nahm ich mehr Dressing, griff nach einer Salatzange und begann das Ganze zu vermengen.

»Tss,tss,Tss!«, fauchte er am Rande des Wahnsinns, obwohl ich im Nachhinein glaube, dass er es genoss, seine Qualen in die Länge zu ziehen. »Sie müssen Ihre Hände benutzen. Liebkosen Sie den Salat. Mit der Salatzange verletzen Sie die Blätter.« Er riss mir die Schüssel aus der Hand, damit ich nicht noch mehr Schaden anrichten konnte, und häufte die Blätter einem Scheiterhaufen gleich auf einen gekühlten Teller. Darauf legte er eine fette Anchovis und erklärte: »Voilà! Ein Caesar-Salat in der neuen amerikanischen Tradition. Wahrlich eine Verbesserung gegenüber dem Original! Finden Sie nicht auch?«

Ich teilte seine Ansicht keineswegs. Dennoch war ich ein braves Mädchen und richtete jeden Abend den neuen amerikanischen Salat nach seinen Vorgaben an. Aber für mich hatte ich bereits ein Rezept entwickelt, das einen ganz respektablen Caesar ergab: Ich schneide einen Tag altes Landweißbrot in kleine Würfel – etwa ½ Litermaß voll – und gebe sie in eine große Schüssel. Dann erhitze ich ein paar Esslöffel Olivenöl mit einer Prise Salz und einer durchgepressten Knoblauchzehe. Wenn der Knoblauch leicht angebraten ist, gieße ich das Öl über die Brotwürfel und vermenge alles gleichmäßig. Anschließend werden die Croûtons auf einem Blech ausgebreitet und im auf zirka 160 Grad vorgeheizten Ofen gebacken, bis sie braun sind. Man kann sie auch in einer Pfanne auf dem Herd rösten – das bleibt jedem selbst überlassen. Ich muss zugeben, dass ich eine Vorliebe für halb geröstete Croûtons habe, die innen noch ein bisschen weich sind. Sie saugen das Dressing wie ein Schwamm auf. Ich könnte sogar auf den Romagnasalat verzichten. Weiche Knoblauchcroûtons mit Caesar-Dressing wären mir genug. Aber machen Sie sie so hart oder so weich, wie es Ihnen beliebt.

Für das Dressing brauchen Sie ein Ei, roh oder kurz gekocht, je nach Geschmack, den Saft einer Zitrone, einige Spritzer Worcestersoße, zwei Knoblauchzehen und vier oder fünf gewässerte Anchovis. Ich habe bemerkt, dass rohe Eier in einigen Lokalen in Ungnade gefallen sind. Wenn das Verzehren von rohen Eiern Ihren Essgewohnheiten zuwider laufen sollte, dann lassen Sie sie einfach weg und nehmen stattdessen einen halben Teelöffel Dijon-Senf. Verarbeiten Sie all diese Zutaten im Mixer und geben Sie dabei tropfenweise ⅛ Liter gutes Olivenöl hinzu. Anschließend schmecken Sie mit Salz ab. Wenn es Ihnen lieber ist, können Sie den Knoblauch und die Anchovis auch hacken, alle Zutaten zusammen in eine große Salatschüssel geben und dann das Ganze gründlich miteinander verquirlen.

Nun zupfen Sie einen gewaschenen, mittelgroßen Kopf Romagnasalat und geben ihn in die Schüssel. (Wenn Sie verwöhnt sind, rate ich Ihnen unbedingt zu Salatherzen.) Fügen Sie die Croûtons hinzu, einige Hand voll frisch geriebenen Parmesan und etwas grob gemahlenen Pfeffer. Alles wird mit dem Dressing vermischt und reicht für vier bis sechs Personen.

Das Ergebnis sollte alle zufrieden stellen, obwohl ich keinen Zweifel daran habe, dass dieser Salat nicht so gut ist wie das Original. Doch was könnte einen Caesar-Salat mit einem Glas Champagner in den Zeiten der Prohibition in einer Sommernacht in Tijuana denn tatsächlich übertrumpfen?

Keine gewöhnliche Suppe

Eine mit Sorgfalt zubereitete Suppe ist nicht nur die Summe ihrer Zutaten, sondern viel, viel mehr. Man denke nur an einen Schinkenknochen und ein Pfund Linsen oder an eine Hand voll Eiernudeln und die Karkasse eines Brathähnchens – auf den ersten Blick alles eher armselige, wenig verheißungsvolle Grundlagen für ein Gericht. Und dennoch lassen sie sich mit ein bisschen Überlegung und Fantasie in ein echtes Kunstwerk verwandeln. Die Zutaten brauchen keineswegs exquisit zu sein, aber man sollte sie so behandeln, als seien sie es.

Natürlich kann man nicht einfach wahllos alle Reste, die man zur Hand hat, in den Topf werfen – zum Beispiel Gemüse, das noch im Kühlschrank liegt, weil es noch zu schade für den Komposthaufen ist – und dann erwarten, dass die Suppe nicht darunter leidet. Der Erfolg basiert auf einem harmonischen Zusammenspiel von Aromen und Konsistenzen, und ein Mischmasch von Zutaten mündet allzu oft in einer Katastrophe für den Gaumen. Anstatt sich um ein ganzes Symphonieorchester im Topf zu bemühen, sollte man sich also lieber auf ein kleines, aber feines Ensemble konzentrieren.

Gedanken dieser Art gingen mir durch den Kopf, als ich mich eines Nachmittags in dem kleinen französischen Lokal, wo ich eine Zeit lang arbeitete, daran machte, eine Suppe zu kochen. Ich muss zugeben, ich war ein bisschen nervös, ja sogar ängstlich. Man hatte mich trotz der Tatsache, dass ich das Kochen am Herd und nicht in einer *Ecole de cuisine* gelernt hatte, angestellt. Meine Chefin war ganz auf französische Schule fixiert. Sie selbst war stolze Besitzerin eines gerahmten Diploms von La Varenne in Paris, und sie hatte auch schon bei *Lutèce* gespeist.

Obwohl es mir gelungen war, sie davon zu überzeugen, dass ich eine Seezunge pochieren und eine *Sauce velouté* zubereiten und auch mit einem Fingerdruck feststellen konnte, wann ein *Filet mignon* medium war, hatte sie mich bis dahin noch nicht damit betraut, eine Suppe zu kochen. Aber der Chefkoch hatte dienstags seinen freien Tag, und wir hatten an dem kalten, trostlosen Abend zuvor einen wahren Run auf Suppe erlebt. Der Zwei-Tage-Vorrat, der mir während der Abwesenheit des Kochs über die Runden helfen sollte, war bis zur letzten Schöpfkelle ausgegeben, und so blieb mir nichts anderes übrig, als – allein auf mich gestellt – eine neue Suppe zu kochen.

Was ich brauchte, war keine gewöhnliche Suppe. Sie musste elegant sein, ohne übertrieben zu wirken. Es musste eine leichte, unaufdringliche Suppe sein, damit sie die folgenden Gänge nicht erdrückte, eine Suppe jedoch, die auf keinen Fall fade schmecken durfte. Ich wollte etwas, was den Gaumen verwöhnte, dabei aber nicht so extravagant war, dass ich mich hinterher womöglich für meine Verschwendungssucht würde entschuldigen müssen. Und ich wollte etwas, was schnell ging. Denn ich hatte noch eine ganze Reihe anderer Aufgaben zu bewältigen, bevor der Speisesaal um Punkt fünf Uhr seine Türen öffnete. Dabei war es nicht gerade hilfreich, dass neue Ware erst am nächsten Tag geliefert werden sollte und die Speisekammer so gut wie leer war. Ich fand aber schließlich doch noch eine Tüte langer, schlanker Lauchstangen und hatte sofort eine Idee.

Ich putzte und wusch den Lauch, entfernte die dunklen, faserigen Enden und schnitt die zarten weißen und hellgrünen Teile der Stangen in dünne Scheiben. Diese Scheiben dünstete ich mit einem Löffel Butter einige Minuten lang in einem schweren Suppentopf, bis sie glänzten und ein süßes Aroma verströmten. Anschließend fügte ich ein paar geschälte, in Würfel geschnittene Kartoffeln hinzu und würzte mit Salz. – Die Mengen bezogen sich natürlich auf Restaurantportionen, aber wenn Sie für die Familie kochen, können Sie eine Stange Lauch und eine mittelgroße Kartoffel pro Person rechnen. – Ich bedeckte das Gemüse etwa zweieinhalb Zentimeter hoch mit leichter Hühnerbrühe, brachte die Flüssigkeit zum Kochen, reduzierte dann die Hitze und ließ die Suppe eine drei viertel Stunde leicht köcheln.

Zu Hause hätte ich mich mit dem Ergebnis vielleicht schon zufrieden gegeben. Ich hätte direkt vor dem Servieren wahrscheinlich noch einen Klecks Butter und eine Hand voll frisch gehackte Petersilie in den dampfenden Topf gegeben und mich dann genüsslich über das rustikale, herzhafte Gericht, das bei allen Hausfrauen in Frankreich unter dem Namen *Soupe à la bonne femme* bekannt ist, hergemacht. Übersetzt bedeutet das so viel wie »Suppe, wie sie eine gute Hausfrau kochen würde«. Die Franzosen fügen dieses *bonne femme* an die Namen vieler einfacher, preiswerter Gerichte – Hammelfleisch mit Speck und Tomaten, Bratäpfel mit Zucker und Butter, Omelett mit Zwiebeln und Kräutern –, Gerichte, die die durchschnittliche Hausfrau mit Zutaten, die sie meist in ihrer Speisekammer vorrätig hat, jederzeit schnell zubereiten kann.

Aber meine Chefin hatte eine Vorliebe für glatte Suppen. Gehaltvolle, cremige Suppen. Sie hielt sie für feiner als die klaren Varianten mit Stückchen darin,

meinte, sie passten besser zu den silbernen Kerzen-
leuchtern und der gestärkten Tischwäsche im Speisesaal. Dabei fand sie übrigens die volle Unterstützung
ihres Bedienungspersonals, wenn auch aus eher praktischen Gründen: Dicke, cremige Suppen bleiben in der
Suppenschale. Sie schwappen beim Abstellen nicht
über den Rand und bekleckern so das feine Linnen.

Als sich also die Kartoffeln mit einem Holzlöffel an
der Topfwand leicht zerdrücken ließen, drehte ich
meine Suppe durch eine Passiermühle. Einen Mixer
hätte ich auch nehmen können, aber speziell in solchen
Fällen habe ich noch nie gern mit einer Küchenmaschine gearbeitet. Sie tut den Kartoffeln Gewalt an und
verwandelt die Stärke in Tapetenkleister. Ich gab die
pürierte Suppe wieder in den Topf zurück und erhitzte
sie vorsichtig mit einem Schuss Sahne – für vier bis fünf
Kartoffeln rechne ich einen Becher Sahne. Manchmal
muss man auch noch etwas Brühe oder Wasser hinzugießen, damit das Ganze etwas dünnflüssiger wird.
Zum Schluss würzte ich die Suppe mit etwas Salz und
frisch gemahlenem Pfeffer, und, voilà, ich hatte eine
perfekte Suppe.

Es gibt gewiss nichts, was dem Gaumen mehr
schmeicheln könnte als diese samtene Kombination aus
Kartoffeln und Lauch. Die den Geschmack verfei-
nernde Sahne und die Passiermühle sorgten für eine
Verwandlung meiner »Hausfrauensuppe«. Diese kleinen Tricks sind Feinheiten, für die die *bonnes femmes*
selbst vermutlich weder die Zeit noch das Geld hatten.
Aber genau solche Finessen brachten die Hausmannskost von den Tischen der Dock- und Feldarbeiter auf
die Tafeln der feinsten Speiselokale des Landes.

Die Franzosen nennen diese glatte, samtige Suppe
Potage Parmentier, eingedenk des Mannes, der mitgehol-

fen hatte, die Kartoffel in ihrem Land populär zu machen. Aber man kennt sie auch unter dem Namen *Soupe à la Parisienne*, weil sie über Generationen hinweg ein unverzichtbarer Bestandteil der Speisekarte vieler Pariser Nobelrestaurants war. Kalt serviert und mit Schnittlauch bestreut, wird daraus eine edle *Vichyssoise*, eine Suppe, die in den 20er-Jahren zum ersten Mal als der Hit in der amerikanischen Restaurant-Szene auftauchte. Trotz ihres Namens kam diese geeiste Sommersuppe nicht etwa aus Vichy, sondern aus dem Ritz-Carlton in New York City. Sie war die Erfindung von Louis Diat, einem französischstämmigen Koch, der die Küche seiner Mutter vermisste und seine Kreation nach dem berühmten Heilbad Vichy seines Heimatlandes benannte.

Das französische Wort *Soupe* bezeichnete im Übrigen nicht immer eine Suppe. Im Mittelalter verstand man unter Soupe die Scheibe altbackenen Brots, die man unten in die Suppenschüssel legte, während *Potage* der Inhalt des Kochtopfes war, den man darüber goss. Die *Soupe* war also das, was die *Potage* aufsaugte. Heute sind die beiden Begriffe allerdings austauschbar und werden wechselweise verwendet. Es gab in der französischen Geschichte immer wieder lange Zeiten, in denen die Männer von den Feldern nach Hause kamen und zum Abendessen meist nichts weiter als eine Schüssel Suppe bekamen. Das erklärt auch, warum es mich heute so amüsiert, dass eine Suppe der Inbegriff Pariser Esskultur sein soll. Und dazu noch eine Suppe aus Kartoffeln und Lauch! Es belustigt mich ganz besonders, denn dieses Gemüse genoss nicht immer solch hohes Ansehen auf dem gesellschaftlichen Parkett.

Wir Amerikaner neigen zwar dazu, Lauch für ein exotisches und seltenes Gemüse zu halten, aber seine

Anfänge in Europa weisen ihn als weit verbreitetes, ganz gewöhnliches Gemüse aus. Als kultivierte Pflanze ist Lauch oder Porree, lateinisch *allium porrum,* älter als die geschriebene Geschichte. Wann und wo genau er das erste Mal auftauchte, sind immer noch offene Fragen, über die man nur spekulieren kann. Den meisten Berichten zufolge kommt Lauch aus dem östlichen Mittelmeerraum. Die vor den Ägyptern fliehenden Israeliten kannten ihn bereits. Denn als sie sich in der Wüste wiederfanden und nichts außer Manna zu essen hatten, weinten sie nicht nur den Melonen, Gurken, Zwiebeln und dem Knoblauch nach, sondern auch dem Lauch, den sie in Ägypten zurückgelassen hatten.

Auch wie sich der Samen über Europa verbreitet hat, lässt sich nicht mit letzter Sicherheit sagen. Nach der vorherrschenden Theorie sollen die Römer die Lauchstangen in Ägypten entdeckt und sie auf ihren Eroberungsfeldzügen bis nach England gebracht haben. Eine kleine Gruppe ist jedoch ganz anderer Meinung: Da Lauch unter kühlen klimatischen Bedingungen viel besser gedeiht als in einem warmen Klima, könnte er seinen Ursprung durchaus im Norden haben und dann von den Kelten im Zuge ihrer vielen Wanderungen in den Mittelmeerraum gebracht worden sein. Doch ungeachtet seiner ursprünglichen Wurzeln stand Lauch in der gesamten Alten Welt lange Zeit als Hauptnahrungsmittel auf dem Speiseplan der unteren Schichten – ein Kanten Brot und ein paar Scheiben scharfer, roher Lauch waren oft alles, was sie zu essen hatten.

Während sich die Bauern mit ihrer kräftigen Konstitution den Magen mit Unmengen von Lauch füllen konnten, verwendeten die Reichen ihn nur sparsam als Würzmittel, um ihren zarteren Organismus nicht zu belasten. Das Gemüse hatte allerdings seinen festen Platz im Apothekerschrank. Der griechische Arzt Dioscurides verschrieb ihn gegen Blutstau in den Lungen, gegen Nasenbluten und gegen Menstruationsbeschwerden sowie zur Heilung von Bissen giftiger Tiere, warnte aber gleichzeitig vor dem Genuss allzu großer Mengen, da das Gemüse angeblich böse Träume verursachte und den Blick trübte. Übrigens empfahl er darüber hinaus, zur Linderung von Ohrenschmerzen ein paar Tropfen Lauchsaft ins Ohr zu träufeln – ein Rezept, das beinahe zweitausend Jahre später von der modernen Wissenschaft bestätigt wurde. Lauch enthält genau wie seine Artverwandten Knoblauch und Zwiebeln Schwefelverbindungen, die tatsächlich antibiotische Eigenschaften besitzen und die Behandlung von Ohrinfektionen günstig beeinflussen können.

Der Römer Plinius erwähnt zweiunddreißig Heilmittel auf der Basis von Lauch. Darunter ist beispielsweise ein Umschlag aus Lauchblättern zur Heilbehandlung von Verbrennungen, Pusteln und Geschwüren. Oder er riet, Lauchsaft in die Nase zu injizieren, um Kopfschmerzen zu beheben. Obendrein hielt er das Gemüse für ein wirksames Gegenmittel beim Verzehr giftiger Pilze, auch wenn ich nicht gerade empfehlen würde, die Probe aufs Exempel zu machen. Außerdem pries er die Stangen wegen ihrer ausnüchternden Wirkung bei Trunkenheit und wegen ihrer aphrodisierenden Eigenschaften, warnte gleichzeitig aber auch vor der Gefahr von Blähungen. Plinius hatte jedoch noch eine andere Nutzanwendung parat: Lauch soll der Stimme zu einem sonoren Timbre verhelfen. Kaiser Nero, der für seine recht piepsige Stimme bekannt war, reservierte jeden Monat einige Tage, an denen er ausschließlich in Öl gedünsteten Lauch aß.

Wenn es irgendein Land gibt, das von sich behaupten

kann, Lauch habe einen festen Platz in seiner langen Geschichte, dann ist es Wales. Das Gemüse begeisterte die Waliser zwar nicht so sehr wegen seines speziellen Geschmacks, als vielmehr wegen seiner Rolle, die es in der Geschichte des Volkes spielte. Dank des Lauchs – so erzählt es jedenfalls die Legende – errangen die Männer von König Cadwallader im siebten Jahrhundert einen Sieg über die Angelsachsen. Diese mythische Schlacht fand in der Nähe eines Lauchfelds statt. Während der Metzelei erschien den walisischen Soldaten der heilige David und wies sie an, sich Lauch an die Mützen zu stecken, damit sie sich im Kriegsgetümmel von ihren Feinden unterscheiden konnten. Bis heute feiern die Waliser jedes Jahr am ersten März den Saint David's Day mit einer Lauchstange, die sie sich an ihre Hüte heften.

Trotz der Lauchkritiker stand im Mittelalter in Frankreich kein Eintopf auf dem Herd, in dem nicht ein, zwei Stangen Lauch als Würze mitgekocht wurden. Lauchsuppe war im dreizehnten Jahrhundert ein Allerweltsessen und so bekannt, dass Taillevent, der Chefkoch von König Karl V, sich nicht einmal die Mühe machte, ein Rezept dafür in sein meisterliches Kochbuch, *Le Viandier*, aufzunehmen. Die Suppe sei so einfach, so banal, erklärte er, dass selbst Frauen sie zubereiten könnten.

Es mussten noch fünfhundert Jahre vergehen, ehe dann auch die Kartoffel ihren Weg in den französischen Suppentopf fand. Ureinwohner der Anden in Südamerika, und zwar die Inkas, hatten die *Batata*, von der sich das englische Wort *Potato* ableitet, schon Jahrtausende lang kultiviert, bevor Pizarros Leute in den 30er-Jahren des sechzehnten Jahrhunderts zum ersten Mal mit ihr Bekanntschaft machten. Bald danach trat die Kartoffel im Bauch der spanischen Schiffe ihre Reise über den Atlantik an und landete in Sevilla. Von Andalusien aus verbreitete sie sich langsam nordwärts bis nach Frankreich, Deutschland und Italien.

Die Ankunft der Knolle in Frankreich um die Wende zum siebzehnten Jahrhundert löste nur bei wenigen Leuten Begeisterung aus. Die Kartoffel, lateinisch *solanum tuberosum*, hatte das Pech, zu einer schief angesehenen Pflanzenfamilie zu gehören, und zwar der Familie der Nachtschattengewächse. Ihre amerikanischen Abkömmlinge, die Gartentomate und die Paprikaschote, erlitten übrigens das gleiche bedauernswerte Schicksal. Auch ihnen zeigte man nach der Überquerung des Atlantiks zunächst die kalte Schulter. Als die Europäer auf die Kartoffel stießen, kannten sie nur deren Verwandte aus der Alten Welt, eine in der Tat recht finstere Sippe: den Bitter-süß auf Brachland, dessen giftige Beeren weidendes Vieh umbringen konnten; das übel riechende Bilsenkraut, dessen stark giftige Alkaloide für den Menschen ebenso gefährlich waren wie für die Hühner, auch wenn Ärzte es damals zur Behandlung von Frostbeulen und Gicht verwendeten, sowie die tödliche, narkotisierende Tollkirsche und die halluzinogene Alraune, beides Pflanzen, die Hexen ihren üblen Gebräuen beimischten. Wen wundert es also, dass die Kartoffel bei solchen Assoziationen einen harten Stand hatte und sich nur schwer durchsetzen konnte.

Die Substanz, die sich hinter all dieser Tücke verbirgt, ist ein toxisches Alkaloid namens Solanin, das die Kartoffel in der Tat in geringen Mengen unter ihrer Schale enthält. Bei Lichteinwirkung erhöht sich die Konzentration dieser chemischen Substanz auf ein nicht unbedenkliches Maß. Glücklicherweise hat die Knolle aber ein eigenes Warnsystem eingebaut. Denn

Licht veranlasst die Kartoffel, unter der Schale Chlorophyll zu produzieren. Alle Bereiche, die mit Solanin belastet sind, zeigen sich also als grüne Stellen, die, wie man von Mutter weiß, herausgeschnitten werden müssen, damit man nicht krank wird.

Die ersten europäischen Kartoffeln hatten wohl eine etwas höhere toxische Konzentration als unsere modernen Sorten. Diese Mengen waren zwar keinesfalls tödlich, reichten jedoch aus, um gelegentlich einen leichten Ausschlag hervorzurufen, und das genügte, um den Ruf der Kartoffel zu beeinträchtigen. Man machte sie zum Sündenbock für eine ganze Reihe von Krankheiten. Einige Ärzte befürchteten gar, sie verursache Syphillis, während andere behaupteten, sie sei der Auslöser von Lepra. Die Kirche erklärte, sie mache Männer lüstern, und Philosophen warnten, sie verführe die Schwachen im Geiste zum Trinken. Und jene, die mutig genug waren, die Kartoffel zu probieren, erklärten sie für fad und unverdaulich, ein Urteil, das gewiss nicht dazu beitrug, ihr Ansehen zu verbessern. Die Leute versuchten immer noch, die Knolle roh zu essen, und nur wenigen kam es in den Sinn, sie zu schälen. An der harten Schale herumzunagen, gähnten die Kritiker und klapperten mit ihren Holzgebissen, sei ein sehr langweiliges Geschäft.

Für kurze Zeit keimte bei den Kartoffelbauern die Hoffnung auf, die Kartoffel könne aufgrund ihres Stärkegehalts wenigstens zum Brotbacken taugen. Aber ihre Bemühungen scheiterten kläglich. Sie versuchten es mit Teig, der nur aus Kartoffelmehl, Wasser und Hefe bestand, doch am Ende kam immer wieder nur ein schweres, klebriges, unförmiges Gebilde heraus. Sie wussten nicht, dass Kartoffeln das Gluten fehlt, das Protein im Weizenmehl, das Broten ihre charakteristische elastische Struktur verleiht. Erst im achtzehnten Jahrhundert kamen Bäcker auf die Idee, aus Gründen der Ersparnis den Weizenmehlteig mit nur wenigen zerquetschten Kartoffeln zu strecken. Zu ihrer Freude stellten sie fest, dass das Ergebnis ein Brot von aromatischem Geschmack mit herrlicher Krume war, was wiederum erklärt, warum einige gewitzte Heimbäcker auch heute noch an dieser Praxis festhalten.

Die arme Kartoffel wurde also mehr als ein Jahrhundert lang nach ihrem Auftauchen in Frankreich mehr oder weniger geächtet. Sie diente nur für Rinder, Pferde und Schweine als Viehfutter und wurde allenfalls von geknechteten Bauern gegessen, die bei dem Leben, das sie führten, kaum besser dran waren als die ausgebeuteten Tiere. Aber dann betrat Monsieur Parmentier, der Erfinder jener nach ihm benannten *Potage,* die Bühne.

Antoine-Augustin Parmentier hatte während des Siebenjährigen Krieges bei der Armee eine Stelle als Apotheker inne. Er war eine Zeit lang Kriegsgefangener in Westfalen, wo auch die ungeliebte Kartoffel Teil seiner kargen Kost war. Die Knolle war damals in allen deutschen Staaten zu einem Grundnahrungsmittel avanciert, was zum Teil König Friedrich Wilhelm I. von Preußen zu verdanken war, der dabei nachgeholfen hatte. Seine Untertanen waren anfangs von der Kartoffel nicht begeisterter als ihre Nachbarn jenseits des Rheins. Aber nach einer Reihe von Getreide-Missernten befahl der König 1720 den Bauern, Kartoffeln auf ihren Feldern anzubauen. Als die Bauern aus Angst vor Lepra aufbegehrten, ließ er sie wissen, dass jedem, der sich seinem Befehl widersetze, mit einer scharfen Klinge ein Ohr abgeschnitten würde. Ein kurzes Edikt hier, ein bisschen Hunger da, dazu ein oder zwei drakonische Maßnahmen – und plötzlich waren die unteren Schichten in deutschen Landen Kartoffelesser.

Als Parmentier Tag für Tag gezwungenermaßen gekochte Kartoffeln aß, bemerkte er zu seiner unendlichen Freude, dass seine Angst vor Lepra unbegründet war. Auch seine Sinne trübten sich nicht. Ja, er hatte nicht einmal Verdauungsbeschwerden. Bei seiner Entlassung fiel ihm auf, dass die Landbevölkerung in der Gegend durchweg wohlgenährt aussah und rosige Wangen hatte. Die Kartoffeldiät war den Leuten offenbar gut bekommen. So gelangte er zu der Überzeugung, dass die Pflanze auch für seine Landsleute, die ebenfalls unter Getreideknappheit litten, ein Segen wäre.

Parmentier kehrte 1763 nach Paris zurück, nahm im Spital *Les Invalides* eine Stelle als Chefapotheker an und startete eine nie da gewesene Werbekampagne für die Kartoffel. Er lud zu ausgeklügelten, aufwendigen Abendessen ein, bei denen jeder Gang von Kartoffeln bestimmt war. Er schrieb Artikel, in denen er den ernährungsspezifischen Nutzen der Knolle rühmte, und verteilte Flugblätter unter den Leuten, ungeachtet der Tatsache, dass die hungernden Massen weder schreiben noch lesen konnten. Er überredete den Bischof, die Kartoffel nicht länger an den Pranger zu stellen, sondern als Wunder der Natur zu preisen, und veranlasste die Priester dazu, versuchsweise Kartoffelsuppe an ihre darbenden Schäfchen auszugeben. Die Gottesmänner nannten diese Schleimsuppe »Notreissuppe«, um das Ganze appetitlicher klingen zu lassen. Doch die Gemeinde blieb skeptisch, und die meisten weigerten sich, die Suppe auch nur anzurühren. Offenbar wollten sie lieber verhungern, als sich der Gefahr auszusetzen, an Lepra zu erkranken.

Dank seiner Position im Spital hatte Parmentier direkten Zugang zu König Ludwig XVI., der ihm schließlich seine Unterstützung zusagte. Die beiden Männer entwarfen gemeinsam einen Plan, der darin bestand, auf königlichem Grund und Boden ein Feld mit Kartoffeln anzulegen. Bewaffnete Soldaten wurden abgestellt, die die Pflanzen zwar tagsüber bewachten, die Felder aber nachts unbeaufsichtigt ließen. Das weckte bald die Neugier der Bauernschaft, die zu der Überzeugung gelangte, dass diese seltsamen Knollen etwas waren, was sich doch zu stehlen lohnte. Und so begannen sie, Kartoffelpflanzen für den eigenen Garten zu stibitzen.

Die mitternächtlichen Raubzüge trugen zweifellos dazu bei, die Popularität der Kartoffel zu steigern, doch es war erst der Fall der Bastille, der der Kartoffel letztendlich einen Platz in der französischen Gastronomie sicherte. Plötzlich waren es eben nicht mehr nur die ungebildeten Bauern, die jeden Abend mit knurrendem Magen zu Bett gingen. Die Revolutionäre gelangten bald zu der Überzeugung, dass die Kartoffel mit ein bisschen Butter, ein paar Kräutern und etwas Salz nicht nur schmackhaft, sondern auch republikanisch war. Die prächtigen Gärten der Tuilerien sahen sich plötzlich ihrer blaublütigen Rosen beraubt, die für patriotische Kartoffeln Platz machen mussten. Die Köche hörten auf, die Knolle zu ächten und behandelten sie von nun an mit angemessener Sorgfalt. Die *Soupe à la bonne femme* war jetzt etwas für die Seele und stand fortan bei vielen Menschen als Nachtmahl auf dem Tisch. In Ermangelung von Hühnerknochen kochten die Hausfrauen Lauch und Kartoffeln, meist allerdings nur in Wasser und nicht in Brühe.

Als die Zeiten besser wurden, dauerte es nicht lange, bis die Franzosen ihre legendäre Palette von Kartoffelspeisen kreierten: *Pommes Anna, Pommes dauphinoises* oder Kartoffelpfannkuchen und natürlich die unvergleichliche *Potage Parmentier* mit ihrem harmonischen Zusammenspiel von süßem, zarten Laucharoma und der kräftigen, erdigen Note der Kartoffel als Kontrapunkt. Dieses Gericht beweist anschaulich, dass sogar eine Schüssel voller Gegensätze mit ein bisschen Einsatz zu einem Genuss werden kann.

Unglücklicherweise wusste ich von all dem noch nichts, als meine Chefin an dem Abend, als ich meine erste Suppe in ihrem Lokal kochte, in die Küche kam. So konnte ich die historische Anspielung in ihrem Kommentar zu meiner Suppe auch nicht angemessen würdigen. Sie zog ihren Mantel aus und begann wie üblich, die Dinge um den Herd herum zu inspizieren. Sie warf einen Blick in die brodelnden Töpfe und stippte mit dem Finger in verschiedene Beilagen und Soßen. Dann hob sie den Deckel von der Suppenterrine und atmete den Duft tief ein. »Hmm«, sagte sie mit verhaltener Anerkennung, »was haben wir denn hier?«

»Ich habe für heute Abend Kartoffel-Lauch-Suppe vorbereitet«, erwiderte ich, ohne von dem Berg Petersilie und Estragon aufzusehen, den ich gerade hackte, um später etwas davon auf jede Portion zu streuen. Ich wusste, Duft allein war nicht genug, um sie zu überzeugen.

Sie schöpfte sich ein paar Löffel voll in eine Espresso-Tasse, blies sanft darüber hinweg und probierte vorsichtig. »Oh, *magnifique!*«, rief sie aus und schloss genüsslich die Augen. »Deliziös!« Sie bediente sich mit einer zweiten Tasse und fügte dann hinzu: »Aber finden Sie nicht, wir sollten die Suppe lieber *Potage Parmentier* nennen? Ich bezweifle, dass sie sich so gut verkauft, wenn die Gäste glauben, dass sie schlicht Kartoffeln und Lauch essen.«

Ein wohl gehütetes Geheimnis

300 Gramm Mehl, drei Teelöffel Backpulver, drei Esslöffel Zucker, ein Viertel Teelöffel Salz, sechs Esslöffel Butter, zwei Tassen Korinthen und ein Viertelliter Sahne – nein, das ist *nicht* das Rezept meiner Freundin Mary für *Scones*. Sie wollte auf keinen Fall, dass ich ihr Rezept weitergebe, und das macht im Grunde auch nichts. Denn selbst mit ihrem Rezept kommen bei mir nicht die gleichen *Scones* wie bei ihr heraus. Ich backe gute *Scones*, richtig leckere *Scones*. Zart, luftig und nicht zu süß. Aber es sind eben nicht Marys *Scones*. Mein Mann ist der Meinung, ich solle die Sache nicht so verbissen sehen, solle nicht so hart gegen mich selbst sein. Meine *Scones* seien vom ersten bis zum letzten Krümel genauso gut wie Marys, wenn nicht sogar besser. Ich weiß seine guten Absichten zwar zu schätzen, aber ich fürchte, ich kann ihm nicht glauben.

Es gibt Leute, deren Leben um den Anspruch auf Perfektion kreist – Perfektion beim Ballett, Perfektion im Schlafzimmer, Perfektion beim Trimmen eines Bonsais … Bei Mary, die früher einmal meine Chefin war, ist es ein duftiges, butterzartes, schnellgemachtes Gebäck. Sie würde nie behaupten, ihre *Scones* seien authentisch, hätten etwas mit jenen rustikalen Fladen zu tun, die die Bauersfrauen in den Küchen des keltischen und schottischen Hochlands über dem Torffeuer gebacken haben. Diese *Scones* und *Bannocks* sind groß wie Teller und waren Jahrhunderte lang das tägliche Brot der Arbeiterklasse. Da sich nur wenige Familien den Luxus von Weizenmehl leisten konnten, wurden die

Scones aus zwischen Steinen ausgemahlener Gerste oder ausgemahlenem Hafer und Wasser gebacken, und die Menschen waren dankbar dafür, dass sie wenigstens etwas hatten, um das nagende Hungergefühl in ihren leeren Mägen zu besänftigen.

Es gab aber auch anspruchsvollere Versionen von *Scones* und *Bannocks*, Variationen, die Mary ganz sicher gern ebenfalls backen würde, denn sie waren in der Tat ein bemerkenswertes Gebäck. Die Druiden bräunten sie am ersten Mai über offenen Feuern und brachten sie den Geistern als Opfergabe dar, damit sie die Herden vor Unheil bewahrten. In den Highlands backten die Bäcker an Halloween versalzene *Bannocks*. Wenn man sie aß, provozierte der anschließende Durst Träume, die die Zukunft vorhersagen sollten. Und in Orkney brach der Bräutigam ein gehaltvolles, butterzartes *Scone* über dem Kopf seiner Braut, um die Ehe zu segnen. In der Nacht legten die hoffnungsfrohen Brautjungfern eine Krume davon unter ihr Kissen, auf dass ihnen der künftige Ehemann im Traum erschiene.

Angesichts solch außerordentlicher Kräfte ist es kein Wunder, dass ein gutes *Scone*-Rezept zum Familienschatz avancierte, der über die Generationen hinweg von der Mutter an die Tochter weitergereicht wurde. Aber Mary behauptet, ihr Rezept sei kein gehütetes Familiengeheimnis aus dem Erbe einer Großmutter schottischer Abstammung. Und sie habe sich auch nicht in einen Londoner Teesalon geschlichen, um das Rezept in der Küchenbibliothek heimlich abzuschreiben. Wenn sie so etwas getan hätte, würde sie es auch zugeben, da bin ich mir sicher. Denn sie erzählte mir auch, dass sie einmal ein Rezept für »Belgische Bogen« – kleine Hefeteigknoten mit schwarzen Johannisbeeren und viel Ricotta-Käse – stibitzt und damit eine zierliche belgische

Großmutter, mit der sie einmal gemeinsam gebacken hatte, um das Monopol darauf gebracht hat.

Das *Scone*-Rezept ist ihre eigene Kreation. Es ist das Produkt von Versuch und Irrtum, das Ergebnis einer langen Testreihe von Rezepten: Das eine schmeckte wunderbar sahnig, hatte aber eine zu weiche Krume, das andere entwickelte genau den richtigen Butterge-schmack, war aber nicht leicht genug. Das eine war zu süß, das andere beinahe fad. Ja, Mary hatte eine genaue Vorstellung von *Scones*. Es ging ihr nicht darum, sie ein-fach aufzupeppen. Es lag ihr fern, mit weißen Schokola-denchips oder sonnengetrockneten Preiselbeeren oder mit Mandelcreme zu experimentieren. Was sie kreierte, war ein klassisches *Scone* – ein zartes, goldgelbes, hoch aufgegangenes *Scone* mit viel Butter, einer Menge win-ziger Korinthen und einem unvergleichlich vollmundi-gen Aroma.

Mary ist so eigen mit ihren *Scones*, dass sie sich auf keinerlei Kompromisse einlässt. In diesem Punkt ist sie unerbittlich. Nein, sie kommt nicht auf die Idee, ihre *Scones* in der Mikrowelle aufzubacken, denn da-durch werden sie zäh. Nein, sie wird sie nicht mit Erd-nussbutter und Honig bestreichen – es sind doch keine Sandwiches für die Lunchbox. Und nein, Sie bekom-men keine Marmelade dazu, Marmelade ist für Toast bestimmt!

Marys Partnerin Susan schätzt zwar diese Entschie-denheit, aber sie glaubt, ein bisschen mehr Entgegen-kommen würde bei den Kunden besser ankommen. Und so schlossen sie ein paar kurze Monate nach der Eröffnung ihres Zehn-Tische-Cafés in der Sierra Ne-vada ein Abkommen: Mary backt die *Scones* und Susan verkauft sie. Sie brauchen Susan nur nett zu bitten, und sie wird Ihnen sogar Marmelade servieren, allerdings nicht ohne einen Blick über die Schulter zu werfen und leise zu flüstern: »Aber erzählen Sie es nicht Mary.«

Was Mary betrifft, so hat sie seit ihrem ersten gemeinsamen Geschäftstag Tausende von *Scones* in Partien von jeweils acht Stück hergestellt. Das ist, wie sie zugibt, eine ansehnliche Menge. Sie müsste allerdings nicht annähernd so viele backen, wenn Susan nicht jeden Morgen eins zu ihrem Milchkaffee essen würde.

Es gibt in Amerika tatsächlich viele Leute, die es wagen zu behaupten, ein *Scone* sei ein Biskuit. Glücklicherweise sind *Scones* aber keine Biskuits. Natürlich ist es zwecklos, mit Großtante Bea aus Giorgia darüber zu streiten, aber ein *Scone* ist keinesfalls das im Mund schmelzende amerikanische Gebäck, das sie im Geschmack an Brathähnchen erinnert. Es ist auch nicht der knusprige Zuckerkeks oder der herzhafte Cracker, den die Engländer zum Tee reichen. Und wenn ein französischer oder deutscher Feinbäcker darauf besteht, Biskuit sei ein zarter, watteweicher Blechkuchen, der zu einer *Bûche de Noël* beziehungsweise Biskuitroulade aufgerollt wird, dann ist das technisch ebenfalls nicht korrekt. Wie all diese Backwaren dazu kamen, als Biskuit bezeichnet zu werden, bleibt ein Rätsel. Denn Biskuit bedeutet »zweimal gebacken«, »Zwieback«, wie es im Deutschen heißt. *Pain de biscuit* bezog sich ursprünglich auf eine Masse aus Mehl und Wasser, die gebacken, in Scheiben geschnitten und dann ein zweites Mal zu trockenen, harten Brocken ausgebacken wurde, um ein Dauergebäck zu erhalten, das den Anforderungen einer langen Reise gerecht wurde. Soldaten im Feld aßen *Biscuits de guerre.* Seeleute aßen Schiffszwieback auf hoher See. Diese *Biscuits* verloren auch nach Monaten im Seesack nichts von ihrem Geschmack, und zwar ganz einfach deshalb nicht, weil sie von Anfang an überhaupt keinen Geschmack hatten. Wenn ein *Biscuit* ein richtiger Zwie-Back wäre, würde ihn gewiss kein Mensch mit einem *Scone* vergleichen.

Heute sind die einzigen Biskuits, die vielleicht etwas mit *Scones* gemein haben, die italienischen *Biscotti*, obwohl man eher geneigt ist, diese als Kekse zu bezeichnen. In der Tat werden *Biscotti* gebacken, in Stücke geschnitten und dann im Backofen getrocknet, ein Prozess, der sie so aushärtet, dass sie beim Eintauchen in eine Tasse Cappuccino nicht zerbröseln. Die Verbindung zwischen *Biscotti* und *Scones* basiert also nicht auf der Art der Zubereitung, sondern beruht vielmehr auf der Tatsache, dass sowohl das eine wie das andere Gebäck überall in den Cafés ganz oben auf der Beliebtheitsskala steht.

Ich gab Mary mein *Biscotti*-Rezept für ihr Café. Es ist eigentlich das Rezept meiner Mutter: viele Mandeln, Anis und ein Schuss Brandy. Meine Mutter besaß dieses Rezept schon seit Jahren, obwohl ich nicht weiß, woher sie es hatte. Überraschenderweise kam es diesmal nicht von meiner Großmutter, die nämlich keine *Biscotti* backte. Das war, wie mir meine Mutter erklärte, auch der Grund dafür, warum mein Großvater im Laden immer einen halben Zucker-Doughnut in der oberen Schublade seines Schreibtischs aufbewahrte. Er ließ ihn dort so lange liegen, bis er altbacken war, und holte ihn hervor, wenn er morgens um zehn Uhr einen Kaffee trank, um ihn in die dunkle Flüssigkeit zu tunken. Ich kann mich nicht daran erinnern, dass meine Großmutter mir je erzählte, was mit der anderen Doughnut-Hälfte geschah.

Als ich zu Mary ging, um sie um ihr *Scone*-Rezept zu bitten, hatte ich die Hoffnung, meine *Biscotti* als Trumpfkarte ausspielen zu können. Sie hatte mir bereits verschiedene andere Rezepte verraten – für Kleie-*Muffins*, die Triple-Schokoladen-Cookies, ja, sogar das für ihren Cary-Grant-Memorial-Käsekuchen – ein Unterpfand ihrer unerwiderten Liebe zu ihm –, den sie neben seinem Foto im Schaufenster ausstellte. Als ich sie auf ihr *Scones*-Rezept ansprach, kamen mir plötzlich Bedenken. Diese *Scones* trugen ihre Handschrift. Sie waren *ihr* Kind. Aber Mary willigte ein, widerstrebend zwar, und sie stellte eine Bedingung. Sie wusch sich das Mehl von den Händen, schrieb das Rezept auf einen Fetzen Papier und sagte: »Es nur für dich bestimmt.«

Ich wusste, sie meinte es auch so. Denn Rezepte bedeuten Macht und Ansehen. Mit einem wie ein Geheimnis gehüteten Rezept macht man sich unentbehrlich. So dachte auch Fernand Point, als er seine Vorgesetzten im *La Pyramide* mit einem *Gâteau Marjolaine* entzückte, einem mehrschichtigen Meisterwerk aus Genueser Biskuitteig, Schokolade, Nuss-Meringue und Karamel-Buttercreme. Meine Cousine Ida ist derselben Meinung, wenn sie ihren berühmten Schokoladenmayonnaisekuchen dienstags zum Bridgeabend mitbringt. Französische Köche gaben ihre Rezepte in der Regel zwar weiter, verbaten sich aber, dass ihnen jemand beim Kochen zusah. Sie verschwiegen immer irgendeinen kleinen Trick, irgendeinen wesentlichen Schritt oder eine entscheidende Zutat – nichts, was das Rezept ruinierte, aber eben ein Element von Finesse, ohne das das Ergebnis nicht erhaben, sondern nur gewöhnlich war. Ein Esslöffel Essig im Kochwasser von pochierten Eiern ist zum Beispiel so ein Trick. Der Essig verhindert, dass die Eier ausfransen, wenn man sie in den Topf gleiten lässt. »Kalte Milch zur kalten Mehlschwitze und heiße Milch zur heißen Mehlschwitze« ist auch ein solcher Trick. Mit dieser Regel verhindert man, dass sich in der Béchamelsoße Klümpchen bilden. Und ein Topf Wasser in der Backröhre beschert dem Brot eine knusprige, glänzende Kruste.

Ich hatte eigentlich nicht vermutet, dass Mary sich ebenfalls dieser Idee der Geheimhaltung verschrieben hatte. Aber nachdem ich ihr Rezept einige Male ausprobiert hatte, fragte ich mich doch, ob sie nicht ein Ass im Ärmel zurückgehalten hatte. Wie sonst ließen sich die zähen, schweren Dinger erklären, die ich aus meinem Ofen holte? Hatte sie vielleicht ein Ei verschwiegen? Oder die Menge der Sahne reduziert? Ich wusste es nicht. Sicher war nur, dass meine *Scones* mit ihren nicht zu vergleichen waren. Schließlich schnitt ich das Thema an. Würde es ihr sehr viel ausmachen ... nur mal angenommen ... wäre es nicht vielleicht möglich, ihr einmal beim Backen zuzuschauen?

»Da gibt es wirklich nichts zu sehen«, sagte sie ausweichend, wie mir schien. »Ich backe die *Scones* um fünf Uhr in der Frühe. Du hast sicher keine Lust, so früh aufzustehen, nur um mir zuzuschauen.«

Am nächsten Morgen stand ich vor dem Café und wartete. Der Wind heulte, und ich zog meinen Schal enger um den Hals, meinen Hut tiefer ins Gesicht und vergrub die Hände tief in meinen Taschen, um mich vor der bitteren Kälte, die über Nacht hereingebrochen war, zu schützen. Ich konnte meinen Atem in der Dunkelheit sehen, und die ersten Schneeflocken fielen vom Himmel. Mary und Susan erschienen fünf Minuten nach fünf. Mary zog ihre Handschuhe aus, klapperte mit den Schlüsseln und begleitete mich dann hinein. »Wir haben uns schon gefragt, ob du wohl kommen würdest. Bei dem Wetter und überhaupt ...«, sagte sie. Das Geschäft machte einen unwirklichen und abweisenden Eindruck. Es war seltsam still, aber es lag nicht an der Stille, die bald dem morgendlichen Lärm weichen würde, wenn die Espressomaschine erst einmal zu rumpeln anfing und die altersschwache Geschirrspülmaschine blubberte, wenn Teller gestapelt wurden und Besteck klapperte, der Raum sich mit dem Stimmengewirr der Kunden füllte und im Hintergrund aus der Stereoanlage Etta James' rauchige Stimme jedermann erzählte, in ihrem Ofen koche rote, heiße Liebe … Nein, die Stille war es nicht. Es war der Geruch, der mir fehlte. In dieser dunklen Stunde, bevor die Öfen angeheizt waren, war die Luft eigenartig leer. Ich hatte die Küche bisher nur bei Tag gekannt, wenn es verführerisch nach Brathähnchen, Knoblauch, Zimt und Sauerteigbrot duftete.

Mary machte sich sofort daran, Abhilfe zu schaffen. Noch bevor wir unsere Mäntel ausgezogen hatten, war sie schon an der vorderen Verkaufstheke und stellte die Espressomaschine an. Sie füllte die Kaffeemühle mit Kaffeebohnen, brühte für uns *Café au lait,* und schon erweckte das bittere, an verbrannten Karamel erinnernde Aroma von frischem Espresso den Raum zum Leben. Nachdem Mary einen schaumigen Schluck aus ihrem Becher genommen hatte, machte sie sich an die Arbeit.

Um ihre schmale Taille band sie eine verwaschene, fadenscheinige Schürze, und flink hatte sie Messbecher und -löffel, ein Messer, einen Teigschaber und die Küchenmaschine hervorgeholt. Sie stellte den Ofen auf 210 Grad ein und legte ein Stück Pergamentpapier auf das Backblech. Ich hielt meinen Kaffeebecher mit beiden Händen vor den Mund und ließ die Wärme in meine kalten Finger strömen.

Mary arbeitete mit sicherer, schneller Hand. Ihre Bewegungen wirkten geradezu anmutig – sie waren das Ergebnis eines sich tagaus, tagein wiederholenden Rituals. Beim Abmessen des Mehls strich sie bei jedem Becher die Oberfläche mit dem Spatel glatt. Ich hatte schon daran gedacht, dass vielleicht das Mehl das Geheimnis war. Den Hauptgebäcksorten der britischen Inseln – *Scones*, *Crumpets*, die gebackenen Sauerteigfladen, *Muffins*, Korinthenbrötchen und Teegebäck – ist eine zarte Struktur zu Eigen, die sie nicht nur der schnellen Verarbeitung und der leichten Hand derer, die sie formen, verdanken. Der rote Hartweizen, der wegen seines hohen Proteingehalts von Brotbäckern geschätzt wird, die in einem knusprigen Baguette eine elastische Krume – etwas zum Kauen – haben wollen, dieser Weizen gedeiht im feuchten, nebligen englischen Klima nicht. Die britische Erde bringt stattdessen weißen Weichweizen hervor, ein Getreide, das ein Spitzenmehl für Feinbäcker ergibt. Auch ohne Hefe werden die Rühr- und Knetteige durch die Proteine im Mehl zäh. Der weiche, helle Weizen hat einen niedrigen Proteinanteil und sorgt für eine zarte Krume. So ist auch der weiße Weizen der Südstaaten als Gegenstück zum Hartweizen des amerikanischen Herzlandes mit verantwortlich dafür, dass die Südstaatler bei dem Gebäck, dass sie *Bicuits* nennen, die Nase vorn haben.

Heute behandeln die Fabriken Feinbackmehl mit Bleichmitteln und erreichen damit, dass das Mehl noch zarter wird. Sie vermarkten diese Mehle unter phantasievollen Namen wie *Swan's Down* oder *SoftaSilk*, Namen, die der Hausfrau eine unübertroffene Zartheit für den *Angel Fruit Cake* versprechen. Aber auf dem Etikett von Marys Fünfzig-Pfund-Mehlsack stand »ungebleicht« und »Haushaltsmehl«. Es hatte demnach einen Proteingehalt, der irgendwo in der Mitte lag. In diesem Punkt gab es also keinen Trick.

Mary verteilte mit einem winzigen Teelöffel Backpulver in der Backschüssel. Durch das Backpulver gehen die *Scones* auf. Es enthält eine Mischung aus Natriumbicarbonat, ein Alkalisalz, und Weinstein, eine Säure. Beides sind Produkte der Traube. Wenn sie mit einer Flüssigkeit in Verbindung kommen, reagieren sie miteinander und geben Kohlendioxidgas ab, das den Teig treibt.

Kurzzeitig hatte ich mich gefragt, ob möglicherweise das Backpulver der Grund für die wolkenkratzerhohen *Scones* war. Das Café befand sich in der Sierra Nevada auf einer Höhe von über 2600 Metern. Mit zunehmender Höhe wird die Luft dünner und der Luftdruck niedriger. Und je geringer der Luftdruck, desto weniger Widerstand hat der Teig beim Gehen zu überwinden. Er dehnt sich schneller aus und geht besser auf. Diesen Umstand müsse man beim Kuchenbacken unbedingt berücksichtigen, sagte Mary. Wenn sie nicht weniger Treibmittel nähme, würde ihr Kuchenteig so aufgehen, dass er sich über den Rand der Kuchenform wölben würde, bevor er noch richtig durchgebacken war. Dieser niedrige Luftdruck ist auch der Grund dafür, warum es schon einigen Geschicks bedarf, um in solch beträchtlicher Höhe eine Flasche Champagner zu öffnen. Während außen der Luftdruck niedrig ist, ist der Druck der Gasperlen in der Flasche gleich bleibend hoch. Allein das Abziehen der Metallfolie vom Flaschenhals kann bereits ausreichen, um den Korken quer durch den Raum fliegen zu lassen. Ich fragte mich also, ob die enorme Höhe – ein Fluch für ihre Schokoladentrüffeltorte – vielleicht der Schlüssel zu Marys himmlischen *Scones* war.

»Glaubst du, es liegt an der Höhe, dass deine *Scones* so aufgehen?«, fragte ich.

Mary hielt inne und dachte kurz über diesen Gesichtspunkt nach. »Darüber habe ich mir eigentlich noch nie Gedanken gemacht«, sagte sie. Dann schob sie die Unterlippe vor, blies sich eine widerspenstige Haarsträhne aus den Augen und schüttelte den Kopf. »Aber jetzt, wo du mich darauf ansprichst … nun, ich habe sie auch schon unten in Berkeley gebacken, und ich konnte keinerlei Unterschied feststellen.« Sie wandte sich an Susan. »Du etwa?«

Susan blickte von einem Berg geschälter Kartoffeln auf. Sie starrte aus dem Fenster und versuchte offenbar, sich an jedes einzelne *Scone*, das sie während ihrer Zusammenarbeit mit Mary gegessen hatte, zu erinnern. Nein, sie glaube nicht – nein, sie glaube auch nicht, dass die Höhe irgendetwas beeinflusse.

Mary sah mich an und zuckte die Schultern. Sie streute eine Prise Salz in die Schüssel. »Das verstärkt das Aroma«, sagte sie und fügte anschließend genau abgemessene Löffel Zucker hinzu. Nachdem sie die Zutaten in der Küchenmaschine kurz miteinander vermischt hatte, schnitt sie gekühlte Butter in Stückchen, die sie in die Schüssel gab und mit Mehl bestäubte. Nach ein paar Umdrehungen in der Küchenmaschine hatten die Butterstückchen die Größe von kleinen Erbsen. Genauso wie bei der *Pie*-Kruste sorgen die Butterklümpchen auch bei den *Scones* für eine leichte, luftige Struktur.

»Du brauchst im Übrigen keine Küchenmaschine«, sagte Mary. »Eigentlich werden sie von Hand noch besser. Aber morgens um fünf habe ich nicht so viel Zeit.«

Sie goss langsam etwas Sahne in das Mehl und stellte die Maschine wieder an. Dann griff sie in die Schüssel, um den Teig zu prüfen, und nickte. Sie war zufrieden. »Hier«, sagte sie und trat einen Schritt von der Arbeitstheke zurück. »Fühl mal!« Ich drückte den Teig zwischen meinen Fingern. Er war kalt, noch ein bisschen mehlig, aber weich und feucht genug, um zusammen-zuhalten. »Du darfst den Teig nur bis zu diesem Grad verkneten, nicht mehr, sonst werden die *Scones* zäh.«

Mary gab die Masse auf die Küchentheke und streute die Rosinen darüber. Dann schob sie den Teig zusammen und knetete ihn mit den Händen etwa ein halbes Dutzend Mal unter Einsatz ihres ganzen Körpers rhythmisch durch, bis er eine Kugel bildete. Sie drückte den Teig auf dem Arbeitsbrett zu einem Kreis von knapp zwei Zentimetern Dicke zurecht und bestrich ihn mit einem geschlagenen Ei. Dann nahm sie ein scharfes Küchenmesser und teilte den Kreis mit vier kräftigen Schnitten – zuerst ein Kreuz und dann ein X – in acht Teile. »Hast du gesehen, dass ich den Teig von oben direkt bis unten durchgeschnitten habe?«, fragte sie. »Wenn du willst, kannst du ruhig mehrmals ansetzen, das ist einfacher, oder du setzt das Messer auf einer Seite an und ziehst es dann zur anderen Seite durch. Natürlich«, fuhr sie fort und verzog das Gesicht langsam zu einem Lächeln, »verschließt du dabei die Teigränder, und deine *Scones* gehen nicht auf; aber das ist deine Sache.« Sie legte mit einem Hebers ein *Scone* nach dem anderen auf das Backblech und schob sie dann in den Ofen. »Das war's. Mehr ist es nicht.«

Ich trank meinen Kaffee aus, während Marys Gedanken bereits von den *Scones* zum Kaffeekuchen und dann zur Zitronen-Tarte wanderten. Die Öfen hatten die Küche inzwischen aufgeheizt. Die Fenster waren beschlagen, und an den Töpfen auf den Regalen liefen winzige Wasserperlen hinunter. Draußen peitschte der Wind Schneeflocken gegen die Scheiben.

Ungefähr fünfzehn Minuten später strömte aus dem Ofen ein süßer, toastartiger Duft in unsere Nasen. Mary griff nach einem Paar abgewetzte Topflappen und zog die *Scones* heraus: goldbraune, dicke *Scones,* umgeben von zischender Butter. Sie legte ein *Scone* auf die Ecke des Schneidebretts bei Susans Arbeitsplatz und reichte mir das Tablett. »Du möchtest sicher eins probieren.«

Ich griff zu, aber es war zu heiß, um es in der Hand zu halten. Deshalb legte ich es schnell auf einen Teller. Ich vermute, ein Engländer würde nicht einmal in Erwägung ziehen, ein *Scone* ohne einen Löffel Schlagsahne zu essen. Aber ich ließ mein *Scone* nur einen Moment lang abkühlen, brach dann eine Ecke davon ab und kostete von dem warmen, unverfälschten Gebäck. »Ich muss dir etwas gestehen«, sagte ich. »Ich hatte dich im Verdacht, dass du etwas verheimlichst. Du weißt schon – dass du mir vielleicht ein frisiertes Rezept gibst. Aber dieses *Scone* ist perfekt. Es könnte gar nicht besser sein.« Mary senkte die Augen und wurde rot. Und dann machte auch sie mir ein Geständnis. An ihrem freien Tag aß sie ihr *Scone* manchmal mit einem kleinen Klecks Himbeerkonfitüre, wenn ihr danach war. »Es schmeckt eben doch noch ein bisschen besser als Marmelade auf Brot. Aber erzähl Susan nichts davon.«

Kurze Zeit nach dieser Lehrstunde zog ich nach New Hampshire und war entschlossen, Marys *Scones* in meiner eigenen Küche noch einmal nachzubacken. Vor meinem geistigen Auge sah ich sie an ihrem Arbeitstisch mit der Akribie eines Chemikers arbeiten, und ich versuchte mein Bestes, ihre Arbeitsgänge genau zu kopieren. Ich nahm gestrichene Löffel, wog das Mehl ab und stellte den Backofen genau ein.

Und dennoch, die *Scones,* die ich backte, waren noch immer nicht zu vergleichen mit denen von Mary. Ich versuchte es wieder und erhöhte diesmal die Menge des Backpulvers, um die atmosphärischen Bedingungen in meiner Küche im tiefer gelegenen New England auszugleichen. Aber auch diesmal gelang es nicht. Also nahm ich einen dritten Anlauf. Ich verarbeitete den Teig mit der Hand. Ja, ich achtete sogar darauf, den Teig im Uhrzeigersinn, in Harmonie mit der aufgehenden und untergehenden Sonne, zu rühren, ein Ritual, von dem sich schon die Druiden bei der *Bannock*-Zubereitung Glück versprochen hatten. Aber es half alles nichts. Ich unternahm noch einen Versuch, und noch einen und noch einen. Ich nahm alle möglichen kleinen Veränderungen vor, bis Marys Rezept völlig auf den Kopf gestellt war, und mir die Korinthen, die Butter und die Geduld ausgingen. Aber ich hatte jetzt mein eigenes Rezept für *Scones* entwickelt, und ich akzeptierte die Tatsache, dass ich nie lernen würde, *Scones* wie die von Mary zu backen. Eines aber lernte ich doch: Eine Kopie ist niemals so gut wie das Original. Neulich sprach ich mit Mary. Sie sagte mir, sie würde in ihrem Lokal nie mehr meine *Biscotti* backen. Was auch immer sie versuche, ihre schmeckten einfach nicht so gut wie meine.

Noch Platz für Shortcake

Es ist wirklich eine Schande, wenn man für *Shortcake* schon zu satt ist.« Mr Kavissi-ay blickte von seiner Speisekarte auf und richtete seine Worte sowohl an mich als auch an Mrs Kavissi-ay. Deshalb nähmen er und seine Frau an diesem Abend nur eine Tasse Suppe und einen Salat, erklärte er. So hätten sie noch genügend Platz für ein paar Scheiben dieses köstlichen Weizengebäcks mit süßer Butter.

Die Kavissi-ays waren Stammgäste in einem Restaurant in Vermont, in dem ich zu jener Zeit arbeitete. Den ganzen Sommer über speisten sie bei uns um zehn Minuten nach fünf. Eigentlich reservierten sie für fünf Uhr, und sie trafen auch pünktlich ein, aber sie brauchten gut zehn Minuten von der Vordertür zum hinteren Speisesaal, wo sie gern dinierten. Er ging nämlich auf die neunzig zu, müssen Sie wissen, und seine Frau war nicht viel jünger. Die beiden tippelten langsam durch den Raum, er mit einem Spazierstock und sie an seinem ausgestreckten Ellbogen, und wenn sie ihren Tisch erreicht hatten, waren sie hungrig. Deshalb war es höchst ungewöhnlich, dass sie diesmal auf die Hauptspeise verzichteten und direkt zum *Shortcake* übergehen wollten, zumal sie sich aus Süßem nicht allzu viel machten. Mr Kavissi-ay hatte das mir gegenüber mehr als einmal erwähnt und sich beinahe dafür entschuldigt, wohl wissend, dass ich in jenem Restaurant für das Gebäck zuständig war. »Nehmen Sie es also nicht persönlich, meine Liebe«, sagte er oft. »Wir sind einfach immer schon satt, wenn das Dessert kommt.«

Er hieß nicht wirklich Kavissi-ay. Und sie natürlich auch nicht. Aber jeder im Restaurant nannte sie die Kavissi-ays, weil er sich am Ende der Mahlzeit immer den Mundwinkel mit einem Zipfel seiner Serviette abtupfte, seine Frau aus dem Augenwinkel ansah und sagte: »Und nun noch einen kleinen Kavissi-ay.«

Nach der Karotten-Ingwer-Cremesuppe und dem gemischten Salat mit leichtem Dressing und den beiden großen Portionen *Shortcake* brachte ich dem Herrn an jenem Abend ein gesundes Gläschen Courvoisier und der Dame eine Tasse Kaffee mit Sahne. In einer Hand hielt er das Glas mit dem ganz besonderen alten Tropfen und in der anderen die zerbrechliche, runzelige Hand seiner Frau und blickte ihr tief in die Augen. Sie erwiderte den Blick, und beide nahmen einen Schluck. Sie schauten durch das Fenster in den Garten, wo sehr viel von dem Gemüse wuchs, das auf unserer Speisekarte erschien. Sie sahen die Reihen mit den grünen Salatköpfen und Zuckererbsen, die Mangoldbeete und ein großes Feld mit üppigen grünen Erdbeerstauden. Vielleicht sahen sie sogar Erdbeeren – pralle, vollreife, leuchtend rote Früchte, die von der Nachmittagssonne noch warm waren. Aber ich glaube das nicht. Von dort aus, wo sie saßen, war es eigentlich nicht möglich. Dafür konnte ich, als ich an ihren Tisch trat, um Kaffee nachzuschenken, umso besser sehen, wie glücklich sie waren, noch genügend Platz für Erdbeer-*Shortcake* gehabt zu haben.

Er beugte sich zu ihr und sagte: »Liebling, lass uns nie auseinander gehen.« Die Chancen standen gut für ihn, denn sie waren eine Woche zuvor gerade erst da gewesen, um ihren fünfundsechzigsten Hochzeitstag zu feiern. Obwohl sie vor dem Nachtisch im Allgemeinen bereits satt waren, hatte ich zu diesem Anlass einen

besonderen Kuchen gebacken. Es war eine dreischich-
tige Schokoladentorte für zwei Personen, gefüllt mit
Schokoladen-Rum-Mousse und Himbeerkonfitüre. Ich
hatte sie mit Schokoladenrüschen und frischen Veilchen
garniert. Wir brachten diese Torte an den Tisch und sagten, dass wir auch gern so glücklich werden wollten.
Ein Jahr später backte ich zur Feier ihres sechund-
sechzigsten Jubiläums *Shortcake* für zwei Personen. Mir
war klar geworden, dass sie nicht mehr allzu viele Gelegenheiten haben würden, Erdbeer-*Shortcake* zu essen,
und es wäre schade gewesen, auch nur eine davon für
irgendeine Schokoladenrüschentorte zu vergeuden.

Es hat ganz den Anschein, als gehöre *Shortcake* wie
Hühnersuppe und Kartoffelbrei zu jenen Gerichten,
von denen sich die Menschen Trost versprechen. Es
sind Gäste wie die Kavissi-ays, die mich auf den Gedanken bringen, dass diese Gerichte eine echte Sehnsucht nach einfacheren Zeiten und einem langsameren
Rhythmus nähren. Denn wenn es in dieser turbulen-
ten Zeit mit all den Eheproblemen, den Arbeitslosen
und Rationalisierungsmaßnahmen, mit der kriminellen
Energie und der Kreditkarten-Mentalität etwas gibt,
worauf man sich noch verlassen kann, dann ist es das
Essen, das Mutter zu Hause kochte. Ein Bissen *Shortcake*
mag vielleicht nicht so erinnerungsträchtig sein wie
Proust's *Madeleine*, aber er wird zumindest Erinnerungen an ein Nationalfeiertagspicknick mit nackten
Füßen heraufbeschwören. Und das ist doch schon etwas.

Wenn Sie heute im Frühsommer in einem schicken
kleinen Lokal einkehren, stehen die Chancen hundert
zu eins, dass Sie auf der Speisekarte nur Erdbeermerin-
guen oder Erdbeeren mit *Crème brûlée* oder *Tarte aux
fraises* finden. Oder aber der Konditor bietet Ihnen eine

modische, raffinierte Version von *Shortcake* an, eine Symphonie aus Haselnuss-*Génoise*, *Crème fraîche* und einer Mélange aus roten Beeren. Er wird die Passionsfruchtsoße preisen und versuchen, Ihnen seine neue Kreation als *Shortcake* zu kredenzen.

Warum nur? Vielleicht versucht er die Tatsache zu kompensieren, dass seine Mutter eine schlechte Köchin war. Doch der wahrscheinlichere Grund ist, dass *Shortcake* mit Erdbeeren eine amerikanische Spezialität ist. Die meisten professionellen Köche leiden unter dem tief verwurzelten Vorurteil, dass amerikanische Rezepte, und mögen sie noch so gut und lecker sein, den letzten Schliff erst in Übersee erhalten müssen, bevor man sich damit an die Öffentlichkeit wagen kann. Ich vermute, sie sind für den durchschnittlichen Gourmet nicht elegant genug. Doch was ist eine französische Meringue denn anderes als geschlagenes, gezuckertes Eiweiß? Oder *Crème brûlée?* – nichts weiter als eine Schüssel Pudding!

Ich bin sehr stolz darauf, dass die Kavissi-ays unverfälschten *Shortcake* auf den Tellern hatten. Darunter verstehe ich ein aufgeschnittenes Mürbeteigbrötchen mit einem hohen Berg leicht gezuckerter Erdbeeren, garniert mit geschlagener Sahne – diese Nachspeise ist schlichtweg zu köstlich, um sie von den Speisekarten zu streichen, nur weil sie nicht von den Königshöfen Europas stammt. Einige Historiker verfolgen die Spur dieses Desserts bis zu den amerikanischen Ureinwohnern Neuenglands zurück. Sie zitieren die Berichte von Roger Williams, dem Gründer von Rhode Island, der in seinen Aufzeichnungen von 1643 schreibt, dass die Indianer Erdbeeren mit einem Mörser zerstampften, mit Mehl mischten und zu einem Erdbeerbrot ausbackten. Doch die Version, die sich zu einem amerikanischen

Klassiker entwickelte, tauchte erst mehr als zweihundert Jahre später auf.

Die Nachspeise musste zunächst erst einmal warten, bis die Erdbeere kultiviert war. Jahrhunderte lang kannten die Europäer nur die winzige Walderdbeere, lateinisch *Fragaria vesca*, die wild in den Wäldern wuchs. Im 15. Jahrhundert begannen die Gärtner zwar damit, sie zu kultivieren, aber der Versuch, daraus größere Hybridbeeren zu züchten, scheiterte. Doch dann gab es vom amerikanischen Kontinent immer mehr Berichte über wilde Erdbeeren, die dort in Hülle und Fülle gediehen. Und bald fanden die ersten Exemplare den Weg nach Europa. Die Virginia-Erdbeeren, *Fragaria virginiana*, überquerten um 1600 den Ozean. Die Früchte dieser an der Ostküste beheimateten Pflanzen zeichneten sich zwar durch einen herrlichen Duft und ein köstliches Aroma aus, doch sie waren nur wenig größer als die Beeren in der Alten Welt. Erst im Jahre 1712 brachte der bretonische Schiffsoffizier Frézier, dessen Name durch einen hübschen Zufall ganz ähnlich ausgesprochen wird wie das französische Wort *fraisier* – Erdbeerpflanze –, aus Südamerika einige Pflanzen mit, die riesige, mild schmeckende, blassgelbe Früchte trugen. Dreißig Jahre später kreuzte ein französischer Botaniker die chilenische Erdbeere, *Fragaria chiloensis*, mit der Virginia-Erdbeere. Das Ergebnis war der Vorfahre der kultivierten Erdbeere, wie wir sie heute kennen.

Trotzdem blieben Erdbeeren auf dem Markt ein seltener Luxusartikel. Man zog sie zwar zu Hause im Garten für den eigenen Bedarf, aber die Früchte waren zu zart, um längere Transporte über holprige Straßen bis zu den Händlern unbeschadet zu überstehen. Doch dann rollte die Dampflokomotive auf die Bühne der

Geschichte und eröffnete die Möglichkeit, frische Produkte aus den Gärten im Hinterland unversehrt in die Stadtzentren zu befördern. Im Juni 1847 brachte der Erie-Railroad-Milchzug auf einer einzigen Fahrt 80 000 Körbe Erdbeeren nach New York City, die bei den Kunden eine Welle der Begeisterung auslösten. Sie griffen mit leuchtenden Augen zu. Um 1850 grassierte in den Städten an der Ostküste ein regelrechtes »Erdbeerfieber«, wie der Volksmund es nannte. Das war auch die Zeit, in der Erdbeer-*Shortcake* langsam in Mode kam. Allerdings dauerte es noch bis in die Zeit nach dem ersten Weltkrieg, als eine Fülle von Kochbüchern auf den Markt kam, ehe die Speise in den Haushalten Amerikas ein Sommerhit wurde.

Es gelang mir, einige fleckige, eselsohrige Kochbücher aus dieser Zeit aufzustöbern. Ich war hocherfreut und fühlte mich bestätigt, als ich sah, dass die Nachkriegsrezepte für *Shortcake* im Großen und Ganzen nur wenig von meinem eigenen Rezept abwichen. Sie stimmten zum Beispiel mit meinem darin überein, dass etwa anderthalb Liter gewaschene, entstielte und aufgeschnittene Erdbeeren mit einer Hand voll Zucker die angemessene Menge für sechs Personen sind. Sie empfahlen, genauso wie ich es tue, die Erdbeeren eine Stunde lang bei Zimmertemperatur Saft ziehen zu lassen. Und in manchen Rezepten wie dem meiner Großmutter, das sie sich 1886 aus *Mrs Rorers Philadelphia Cookbook* notiert hat, steht sogar, man solle die Beeren leicht zerdrücken, um den Prozess besser in Gang zu bringen.

Auf den Hinweis, nur vollreife Saisonfrüchte zu verwenden, konnten die Autoren dieser Kochbücher verzichten, denn etwas anderes kam in jenen Tagen nicht auf den Markt. Heute ist die Landwirtschaftindustrie so weit, das ganze Jahr über Erdbeeren anbieten zu können. Im Winter aber haben diese Früchte keinerlei Aroma, sie werden für den Transport und nicht für den Geschmack gezüchtet. Sie haben wenig Ähnlichkeit mit den Erdbeeren, die *Shortcake* berühmt gemacht haben. Auch wenn dieses Gericht seinen Durchbruch dem zwischenstaatlichen Handel und der Eisenbahn verdanken mag, so lohnt sich die Zubereitung wirklich nur, wenn man auf aromatische Erdbeeren zurückgreifen kann.

Was das Rezept für die Buttermilchbrötchen, die ich für meine *Shortcake*-Zubereitung verwende, betrifft, so kann ich zwar nicht genau sagen, wo es seinen Ursprung hat, aber es weicht nicht wesentlich von den Rezepten, die ich in vielen dieser alten Kochbücher gefunden habe, ab. Ich vermenge in einer großen Schüssel 350 Gramm Mehl, je zwei Teelöffel Zucker und Weinstein-Backpulver, einen Teelöffel Backsoda (Natron) und eine große Prise Salz miteinander. Anschließend schneide ich 125 Gramm kalte Butter in kleine Stücke und arbeite sie mit den Fingerspitzen oder einem Teigschneider in das Mehl ein, bis sie etwa so aussehen wie aufgerollte Haferflocken oder dicke Krümel. In meiner Anleitung steht »Seifenflocken«, ein Ausdruck, der sicher auf die Generation von Frauen zurückgeht, die noch wusste, wie »Seifenflocken« aussehen. Man gieße, heißt es weiter, 230 ml Buttermilch dazu und rühre so lange, bis der Teig zusammenhält. Man forme den Teig zu einem Rechteck von knapp zwei Zentimetern Dicke, steche mit einer Plätzchenform oder einem Trinkglas sechs Kreise aus oder – das ist einfacher – schneide ihn mit einem Messer in Quadrate. Noch unkomplizierter und vielleicht auch beeindruckender ist es, den Teig in eine Backform von 24 Zentimetern Durchmesser zu drücken und einen Riesen-*Shortcake* zu backen. Den schiebt man bei 200 bis 210 Grad in den Ofen und wartet, bis er goldgelb ist. Dies dauert bei den kleinen Brötchen ungefähr zehn bis fünfzehn Minuten. Bei einem großen Kuchen muss man noch etwa fünf Minuten zugeben.

Beim Anrichten des Desserts befinde ich mich in guter Gesellschaft mit so kenntnisreichen Damen wie Mrs D. A. Lincoln und Miss Fannie Farmer von der *Boston Cooking School* des neunzehnten Jahrhunderts. Ich schneide die Brötchen, wenn sie heiß aus dem Ofen kommen, der Länge nach auf und bestreiche die Schnittflächen mit etwas weicher Butter. Dann lege ich die unteren Hälften auf Dessertteller oder in Dessertschalen und löffle die Erdbeeren darauf, wobei ich einen Teil der Beeren auf den Teller purzeln lasse, so dass sich die Brötchen von unten mit dem Saft vollsaugen können. Jetzt würden die beiden genannten Damen die Deckel auf die *Shortcakes* setzen und reichlich kalte Sahne darüber gießen. Ich ziehe es jedoch vor, die Sahne leicht zu schlagen, eine Verzierung, die erst in den ersten Jahrzehnten des 20. Jahrhunderts in Mode gekommen zu sein scheint. Denn diese Praxis wird in keiner meiner älteren Quellen erwähnt. Sie glauben vielleicht, das liege daran, dass die Köche damals noch keine elektrischen Rührgeräte kannten, aber sie besaßen große Rührbesen und hatten kräftige Handgelenke, die sie auch für viele anderer Desserts einsetzten.

Die kleine Abwandlung hinsichtlich der Sahne erfolgte genau um die Zeit, als man in den Vereinigten Staaten damit begann, Milchprodukte zu pasteurisieren, und ich frage mich, ob es da nicht doch einen Zusammenhang gibt. Unpasteurisierte Sahne hat eine wunderbare Süße, die keiner weiteren Verfeinerung bedarf. Durch das Pasteurisieren – das Milchprodukt wird erhitzt, um es steril und damit haltbarer zu machen – verliert die Sahne etwas von ihrem reinen Geschmack. Dieses Opfer ist keineswegs unvernünftig, bewahrt es uns doch vor dem Risiko, an Typhus oder Tuberkulose zu erkranken. Nun, vielleicht versuchten die Dessertköche, diesen Geschmacksverlust durch Schlagen der Sahne wettzumachen. Ich weiß es nicht. Aber ich weiß, dass es sich lohnt, Sahne zu verwenden, die nicht ultrahocherhitzt ist. Traditionell erfolgt die Pasteurisation bei relativ geringen Temperaturen, nämlich bei knapp 80 Grad, und dauert nur fünfzehn Sekunden. Das reicht, um Krankheitserreger abzutöten und hat nur eine geringe Geschmacksveränderung zur Folge. Bei ultrahocherhitzter Sahne arbeitet man dagegen – der Begriff sagt es schon – mit sehr hohen, wenn auch nur kurzzeitig wirkenden Temperaturen – zirka 140 Grad, zwei Sekunden lang. Das Ergebnis ist eine Sahne, die sich zwar über Wochen hält, dafür aber einen merklichen Kochgeschmack hat und sich nicht zu der himmlischen Konsistenz derjenigen Sahne aufschlagen lässt, die sanfter behandelt worden ist.

Auf jeden Fall gehen die Bostoner Damen und ich verschiedene Wege, sobald die Sahne ins Spiel kommt. Während die Mürbeteig-Brötchen backen, gebe ich einen halben Liter Sahne in eine gekühlte Schüssel und schlage sie mit einem Schneebesen oder einem Handmixer so lange, bis sie anfängt, dick zu werden. Ich füge etwas Vanille und einen Löffel Zucker hinzu und schlage sie weiter, bis sie kleine Spitzen erkennen lässt. Wenn ich dann den *Shortcake* auf dem Teller angerichtet habe, gebe ich einen großen Löffel davon über die Erdbeeren. Das Ganze kröne ich mit der oberen Hälfte des Brötchens, die ich, damit es etwas eleganter aussieht, leicht schräg aufsetze. Ja, und dann serviere ich die Leckerei sofort.

Das also verstehe ich unter *Shortcake*. Jede Gabel verrät mir, warum dieses Dessert so viele Generationen mit Genuss verwöhnt hat. Aber selbst wenn die Erdbeeren frisch, die Brötchen heiß und die Sahne kalt ist, entspricht dieses Rezept vielleicht nicht *Ihrer* Vorstellung von *Shortcake*. Dies liegt ganz einfach daran, dass Ihre Mutter oder Ihre Großmutter Sie in Ihrer Kindheit mit *Shortcake* verwöhnt hat, der nicht auf diese Weise zubereitet war. Und in solchen Dingen hat die Tradition Recht. Eine meiner angeheirateten Tanten hat Familie in Arkansas, und sie weist mich darauf hin, dass sich niemand, der aus Arkansas kommt, davon abbringen lassen würde, dass *Shortcake* zwei leckere, aus *Pie*-Teig gebackene runde Scheiben sind, zwischen die man reife Erdbeeren legt. Diese Version ist übrigens keine Erfindung unserer Zeit, denn Eliza Leslie hat schon 1857 in ihrem populären Kochbuch *Miss Leslie's New Cookery Book* ein Rezept für diese Art der Zubereitung aufgeführt. New Yorker, die sich noch an das legendäre *Lindy's* erinnern können, bestehen möglicherweise darauf, dass ein richtiger *Shortcake* ein hoher, mehrschichtiger Kuchen ist, der mit den größten Erdbeeren, die man je gesehen hat, gefüllt ist. Vielleicht müssen für Sie persönlich die Erdbeeren von einer Scheibe butterweichem Eischwerkuchen kullern. Oder aber Sie weigern sich, von *Shortcake* zu sprechen, wenn nicht frische Pfirsiche oder Blaubeeren oder eine großzügige Portion Vanilleeis das Gebäck begleiten.

In diesem Fall wären Sie gut beraten, mein Rezept zu vergessen. Sollten Sie es aber doch einmal probieren wollen, dann erwarten Sie keinen Trost von ihm. Denn es wird Ihren seelischen Hunger nach dem wunderbaren Gefühl, das Sie damals, als Sie an den Rockzipfeln Ihrer Mutter hingen, das letzte Mal spürten, nicht stillen. Sie hungern nämlich nach den Empfindungen Ihrer Erinnerung, nicht nach dem Gebäckstück, den Beeren und der Sahne.

Nun, während die Kavissi-ays mir zeigten, wie schön es sein kann, eine Erinnerung ins Gedächtnis zurückzuholen, überzeugte mich ein anderer Gast im Lokal davon, dass es sich nicht lohnt, mit einer Erinnerung konkurrieren zu wollen.

Er und seine Frau, so erzählte er mir, seien aus Georgia und auf Urlaub, und sie genössen es sehr, sich endlich einmal ohne die Hitze, die in Atlanta herrschte, an den Tisch setzen zu können. Als sie mit dem Hauptgang fertig waren, ging ich an den Tisch, um abzuräumen. Er zog sich die Serviette aus dem Kragen, schob den Stuhl vom Tisch zurück, um für seinen Bauch, den er mit einem Lendenfiletsteak gefüllt hatte, ein wenig Platz zu schaffen, und sagte: »Ich glaube, ich habe auf Ihrer Abendkarte irgendetwas von *Shortcake* gelesen.«

»Ganz richtig, Sir«, erwiderte ich. »Erdbeer-*Shortcake*.«

»Ach ja – aber Sie wissen natürlich, dass. richtiger *Shortcake* mit Pfirsichen gemacht wird.« Er schürzte die Lippen und strich sich ein paar Strähnen über einer kahlen Stelle auf dem Kopf glatt, wobei er offensichtlich über die Aussicht auf *Shortcake* mit Erdbeeren nachdachte. Er sah seine Frau an und wandte sich dann wieder zu mir: »Sie haben nicht zufällig ein paar Pfirsiche in der Küche, oder? Wenn Sie mir einen *Shortcake* mit Pfirsichen bringen, schließe ich Sie in mein Nachtgebet ein.«

»Walter«, zischte seine Frau durch die Zähne. »Lass doch das arme Mädchen in Ruhe.« Sie verdrehte die Augen und warf mir einen entschuldigenden Blick zu. Und ich hätte schwören können, dass sie ihm gleichzeitig unter dem Tisch einen Tritt gegen das Schienbein versetzte.

Vermutlich betrachtete ich Walter als persönliche Herausforderung. Denn plötzlich hörte ich mich ausführlich die Vorzüge unseres Erdbeerfeldes beschreiben. Wir hätten dieses Jahr eine neue Sorte ausprobiert, erklärte ich ihm, und die Pflanzen seien in dem Flussschwemmland wirklich fantastisch gediehen. Der Boden könnte möglicherweise ein Grund für die besonders üppige Ernte sein; das Wetter habe allerdings auch mitgespielt. Aber wie dem auch sei, sagte ich, die Erdbeeren hätten da draußen die Morgensonne eingefangen, seien von Minute zu Minute saftiger geworden, so dass er die Pfirsiche wahrscheinlich gar nicht vermissen würde.

Er war interessiert. Er verschränkte die Hände und ließ die Knöchel knacken, nahm Anlauf für eine weitere Frage. »Sie servieren ihn doch nicht etwa mit Eis?«

»O nein, Sir.« Ich schüttelte den Kopf. »Mit Schlagsahne. Wir bereiten ihn mit frischer Schlagsahne aus Vermont zu.«

Er schloss die Augen. »Ah, so machte es meine Mutter auch. Das ist wirklich gut. Sonst hätte ich meine Rose in die Küche geschickt, damit sie mir Sahne schlägt. Nicht wahr, Rose?«

Rose rutschte unbehaglich auf ihrem Stuhl hin und her und lächelte gequält.

»Sagen Sie«, fuhr er fort, »machen Sie den *Shortcake* mit einem Mürbeteigbrötchen?«

»Aber natürlich«, nickte ich schnell. Ich hatte diese Frage erwartet und bildete mir ein, ihn jetzt an der Angel zu haben. Denn welcher Südstaatler glaubte nicht, das A und O von Mutters Küche seien Mürbeteigbrötchen?

Schön und gut, aber sie gehören wohl nicht immer zu einer Schale Erbeeren. Denn Walter vergrub plötzlich das Gesicht in seinen Wurstfingern. »Das sieht diesen Yankees ähnlich«, sagte er langsam. »Meine Mutter würde sich im Grabe rumdrehen. Mürbeteigbrötchen isst man zu Schinken und Specksoße, *Shortcake* wird mit dicken Scheiben von himmlischem Biskuit gemacht!«

Ich möchte wetten, dass jemand aus der langen Reihe von Köchinnen in Walters Leben eine Ausgabe von Sarah Rutledges *The Carolina Housewife* im Küchenregal stehen hatte. Es kam 1847 heraus und hatte in den Südstaaten in vielen Haushalten einen Ehrenplatz, wurde zerfleddert von der Mutter an die Tochter weitergegeben und dann wieder an deren Tochter und so weiter. Tatsächlich sieht dieses *Shortcake*-Rezept einen zarten, lockeren Biskuitboden mit Zucker und Eiern vor.

Walter sah niedergeschlagen zu mir auf, und ich war froh, dass er nicht zu weinen begann. »Na gut, was haben Sie denn sonst noch anzubieten?«

»Wir haben Ahorn-Walnuss-*Pie*, Sir«, sagte ich mit schwacher Stimme. »Wird Ihnen bestimmt schmecken, ist ähnlich wie Pecan-*Pie*.«

Seine Frau klopfte ihm aufmunternd auf das Handgelenk. »Sie hat Recht, Schatz. Warum versuchst du es nicht mit einem schönen Stück *Pie?*«

Er faltete seine Serviette sorgfältig zusammen. »Nein, nein. Ich glaube, ich habe keinen Hunger mehr. Ich nehme nur eine Tasse Kaffee, und dann die Rechnung, bitte.« Er hob einen Finger und schwenkte ihn vorwurfsvoll. »Aber Sie sollten jedem, der es noch nicht wissen sollte, sagen, dass Walnüsse einfach nicht in eine *Pecan-Pie* gehören. Das ist ein himmelschreiender Stilbruch.«

Vergessene Äpfel

Falläpfel sind Äpfel, für die man sich am besten gleich entschuldigt, Äpfel, die man im eigenen Garten nie zu finden hofft. Es sind schäbige, verschrumpelte, missratene kleine Dinger – allesamt. Windiges Fallobst eben, im wahrsten Sinne des Wortes. Wenn der Boden des Obstgartens damit übersät ist, vermittelt der Anblick nicht eben den Eindruck eines unverhofften Erntesegens. Man ist eher geneigt, ihn als gerechten, kümmerlichen Lohn nachlässiger Gartenpflege zu betrachten. Meine achtzigjährige Nachbarin Dot, die zufälligerweise solche Apfelbäume hat und gerade eine Ernte eingebracht hatte, faltete die arthritischen Hände vor ihrem wogenden Busen und sagte: »Großartige Äpfel, nicht wahr?«

Die Bäume, von denen diese Äpfel fielen – es sind insgesamt zehn, jeder über drei Meter hoch – haben alle einen morschen, hohlen, vom Alter gezeichneten Stamm und knorrige, verdrehte Äste. Sie sind mehr tot als lebendig, und es war ein Wunder, dass sie überhaupt noch Früchte trugen. Dot erklärte, sie seien nur gut ein Jahrzehnt jünger als sie, und fand, sie sähen großartig aus. Sie gab zu, sich über die Jahre nicht viel um sie gekümmert zu haben, abgesehen vom letzten August, wo sie ihretwegen auf ein Stachelschwein geschossen hatte. Sie entdeckte es in einer Astgabel und sah, wie es gerade einen Sommerapfel fraß und sie von oben mit großen schwarzen Augen anblickte. Ihre Augen waren jedoch nicht mehr das, was sie einmal waren, und so musste sie zu ihrer Schande gestehen, das Tier verfehlt zu haben.

Dot und ich sammelten Fallobst für ihren Wintervorrat an Apfelmost, ein süßes Getränk, natürlich ohne viel Alkohol. Sie war nie eine Trinkerin gewesen.

Nun, ich sollte besser sagen, ich sammelte die schäbigen Äpfel in einen schlaffen Pflücksack, der mir um die Hüfte baumelte und gegen meine Knie stieß, und Dot folgte mir mit einer Hacke in der Hand, die sie beim Gehen als Krückstock benutzte. »Sehen Sie da!«, rief sie und deutete mit einem gekrümmten Finger auf den Boden. »Sie haben einen vergessen.« Dot beschwert sich nicht gern. Sie nimmt die Dinge, wie sie sind, auch wenn sie ihr nicht gefallen. Aber sie betonte, und das zweimal, dass es sie krank machen würde, wenn die Äpfel in diesem Herbst nicht aufgesammelt würden, und nur wegen einer Hüfte, die dringend erneuert werden müsse.

Als ich in New Hampshire in Dots Obstgarten stand, stiegen in mir Erinnerungen an die vollaromatischen Äpfel meiner Jugend im Yakima Valley von Washington auf. Ich war in dem Bewusstsein aufgewachsen, dass das Tal als »Obstschale der Nation« bezeichnet wurde – die Bezeichnung »Apfelhauptstadt der Welt« wurde bereits von unseren nördlichen Nachbarn in Wenatchee in Anspruch genommen –, und war stolz auf die Millionen von Weltklasse-Äpfeln, die diese Region jedes Jahr produzierte. Aber viele der Lieblingssorten meiner Kindheit waren drittklassige Ware, die meine Mutter in den Lagerhäusern auf dem Fruitvale Boulevard billig erstand: *Yellow Transparents, Winesaps, Winter Bananas,* Pippinäpfel oder Gravensteiner, Äpfel, die für Apfelliebhaber heute wahre Schätze aus vergangenen Tagen und die von den Märkten beinahe ganz verschwunden sind.

Um die Jahrhundertwende gab es in Amerika Hunderte von Apfelsorten. Die meisten davon waren regionale Spezialsorten, die von professionellen Apfelbauern, Hobbygärtnern und *Pie*-backenden Hausfrauen auf kleinen Flächen irgendwo im Lande angebaut wurden. Äpfel zum Backen, Äpfel für Apfelmost, Äpfel für die Saisoneröffnung im Juli und Lageräpfel für den Winter. Einige dieser Äpfel hatten keine Zukunft, weil sie einfach nicht gut schmeckten. Andere dagegen verschwanden wegen irgendeines in wirtschaftlicher Hinsicht fatalen Makels – sie reiften am Baum ungleichmäßig heran oder hatten nicht die richtige, ebenmäßige Form, oder sie hatten Flecken. Und so wurden unsere *Pies*, unsere Lunchdosen und unsere Kultur einiger farbiger Akzente beraubt.

Nach meinem Umzug nach Neuengland begann ich auf der Suche nach vergessenen wilden Äpfeln alte Kellerlöcher zu durchstöbern und überwucherte Wiesen abzulaufen. Ich stieß zwar auf ein paar Kostbarkeiten, doch die meisten meiner Funde erwiesen sich als herbe Enttäuschungen, im wahrsten Sinne des Wortes. Dann erfuhr ich, dass Äpfel nicht sortenrein gezüchtet werden. Eintausend Samen mit Genen derselben Mutterpflanze bringen eintausend verschiedene Apfelvarianten hervor, aber nur eine Hand voll davon ergibt genießbare Äpfel. Um verschiedene Sorten zu bekommen, bedienen sich Züchter seit Jahrhunderten der Methode des Pfropfens: Sie schneiden ein so genanntes Edelreis von einem Baum und binden es auf eine Wundstelle im Stamm eines anderen Baums. Gärtner wenden ein ähnliches Verfahren bei Rosen an, die zu derselben Familie wie die Äpfel gehören. Tatsächlich kann man einem Apfelbaum sogar ein Rosenauge aufpropfen.

Dot versicherte mir, dass ich keine besser schmeckenden Äpfel finden würde als ihre McIntosh-Äpfel. Ich gestand ihr nicht, dass die McIntoshs bei mir noch nie sehr hoch im Kurs standen, sagte ihr auch nicht, dass ich die offensichtliche Begeisterung der Neuengländer für diesen Apfel einfach nicht nachvollziehen konnte. – Der September kommt, und überall auf dem Land tauchen an den Straßenrändern Schilder auf, auf denen Macs zum Verkauf angeboten werden. »Kommen Sie und pflücken Sie sich Ihre Äpfel selbst.« Dann sieht man scharenweise Leute in karierten Flanellhemden in die Obstplantagen strömen. Sie genießen es, kostenlos auf Heuwagen zwischen den Bäumen herumzufahren und heißen Apfelmost zu schlürfen, während sie die Holzkörbe mit Macs füllen.

Der McIntosh ist zweifellos so etwas wie ein Schlachtross des Gartenbaus, zäh und unverwüstlich; für die Züchter hier oben in den nördlichen Ausläufern eines Apfellandes ein unverzichtbares Massenprodukt, weil der Apfel einen Neuengland-Winter übersteht, dabei aber schon im Frühling blüht und Früchte trägt. Ich habe jedoch den Verdacht, dass das ganze fröhliche Drumherum nur von dem Apfel selbst ablenken soll, einem Apfel, der meiner Meinung nach keinen Biss hat und geschmacklich nichts hergibt.

Es brauchte zwei Stunden und fünf Säcke Fallobst, ehe Dot mich einen von den ihren probieren ließ. Sie lehnte auf ihrer Hacke, streckte die Hand aus und hob einen Apfel, den ich übersehen hatte, auf. Sie schwankte ein wenig, und es dauerte ein paar Sekunden, ehe sie das Gleichgewicht wieder gefunden hatte. »Ah, welch ein Prachtexemplar!« Sie wischte den Apfel an ihrem Blusenärmel ab und begann, ihn mit einem Taschenmesser zu schälen. Ich versuchte, die Erinnerung daran zu verdrängen, wie sie mit diesem Messer einmal auf eine Wühlmaus losgegangen war, die sich unter einem ihrer Wirsingkohlköpfe im Garten eingenistet hatte. Unter der angeschimmelten, schorfigen, fleckigen Schale des Apfels kam cremeweißes Fleisch mit zarten roten Äderchen zum Vorschein.

Während Dot an dem Apfel herumschnitt, erzählte sie mir, dass sie vor längerer Zeit einen Anruf des Bezirkskommissars des Gartenvereins bekommen hätte. Er hatte ihr vorgeschlagen, ihre alten Bäume zu fällen und stattdessen eine neue McIntosh-Sorte zu pflanzen, einen röteren Mac, der nicht so anfällig für Schorf sei, einen Apfel, mit dem sie in ein paar Jahren sogar Geld verdienen könnte. Sie hatte geantwortet, er solle seine Zeit nicht damit verschwenden, mit alten Frauen über langfristige Investitionen zu reden. Seitdem ließ er sie in Ruhe. – Dot reichte mir einen Schnitz. »Los, kosten Sie.«

Ich biss zaghaft hinein, und jede meiner zehntausend skeptischen Geschmacksknospen war angenehm überrascht. Der Apfel war zwar recht herb, aber doch so süß, dass ich die Augen nicht zusammenkneifen musste. Ich hatte es wohl gelesen, bis zu diesem Augenblick aber nicht geglaubt, dass der typische McIntosh einen weinartigen Geschmack und ein leichtes Erdbeeraroma hat. Diese Eigenschaften trugen dazu bei, dass John McIntosh ein reicher Mann wurde, nachdem er den ursprünglichen McIntosh-Baum 1811 auf seinem Anwesen in Ontario entdeckt hatte. Und sie waren es auch, die Dots vernachlässigtes Fallobst für mich zu einer der besten Apfelsorten machten, die ich seit Jahren probiert hatte. Dot lachte nur, wobei der Grashalm, den sie sich zwischen die Zähne gesteckt hatte, wie eine Zigarette hin und her wackelte.

Mir kam in den Sinn, dass es vielleicht Dots an einem Abhang gelegene Wiese war, die das Beste aus einem McIntosh herausholte. Vielleicht gab es dort den optimalen McIntosh-Boden. Dazu ideale Wetterbedingungen, richtige Bewässerung, genügend Sonne – die vielen Voraussetzungen eben, an die die französischen Winzer denken, wenn sie von *Terroir* sprechen, um zu erklären, warum die Weinberge der Romanée-Conti die erlesensten Weine der Welt hervorbringen, während die Trauben nur ein paar Kilometer weiter im besten Falle Zechwein ergeben. Doch Dot beugte sich zu mir und fuchtelte mit dem Finger vor meiner Nase herum. »Diese neuen Macs«, schnaubte sie, »aus denen hat man das Aroma einfach weggezüchtet. Dasselbe gilt für diese schaurigen Delicious-Äpfel, mit denen sich die geldgierigen Farmer in Washington so wichtig tun.«

Da Dot mir einen kleinen Eimer Äpfel mit nach Hause gab, beschloss ich, den Mund zu halten und nicht zu erwähnen, dass ich einige dieser »geldgierigen Farmer« in Washington persönlich kannte. Sie machten auf mich den Eindruck anständiger Leute, die nur versuchten, ihren Lebensunterhalt zu verdienen. Aber an dem, was sie sagte, war etwas dran. Obwohl der rote Delicious viel zu gewöhnlich ist, um bei Apfelkennern einen guten Ruf zu haben, habe ich den Geschmack eines reifen roten Delicious immer geschätzt. Ich spreche nicht von den wachsglänzenden, knallroten Riesenkugeln, die man in jedem Supermarkt findet, sondern von dem alten Standard-Delicious, einem Apfel, der heute so selten angebaut wird, dass man ihn ebenso gut als veritables Schätzchen aus vergangenen Tagen bezeichnen könnte.

Der Delicious war ursprünglich ein kleiner Apfel mit blassroten Streifen und im Vergleich zu seiner Nachkommenschaft tatsächlich recht farblos. Um 1870 herum entdeckte ein Farmer mit Namen Jesse Hiatt auf seiner Farm in Peru, Iowa, einen wild wachsenden Sprössling inmitten einer Obstbaumreihe. Zweimal mähte er ihn ab, und zweimal schoss er wieder aus dem Boden. Der Farmer resignierte und ließ ihn wachsen. Zehn Jahre später trug der Baum eine einzige Frucht, einen Apfel, den Hiatt *Hawkeye* – Falkenauge – nannte. 1893 gewann Hiatts *Hawkeye* einen Preis bei einer nationalen Gartenschau. Einer der Sponsoren, der den Apfel probierte, rief: »Der ist aber deliziös, und so soll er auch heißen.« Und dann gab er 750 000 Dollar für eine Werbekampagne aus.

Was den Golden Delicious betrifft, so konnte ich mich mit ihm zwar nie so recht anfreunden, und doch hat meine Mutter ihn zu zahllosen erstklassigen *Pies* verarbeitet. Angeblich soll der Golden Delicious, der ursprünglich *Mullin's Yellow Seedling* hieß, aus einem Kuhfladen in Clay County, Virginia, gesprossen sein. Dies überrascht nicht besonders, wenn man bedenkt, dass der evolutionstheoretische Grund für das süße Aroma eines Apfels nicht etwa der war, dass er Adam im Garten Eden in Versuchung führen sollte (im Übrigen vermuten die Gelehrten heute, dass die verbotene Frucht in Wirklichkeit eine Aprikose oder gar eine Quitte war), sondern vielmehr der, das Vieh auf der Weide dazu zu bringen, den Apfel zu fressen und seine Samen zusammen mit einer Portion Dünger zu verstreuen. Die Baumschule Stark Brothers Nursery, die den roten Delicious besaß, kaufte 1914 Mr. Mullins Apfelbaum für fünftausend Dollar. Um zu verhindern, dass die Konkurrenz sich der Ableger bemächtigte, bevor der Apfel auf dem Markt eingeführt war, bauten die Stark Brothers rund um den Baum einen Käfig und zahlten einem Gärtner hundert Dollar im Jahr für die Baumpflege.

In den 20er-Jahren hatten Pfropfreise von beiden Deliciousbäumen ihren Weg ins Yakima Valley gefunden, wo Farmer entdeckt hatten, dass der fruchtbare vulkanische Boden, die Wüstensonne und die kühlen Herbstnächte ideale Voraussetzungen für das Wachstum boten. Doch dann wurden die Rufe der Vermarkter nach röteren Red Delicious und goldeneren Golden Delicious laut. Sie wünschten sich Delicious, die größer und robuster und früher reif waren, und sie wollten kleinere Bäume, um das Pflücken zu erleichtern. Jahrelange Zuchtversuche und die Tatsache, dass Äpfel im Allgemeinen viel zu lange in den ungekühlten Regalen der Händler liegen, bevor sie verzehrt werden, brachten schließlich den von Dot angesprochenen schaurigen Delicious hervor.

Glücklicherweise ist dank der Apfelzüchter und dank der Kunden, die sich zunehmend über das traurige Angebot von Äpfeln und Gemüse ärgerten, inzwischen ein ganz anderer Trend zu beobachten. Einer meiner nicht so profitgierigen Freunde in Washington züchtet nun *Mutsus, Criterions, Galas* und *Braeburns*. Er sagt, mit diesen neuen Sorten lohne es sich wieder, ja, es mache sogar Spaß, Apfelbauer zu sein. Endlich wird der Kunde etwas anderes als nur einen roten Apfel bekommen.

Darüber hinaus feiern die alten Äpfel ein Comeback, erzielen auf den Bauernmärkten ordentliche Preise, locken die Kunden mit merkwürdigen Namen und hübschen Geschichten, die sich um sie ranken – *Sops of Wine, Maiden's Blush, Cox Orange Pippins, Duchesse of Oldenburg* ... Oder auch *Bottle Greenings*, Äpfel, die ihren Namen jener Flasche Apfelschnaps verdanken, die

Feldarbeiter im hohlen Stamm des Originalbaumes versteckten. Der Name *Bloody Ploughman* geht auf einen diebischen Bauern zurück, der von einem Grundbesitzer erschossen wurde, weil er von dessen Anwesen Äpfel gestohlen hatte. Ich habe zwar bisher weder aus dem einen einen *Betty-Brown*-Apfelauflauf gemacht, noch den anderen in mein Lunchpaket gelegt, aber ich habe in New Hampshire endlich eine Quelle für alte Apfelsorten gefunden.

»19 Sorten alter Äpfel zum Selbstpflücken«, las ich im vergangenen Herbst im Anzeigenteil meiner Tageszeitung. »Keine Heuwagenfahrten, kein Apfelschnaps, keine Macs«. Bei meiner Ankunft war ich der einzige Kunde. Die Farm lag am Fuße der Berge und war umgeben von langen Reihen sorgfältig beschnittener, gesunder junger Bäume. Doch abgesehen von dem Blick auf den Connecticut River und die Farbenpracht der herbstlichen Bergwälder in der Ferne hätte die Plantage auch jedes andere Quadrat in dem Flickenteppich von Apfelparzellen, der den Boden des Yakima Valleys bedeckt, sein können. Bei genauerer Betrachtung bemerkte ich jedoch an den schwer tragenden Bäumen eine solche Fülle von unterschiedlichen Formen, Farben und Größen, wie ich sie noch nie gesehen hatte. Eine weißhaarige Frau in einer viel zu großen Strickjacke trat aus dem Haus und begrüßte mich mit einem tiefen, heiseren »Hallo. Schöner Tag zum Äpfelpflücken!«

»Ich habe Ihre Anzeige in der Zeitung gelesen«, sagte ich.

»Ah, die Anzeige.« Sie seufzte und schüttelte den Kopf. »Ich fürchte, diese Saison wird unsere letzte sein. Zu viel Ärger.« Sie machte eine wegwerfende Handbewegung in Richtung Plantage. »Die Idee meines Mannes.« Sie blickte zum Haus zurück, wo sich ein dünner

Rauchfaden aus dem Schornstein in den Himmel kräuselte. Plötzlich spürte ich den Wind und wünschte mir, einen dickeren Mantel zu haben.

»Sie können sich sicher denken, wer hier draußen die ganze Arbeit macht«, sagte die Frau. »Die Markierung, das Beschneiden, das Spritzen, das Pflücken. Es reicht, um einem das Kreuz zu brechen, und ich wette, ich bekomme im Jahr nicht mehr als dreihundert Dollar raus. Mein Mann dachte, wir ziehen damit ganze Scharen von Yuppies an, die bereit sind, für solch seltene Äpfel tief in die Tasche zu greifen.«

Von unserem Standort aus sah ich, dass glänzende silberne Bänder um die Stämme der Bäume geschlungen waren. Ich konnte die Schilder aus dieser großen Entfernung zwar nicht lesen, aber sie trugen Namen wie *Hubbardston Nonesuch, Westfield Seek-No-Further* und *Pumpkin Sweet.* »Sie kommen, gut und schön«, fuhr die Frau fort. »Wollen, dass ich mit ihnen einen Rundgang mache. Und ich geh' mit ihnen durch die Plantage und erzähle alles über meine Äpfel.« Ich spürte ihre Hand an meinem Ellbogen und ließ mich von ihr in die Plantage führen, um auch mir alles über ihre Äpfel erzählen zu lassen. »Und wenn sie dann meine ganze Zeit in Anspruch genommen haben, was wollen sie dann kaufen? McIntoshs. Niemand will etwas Neues probieren.« Sie verzog angewidert das Gesicht, und es hätte mich nicht verwundert, wenn sie ausgespuckt hätte. Dann sah sie mir scharf in die Augen. »Sie sind doch sicher nicht gekommen, um McIntoshs zu kaufen?«

»Heute nicht«, erwiderte ich und erklärte ihr, dass ich in Yakima aufgewachsen sei, gerade Urlaub machte und aus einer nostalgischen Laune heraus auf der Suche nach all den wunderbaren Äpfel meiner Kindheit sei.

»Yakima? Guter Gott, die haben schreckliche Äpfel dort.« Sie zog die Augenbrauen zusammen und sprach mit mir wie mit einem ungezogenen Kind, das sie verdächtigte, mit Steinen auf Singvögel zu werfen. Ich wette, Sie mögen sogar diesen roten Delicious, stimmt's?« Bevor ich noch antworten konnte, um das Erbe meines Tals zu verteidigen, schöpfte sie offensichtlich neue Hoffnung für mich. »Nun, Sie könnten ja mal einen *American Mother* versuchen. Er ist süß.« Und schon wechselte sie die Richtung und steuerte nach rechts.

Auf dem Weg zeigte sie mir den *Esopus Spitzenburg*, Thomas Jeffersons Lieblingsapfel in Monticello. Sie deutete auf den Fameuse, einen Baum mit knallroten Früchten, die die Leute wegen des auffallend weißen Fleisches früher *Snow Apples* genannt hatten. Die Apfelbauern glauben, dass der erste Fameuse aus Samen gezogen wurde, die französische Missionare nach Kanada gebracht hatten, erklärte die Frau. Die Siedler entlang des Ufers des Lake Champlain bauten ihn bereits 1730 an. – Sie gab dem Stamm eines Baumes voller fleckiger brauner *Ribston Pippins* einen liebevollen Klaps und sagte: »Mein Lieblingsapfel. Sieht nicht besonders gut aus, aber die Engländer haben ihn als Dessertapfel fast dreihundert Jahre lang sehr geschätzt.«

Als wir bei *American Mother* ankamen, pflückte sie eine der gold-karminrot marmorierten Früchte. »Während der Zwanzigerjahre war der *Mother* bei den Heimgärtnern wegen seines würzigen Dufts nach Vanille und seines Birnenaromas sehr beliebt«, sagte sie, so als zitiere sie eine Werbeanzeige aus einem Gartenkatalog. »Der arme schöne *Mother*«, seufzte sie und legte den Apfel in meinen Korb. »Gibt es kaum noch, weil er nur alle zwei Jahre Früchte trägt. Aber für mich war er immer sehr ertragreich.«

Ich deutete auf einen Baum, der voller winziger gelber und roter Früchte hing. »Sind das Holzäpfel?«

»Holzäpfel? Wohl kaum. Das sind meine *Lady Apples*. Ludwig XIII. züchtete sie in seinem Garten. Und die Damen des siebzehnten Jahrhunderts trugen sie gern mit sich in ihren Taschen herum.« Sie rieb die Hände kräftig aneinander und sagte: »Pflücken Sie sich auf jeden Fall ein paar *Lady Apples*.«

Hinter ihr entdeckte ich einen Baum mit langen, kegelförmigen Äpfeln, die so dunkel waren, dass sie beinahe schwarz erschienen. »Und was ist das dort?«

»Das da?«, fragte sie. »Das ist der überflüssigste Apfel, der mir je untergekommen ist. Trocken, fad und widerlich.« Sie machte eine Pause und räusperte sich. »Er heißt *Black Gilliflower*. In Connecticut, wo er ursprünglich herkommt, nennen sie ihn wegen seiner Form *Sheepnose*. Mein Mann behauptet, zu einer Scheibe Cheddar schmecke er gut, aber ich glaube, das sagt er nur aus Eigensinn, um mir zu widersprechen.«

Sie schaute auf die Uhr und sagte dann, sie müsse nach ihren *Pies* im Ofen sehen – sie nehme dazu übrigens gern *Rhode Island Greenings* und *Northern Spies*, die ich am anderen Ende der Plantage finden würde.

Sie überließ mich mit meinen Körben ihren Apfelbäumen und entfernte sich. Ich begann mit *Spartanern* und *Paula Reds*, pflückte dann ein paar *Blue Pearmains* und *Golden Russets* und hatte schließlich zwölf verschiedene Sorten Äpfel im Korb. Aus Neugier holte ich mir sogar noch einige »Schafsnasen«, die ich jedoch tief unten im Korb vergrub, damit sie es nicht bemerkte. Ich fragte mich, was aus den Bäumen wohl werden würde, jetzt nachdem sie ihre Geschäftsidee für gescheitert erklärt hatte. Meine Ernte war ein Sammelsurium bleicher Farben, rauer Schalen und seltsamer Formen. Ich hatte drei Körbe voll und nicht die leiseste Idee, was ich mit so vielen Äpfeln anfangen sollte. Zyniker würden sie vielleicht als Produkte nostalgischer Anwandlungen beschreiben, nur von Wert, wenn die Zeit und der Abstand sie zu Erinnerungen destilliert hatten. Aber solche Gedanken liegen einem fern, wenn man an einem kühlen Herbsttag in einem Obstgarten steht und einen *Lady Apple* probiert- süß und aromatisch, mit drei Bissen vertilgt. Oder wenn man eine *Pie* mit *Northern Spies* backt. Oder in einen *Ribston Pippin* beißt und die Erfahrung macht, dass der komplexe Geschmack eines Apfels dem Gaumen schmeicheln kann wie edler Wein.

Ich trug meine Körbe, einen nach dem anderen, zur hinteren Veranda, wo die Frau schon auf mich wartete und meine Ernte von der Türe aus musterte. Ich zückte meine Brieftasche und dankte ihr für die Äpfel, bedankte mich auch für all die Zeit, die sie mir geopfert hatte. Sie steckte die Geldscheine ein und sagte: »Diese Körbe sind noch nicht voll. Sie sollten noch ein paar Lady Äpfel in die Ritzen stopfen.« Sie war schon im Begriff, die Türe hinter sich zu schließen, öffnete sie dann aber noch einmal und beugte sich vor. »Ich werde mit all meinen Bäumen auch nächstes Jahr noch hier sein«, sagte sie. »Ich bin's nur leid, meine Zeit an Leute zu verschwenden, die Äpfel nicht zu schätzen wissen.« Sie bat mich um meine Telefonnummer und versprach, mich anzurufen, wenn es im September wieder so weit war. »Wenn Sie wollen, können Sie jederzeit wieder kommen.«

Ich versicherte ihr, dass ich auf das Angebot zurückkommen würde. Und als ich den Abhang hinaufging, um meine Körbe nachzufüllen, nahm ich mir vor, meine Nachbarin Dot zu fragen, ob sie mich begleiten wolle.

Liebesdrogen

Die meisten Leute beginnen bei dem Wort Aphrodisiakum zu kichern. Wenn sie merken, dass jemand ernsthaft darüber sprechen will, drucksen sie nervös herum, weil es heutzutage geradezu ungehörig und unhöflich ist, diesen Terminus in ein Gespräch einfließen zu lassen. Das war nicht immer so. Im Gegenteil: Früher wurde dieses Thema von gebildeten und wohl erzogenen Persönlichkeiten immer wieder in aller Offenheit diskutiert.

Philosophen und Dichter der Antike, arabische Scheichs, in der Kräuterheilkunde bewanderte orientalische Herbalisten und englische Ärzte – all diese weisen Männer debattierten über die Vorzüge mannigfaltiger Nahrungsmittel und hinterließen der Nachwelt dicke Bände mit Geheimrezepten. Zu allen Zeiten gab es Menschen, die sich mit hungrigen Bäuchen zu einem üppigen Mahl an den Tisch setzten und hinterher mit der Überzeugung aufstanden, dass sie die neu gewonnene Energie und die gehobene Stimmung bestimmten besonders anregenden Ingredienzien ihres Menüs verdankten. Viele dieser Behauptungen hielten sich jahrhundertelang, waren in den Köpfen fest verankert und unstrittig. Manche leben auch heute noch fort. Und es kommt, trotz aller Anstrengungen des neunzehnten Jahrhunderts, solchen Gedanken Einhalt zu gebieten, unweigerlich – und sei es nur wegen des Unterhaltungswerts – die Frage auf, warum das so ist.

Zweifellos ist der Zusammenhang zwischen Essen und Sinneslust nicht von der Hand zu weisen. Der Biss in eine reife Pflaume, süß und saftig, der Duft und das Zischen eines Steaks auf dem Grill, das wunderbare Gefühl auf der Zunge beim Lutschen eines Eises – es lässt sich nicht leugnen, dass manche Speisen in der Lage sind, die Sinne anzuregen. Der Appetit, der schon von einem so schlichten Stimulans wie dem Duft von getoastetem Brot ausgelöst werden kann, wird vom Hypothalamus im Gehirn gesteuert. Der Hypothalamus sagt uns, wann man Hunger hat, wann man Durst hat, wann man satt ist. In der gleichen Weise reguliert er auch den Sexualtrieb. Aber diese Tatsachen reichen kaum aus, um all die Vorstellungen der Gelehrten und Lüstlinge von gestern zu rechtfertigen. Allerdings hatten sie, wie ich herausgefunden habe, ihre ganz eigenen Gründe, bestimmten Lebensmitteln erotisierende Kräfte zuzuschreiben.

Den Anstoß dazu, mich mit diesem Thema zu beschäftigen, erhielt ich auf einem Bauernmarkt beim Kauf einer frischen schwarzen Trüffel – der würzigen Sorte, nicht der schokoladigen. Ich komme gleich wieder darauf zurück. Trüffel sind stiellose Wildpilze aus der Gattung der *Tuberaceae*. In Bezug auf ihre Größe und Form liegen sie im Allgemeinen zwischen einem runden Bonbon und einem Pingpongball. Elitär und wohl riechend, führen sie ein zurückgezogenes Leben im Untergrund. Sehr zum Missfallen all jener, die sie gern züchten würden, suchen sich die Trüffel aus unbekannten Gründen bestimmte Bäume als Standort aus, mit deren Wurzeln sie in Symbiose leben – eben genau diesen Walnussbaum und nicht jenen gleich großen und gleich alten Baum nebenan; genau diese verkrüppelte Eiche und nicht jene dort drüben am Abhang.

Trüffeln erfreuten sich in ihrer langen Geschichte immer hoher Wertschätzung. Der griechische Arzt Galen sah in ihnen ein äußerst wirksames Mittel zur Steigerung sinnlicher Erregung und verordnete sie seinen Patienten. Auch der römische Kaiser Claudius soll sich angeblich auf Trüffeln verlassen haben, um mit seiner temperamentvollen Frau Messalina Schritt halten zu können. Allerdings ist die einzige Verbindung zwischen dem Regenten und Pilzen, die als gesichert angesehen werden kann, die, dass seine nächste Frau Agrippina ihn mit einem Pilzgericht vergiftete.

Von den etwa dreißig bekannten Trüffelsorten sind die schwarze Trüffel *(Tuber melanosporum)* und die weiße Trüffel *(Tuber magnatum)* aus Frankreich und Italien die besten. Sie werden zu geradezu astronomischen Preisen gehandelt und sind deshalb das anerkannt teuerste »Gemüse« der Welt. Die Römer scheinen diese beiden Sorten allerdings nicht gekannt zu haben – in der Literatur fehlt jeder Hinweis auf sie. Im achtzehnten Jahrhundert zogen beide Spezies jedoch die Aufmerksamkeit der Oberschicht auf sich.

Der französische Gastronom Brillat-Savarin schrieb, Trüffeln weckten augenscheinlich erotische Träume, und zwar gleichermaßen beim Geschlecht, das Röcke trägt, als auch bei jenem mit Bartwuchs. Madame de Pompadour, die Mätresse von Frankreichs König Ludwig XV. fühlte sich nach einer Reihe von Fehlgeburten schwach und ausgelaugt und fand keinen Gefallen mehr daran, den König des Nachts an die Tür klopfen zu hören. In einem verzweifelten Versuch, ihre Leidenschaft wieder zu entfachen, setzte sie sich deshalb auf eine Diät, die auf Trüffeln und Selleriesuppe basierte.

Der Überlieferung nach benutzte angeblich auch Napoleon die Trüffel als Aphrodisiakum. Wenn dies so war, dann tat er es wahrscheinlich eher in der Hoffnung, die Manneskraft zu stärken, als aus dem Verlangen heraus, das Vergnügen zu verlängern. Denn den Historikern zufolge war sein Interesse an Letzterem recht gering. Doch Trüffel hin oder her – Napoleon verließ Josephine und ersetzte sie durch ein neues junges Weib. Erst dann konnte er einen Erben zeugen. Etwa achtzig Jahre später schrieb Pellegrino Artusi aus Florenz in *La Scienza in cucina e l'Arte di mangiar bene,* dass er es für das Beste halte, in seinem Kochbuch nicht tiefer auf die erotische Komponente von Trüffeln einzugehen. Doch die Geschichten, die er erzählte, hatten es trotzdem in sich. Wenn ich heute sein Kochbuch lese, wünschte ich mir, er hätte alle seine Geheimnisse preisgegeben.

Aber was hat diesen kleinen, schmutzigen Pilz – neben der mündlichen Überlieferung – eigentlich in den Bereich der Aphrodisiaka verwiesen? Dafür gibt es viele Gründe. Da ist zunächst einmal seine äußere Gestalt. Bis weit ins achtzehnte Jahrhundert maßen die Europäer der »Doktrin der Signaturen« oder auch der Signaturenlehre, wie sie es nannten, große Bedeutung bei. Nach dieser Theorie, die auf die Antike zurückgeht, aber erst in der Renaissance feste Formen annahm, gibt das Erscheinungsbild der Pflanzen Aufschluss über deren medizinische Eigenschaften. Mit dem gelb blühenden Löwenzahn assoziierte man beispielsweise die Symptome der Gelbsucht. Deshalb setzten die Mediziner die Pflanze bei der Behandlung von Leberkrankheiten ein. Die verschlungenen Windungen der Walnuss erinnerten die Doctores an das Gehirn. Also hielten sie die Nuss für ein geeignetes Mittel, um den Verstand zu schärfen. Diesem Ansatz zufolge sollte die Trüffel mit ihrer schrumpligen, runden Form gut für die Stärkung des männlichen Geschlechtsteils sein. Dasselbe galt für die hodenförmige Kartoffel, bevor sie ihren exotischen Ruf in der Neuen Welt verlor. Und die an einen Penis erinnernde Form von Karotten, Lauch-, Spargel- und Selleriestangen nährte die Vorstellung, dass diese Gemüse ähnlich stärkende Eigenschaften besaßen. Nach Madame de Pompadours Diät mit Trüffeln und Selleriesuppe zu urteilen, muss das, was für den Ganter gut war, wohl auch für die Gans von Nutzen gewesen sein.

Neben der äußeren Form versprach auch der durchdringende Geruch der Trüffel erotische Kräfte. Kenner haben den Duft in die Nähe zerwühlter Laken eines Bordellbetts gerückt. Andere, die ihre Analogien offensichtlich vor einem anderen Hintergrund an Lebenserfahrungen ziehen, vergleichen sie mit geschmolzenem Camembert oder geröstetem Knoblauch, während wieder andere darauf bestehen, sie rieche nach nichts weiter als nach alter Lagerstreu in einem Viehstall.

Schweine, die zufälligerweise geradezu wild auf Trüffeln sind, erschnuppern die Pilze schon aus hundert Metern Entfernung. Diesen Spürsinn haben sich die Europäer zu Nutze gemacht, um die kostbaren Pilze unter der Erde aufzuspüren. Während des siebzehnten Jahrhunderts machte der italienische Adel einen Sport daraus, mit einem Schwein an der Leine und einem angeheuerten Bauern, der sich in gebührendem Abstand von ein paar Schritten hielt, durch die Wälder zu streifen. Wenn das Schwein den Duft einer Trüffel witterte, schnüffelte es sich mit seinem großen Rüssel an die Quelle des Geruchs am Fuße eines Baums heran und begann, in der Erde herumzuwühlen. Der Bauer schob es dann beiseite, ließ sich auf die Knie nieder und buddelte den verborgenen Schatz mit einem Spaten oder mit seinen bloßen Händen aus.

Trotz der schier endlosen Liste von Zeugnissen seiner

Wunderkraft gibt es tatsächlich keinen Beweis dafür, dass eine Trüffel beim Menschen als Sexualstimulans wirkt. Überdies – so behauptet jedenfalls die amerikanische Nahrungsmittel- und Drogenbehörde FDA – ist das einzige Aphrodisiakum, auf das man sich wirklich verlassen kann, die Fantasie. Doch es besteht kein Zweifel, dass Trüffeln bei weiblichen Schweinen tatsächlich Wirkung zeigen. Trüffeln enthalten eine Substanz, die sich Androstenol nennt und auch im Speichel von männlichen Schweinen zu finden ist. Sie dient dem Eber als Pheromon. Das ist ein hormoneller Duftstoff, den ein Tier absondert, um unter seinen Artgenossen eine spezifische Reaktion hervorzurufen. Das Androstenol soll bei der Auserwählten des Ebers einen Anfall ungezügelter Leidenschaft auslösen und sie willig machen, sich besteigen zu lassen. Trüffeln enthalten diese chemische Substanz in doppelt so hoher Konzentration wie der brünstige Eber selbst. Kein Wunder also, dass Miss Piggy durchstartet, wenn ihr ein Dufthauch dieser Pilze in den Rüssel steigt.

Es überrascht auch nicht, dass die meisten Trüffeljäger bei der Schatzsuche heutzutage Hunde als Helfer einsetzen. Hunde sind gefügiger und umgänglicher als liebestolle Sauen. Sie lassen sich ausgesprochen gut trainieren, ihr Geruchssinn steht dem eines Schweines in keiner Weise nach, und als Belohnung für ihre Bemühungen fressen sie viel lieber einen Hundekuchen, als dass sie eine Hundert-Dollar-Trüffel hinunterschlingen. Dieser hohe Preis ist vermutlich eine weitere Erklärung dafür, warum die Trüffel eine so steile Karriere als Liebeselixier gemacht hat. Wenn es zum Thema Aphrodisiaka eine Aussage gibt, die unbestritten ist, dann die: Je teurer und seltener sie sind, desto verwegener und fantastischer sind die Lobeshymnen auf ihre Wirksamkeit.

Mein eigener Trüffelkauf war ohne jeden Zweifel ein extravaganter Luxus. Schon der bloße Kauf war ein erregendes Erlebnis. Die Standverkäuferin schien sich übrigens sicher, dass mein Hochgefühl eine Fortsetzung erleben würde. Denn nachdem sie die Trüffel eingepackt hatte, tätschelte sie kurz meine Hand und sagte: »Jetzt gehen Sie am besten gleich nach Hause und bereiten sie für Ihren Mann zu.«

Warum sollte ich mich streiten?

Meine Trüffel steckte ich nach traditioneller Art in den Messbecher mit 200 Gramm Arborio-Reis, der dadurch seinerseits mit dem intensiven Pilzaroma getränkt wurde. Die Italiener verwenden für die Zubereitung ihres Reisklassikers, den sie Risotto nennen, meist Arborio-Reis. Sie servieren dieses Gericht gewöhnlich als ersten Gang, anstelle von Pasta. Aber ich bereite daraus oft ein Hauptgericht zu, das ich zusammen mit einem Salat und einem knusprigen Laib Brot auf den Tisch bringe. Ein Trüffelrisotto, entschied ich, wäre die perfekte Antwort auf die Bitte, zu Hause ein romantisches Essen zu servieren.

Also machte ich mich an die Arbeit. Zuerst stellte ich einen Topf mit gut einem Liter selbst gemachter Hühnerbrühe auf die hintere Flamme des Herdes. Anschließend holte ich einen flachen, breiten Topf aus Gusseisen aus dem Schrank, um darin eine kleine, gewürfelte Zwiebel und eine gehackte Knoblauchzehe in ein wenig Butter und einem Schuss Olivenöl bei mittlerer Hitze anzuschwitzen. Ich fügte den Reis hinzu und rührte alles ein, zwei Minuten lang um, so lange, bis die Reiskörner von einem glänzenden Ölfilm überzogen und ihre runden Enden glasig geworden waren. Dann löschte ich das Ganze mit einem halben Glas Weißwein ab und bediente auch mich selbst mit einem Schlückchen – Risotto muss ständig gerührt werden, und deshalb verdient die Köchin ein bisschen Luxus, vor allem dann, wenn sie sich an ein solches Gourmetessen macht, wie ich es in Vorbereitung hatte. Nachdem der Wein eingekocht war, fügte ich einen Schöpflöffel heiße Hühnerbrühe hinzu, gerade so viel, dass der Reis bedeckt war. Ich reduzierte die Hitze, so dass der Reis nur leise köchelte und nicht sprudelnd kochte.

Ich kreiste mit meinem Kochlöffel gemächlich durch den Risotto und schabte gelegentlich den Boden und die Wände des Topfes ab, damit der Reis nicht ansetzte. Alle paar Minuten, sobald die Körner die Flüssigkeit aufgesogen hatten, fügte ich einen weiteren Schöpflöffel Brühe hinzu. Während ich dem leisen Blubbern meines Risottos lauschte und rührte, schöpfte und an meinem Wein nippte, wanderten meine Gedanken zur Trüffel. In papierdünnen Scheiben auf dem Schneidebrett aufgeschichtet, wartete sie geduldig auf ihren Weg in den Kochtopf. In dem moschusartigen Geruch, den sie verströmte, schien tatsächlich ein Versprechen sinnlicher Freuden zu liegen. Dann begann ich im Kopf eine Liste potenzieller Partner für meine Trüffel zu erstellen. Es sollten üppige Ingredienzen sein, die ihrerseits selbst aphrodisierenden Charakter hatten. Wer wusste schon, wie lange es dauern würde, bis ich das nächste Mal eine frische schwarze Trüffel in der Hand hielt?

Meeresfrüchte im Allgemeinen standen ganz oben auf meiner Liste. Dem Mythos nach soll Aphrodite, die griechische Liebesgöttin und Namenspatin all der Nahrungsmittel und Getränke, die die Seele aufwühlen, aus einem Schaumbett nackt dem Meer entstiegen sein. Ihre Kräfte übertrugen die Menschen der Antike auf alle Salzwasserlebewesen. Ein Potpourri aus Muscheln, Garnelen und Calamares – ja, das könnte wunderbar zu der Strenge der Trüffel passen. Das ergäbe einen herrlichen Risotto.

Austern dagegen gehören auf eine halbe Muschelschale oder in einen Fischtopf, nicht aber in einen Risotto, zumindest nicht in meiner Vorstellung. Diese Mollusken stehen andererseits auf der Rangliste der Meeresfrüchte-Liebesdrogen ganz oben. Bei vielen Menschen evozieren die seidigen, krausen Falten das Bild weiblicher Genitalien, und über Jahrhunderte hinweg haben zahllose Menschen, vor allem Männer, behauptet, Austern hätten sie liebestoll gemacht. Austern waren bei jeder römischen Orgie ein Muss. Um diesem Anspruch gerecht zu werden, packten Sklaven diese Delikatesse in Eis und Schnee und transportierten sie dann über Land von so weit her wie dem Ärmelkanal. Im London des achtzehnten Jahrhunderts verwöhnten die Prostituierten in Edelbordellen ihre Kunden mit Austern, und zwar nicht nur, um deren Gaumen zu schmeicheln, sondern auch, um deren Glut zu entfachen. Auch in den Memoiren des unersättlichen Casanova ist häufig von Austern die Rede. Er war auf diese perlenfarbigen Mollusken angewiesen, um seinen überragenden Ruf bei den Frauen aufrecht zu erhalten, und fand, dass sie vor allem dann sehr wirksam waren, wenn er sie von den geschürzten Lippen seiner beiden Geliebten schlürfte.

Es muss gesagt werden, dass diese Männer tatsächlich, wenn auch über einen Umweg, in die richtige Richtung dachten. Austern haben einen hohen Zinkanteil. Dieses Mineral ist wesentlich für die Produktion von Testosteron, dem männlichen Hormon, das unter anderem auch die Libido des Mannes reguliert. Zink spielt auch bei der Bildung von Sperma eine Rolle. Männer, die über ihre Nahrung nicht genügend Zink aufnehmen, haben oft eine niedrige Spermienkonzentration. Auch wenn man in einem Putenbrust-Sandwich und Hamburgern reichlich Zink finden kann, so hat die tägliche Ration Austern ohne Zweifel besondere Verdienste.

Ein weiterer erregender Zusatz zu meinem Risotto wären ein paar Hand voll gedämpfter, geviertelter Artischockenherzen. Am besten frische, aber notfalls reichen auch tiefgefrorene. Wegen seiner angeblichen Fähigkeit, den Körper aufzuheizen, erfreute sich dieses Gemüse als Aphrodisiakum lange Zeit hoher Wertschätzung. Bis zum Einzug der modernen westlichen Medizin folgten die europäischen Ärzte den Lehren von Hippokrates und Galen und hielten an der Meinung fest, dass Nahrungsmittel aufgrund ihrer Eigenschaften in vier Kategorien einzuordnen seien: kalt, heiß, trocken, feucht. Mit jedem dieser Wesenszüge sei eine unterschiedliche Wirkung auf den menschlichen Körper verbunden. Die kalten, feuchten Erdbeeren zum Beispiel standen in dem Ruf, Gallenbeschwerden zu lindern, während die warmen, austrocknenden Tees aus Thymianblättern den Schleim in der Brust lösten. Artischocken galten als heiß, vielleicht, weil sie eigentlich die Knospe einer stacheligen Distel sind. Und natürlich brachte das ihnen innewohnende Feuer das Blut in Wallung und heizte die Leidenschaft an. Knoblauch und Zwiebeln hatten zwar ebenfalls dieses Attribut, doch sie waren zu vulgär und stanken zu sehr, selbst für die größten Lüstlinge.

Katharina von Medici konnte ihre Vorliebe für Artischocken nicht zügeln. Sie führte sie im sechzehnten Jahrhundert in Frankreich ein, und zwar legte sie sie zu ihrer Aussteuer, als sie mit vierzehn Jahren dorthin reiste, um den späteren Henri II. zu ehelichen. Bei einem ausschweifenden Festgelage aß sie so viele dieser neuartigen Früchte, dass die Gäste befürchteten, das kleine Frauenzimmer würde ihnen unter den Händen sterben. Noch tagelang später hörte man die vornehmen Edeldamen bei Hofe abfällig darüber tuscheln.

Die heutige Wissenschaft hat noch keinerlei Hinweis gefunden, der diese Vorstellungen stützen könnte. Dennoch haben Artischocken zumindest in physiologischer Hinsicht Anspruch auf einen Orden. Sie sind insofern einzigartig, als dass sie eine Säureverbindung enthalten, die sich Cynarin nennt (die Artischocke gehört zu den *Cynaren*). Man glaubt, die Fähigkeit, auf Cynarin anzusprechen, sei genetisch bedingt und damit erblich. Menschen, die sensibel dafür sind, empfinden Wasser unmittelbar nach dem Verzehr von Artischocken als süß. Die Chemikalie scheint die süßen Geschmacksknospen zu stimulieren und die anderen auszuschalten. Zu welchem Zweck weiß nur der Himmel.

Zu meinen bevorzugten Gaumenfreuden im Frühling gehört ein Risotto mit frisch enthülsten, blanchierten Gartenerbsen. Für Lustgewinn zeichnen der Fama nach jedoch die Vettern dieser Hülsenfrüchte, die dicken Bohnen. Sie gründen ihren Ruhm nicht nur auf ihre angeblichen Hitzeeigenschaften, sondern auch auf die sie begleitende Flatulenz. Eine alte Theorie stützt sich auf folgende Überlegung: Wenn etwas eine derartige Bewegung in den unteren Regionen des Verdauungsapparats auslöst, dann muss es auch die amouröseren Organe in unmittelbarer Nachbarschaft reizen. Allerdings haben sowohl Pythagoras als auch dessen Schüler, obwohl allesamt Vegetarier, es abgelehnt, Fava-Bohnen zu essen – übrigens die einzige in der Antike bekannte Bohnensorte, bis die Konquistadoren die kleinen weißen Bohnen und verschiedene Arten von Stangenbohnen aus Amerika mitbrachten. Diese Gelehrten glaubten nicht nur, dass die Bohnen von den Seelen der Toten bewohnt würden, sie hielten sie auch für ein gefährliches Stimulans. Demgemäß wurde den Nonnen in einigen italienischen Konventen der Genuss von Bohnen untersagt aus Angst, dieses Gemüse könne sündige, fleischliche Begierden provozieren.

In der Tat ist es durchaus möglich, dass der fortwährende Verzehr von Bohnen bei manchen Frauen positive Ergebnisse zeitigt, wenn auch nicht der Art, dass sie sich sofort die Kleider vom Leib reißen, wie die Mütter Oberinnen es seinerzeit befürchteten. Die pflanzlichen Östrogene in Gemüse ähneln in bemerkenswerter Weise den synthetischen Hormonen, die Ärzte vielen Frauen zu Beginn der Menopause verschreiben. Studien haben ergeben, dass diese pflanzlichen Östrogene Ähnliches leisten können wie eine Hormonersatztherapie, und zwar ohne Krebs erregenden Nebenwirkungen. Es hat sich gezeigt, dass eine gemüsereiche Kost Stimmungsschwankungen, nächtliche Schweißausbrüche und vaginale Trockenheit, die mit den Wechseljahren einhergehen, lindert und gleichzeitig das Risiko von Osteoporose reduziert. Was die Bohnen und die durch sie hervorgerufene Flatulenz betrifft, so haben Generationen lateinamerikanischer Köche einfach einen Zweig Epazotkraut in den Kochtopf gegeben, um Abhilfe zu schaffen. Eine Prise Natronsalz im Einweichwasser scheint ebenfalls zu wirken.

Ich selbst habe es zwar nie versucht, aber in Teilen der italienischen Provinz Piemont ist Risotto mit Froschschenkeln eine Spezialität. Einige europäische Gourmets betrachten die schmackhaften Schenkel als Delikatesse, und es gibt so manchen Zeitgenossen, der sich von ihnen die gleiche Kraft und Vitalität für seinen müden Körper erhofft, die einst in den muskulösen Gliedmaßen seiner Vorspeise steckten. Aber soviel ich weiß, werden Froschschenkel in medizinischen Fachzeitschriften nur zwei Mal in Verbindung mit Vorfällen erotischer Art gebracht, und selbst die hatten ihre Schattenseiten.

1861 und 1893 erschienen in der medizinischen Literatur Berichte über in Nordafrika stationierte französische Soldaten, die nach dem Verzehr von Froschschenkeln krank wurden. Beide Male diagnostizierten die Ärzte bei den Soldaten Priapismus, eine schmerzhafte Dauererektion. Die Symptome waren, wie die Ärzte schrieben, nicht unähnlich den Symptomen, die man bei Männern beobachtet hatte, die zu viel von der Droge Kantharidin konsumiert hatten, einer Substanz, die auch unter dem Namen Spanische Fliege bekannt ist und in Bordellen als Aphrodisiakum eine unrühmliche Rolle spielte.

Kantharidin ist der Extrakt aus einem zermahlenen getrockneten Käfer, der so genannten Spanischen Fliege. Als die Ärzte einen Frosch aus dem Sumpfgebiet sezierten, aus dem die feine Mahlzeit der Legionäre stammte, stellten sie fest, dass dessen Bauch mit eben diesen Käfern gefüllt war. Über hundert Jahre später stellte der Forscher Thomas Eisner von der Cornell-Universität zusammen mit einem Kollegen fest, dass der Frosch beim Verspeisen von Spanischen Fliegen das Gift Kantharadin in seinen Muskeln speichert.

Die Droge reizt und entzündet den Harntrakt. Dadurch kommt es zweifellos über längere Zeitabschnitte zu einer verstärkten Durchblutung des Penis' beziehungsweise der Klitoris. Von ihrer Verwendung ist trotzdem abzuraten. Die Droge kann die Nieren irreparabel schädigen und in schweren Fällen zum Tode führen.

Die Reiskörner in meinem Risotto waren noch hart wie Kieselsteine, und ich hatte so gut wie keine Brühe mehr. Es ist schwierig, genaue Angaben darüber zu machen, wie viel Flüssigkeit man für einen Risotto braucht, weil beim Kochen viel verdampft. Ich verdünnte also die verbleibende Brühe mit etwas Wasser und rührte unermüdlich weiter.

Obwohl ich keinen Nachtisch geplant hatte, fielen mir ein paar Möglichkeiten ein, die das romantische Dinner wunderbar hätten abrunden können.

Eine Schachtel leckerer Schokoladentrüffel zum Beispiel. Denn die Liebeskräfte von Schokolade wurden schon zu Zeiten der Azteken hoch geschätzt. Aus einem goldenen Kelch verwöhnte Montezuma sich mit einem schaumigen Schokoladengetränk, bevor er sich in seinen Harem begab. Als Cortez und seine Männer davon erfuhren, ließen sie sich kräftig nachschenken, und kaum hatte die Schokolade den Ozean überquert, schmückte man sie mit dem Namen *Theobroma cacao*, Speise der Götter. Bald rollte eine Welle ekstatischer Begeisterung durch die Herrscherhäuser Europas und versetzte die Bewohner in einen Sinnentaumel. Und in England erklärte der königliche Arzt Henry Stubbs im siebzehnten Jahrhundert unmissverständlich: »Schokolade heizt die Lust an.«

Mit ihrem unvergleichlichen Schmelz, ihrer sinnlichen Zartheit, wenn sie auf der Zunge zergeht, und ihrem interessanten bitter-süßen Aroma findet die Schokolade nach wie vor glühende Liebhaber, die auf ihre stimulierende Wirkung schwören. Sehr wahrscheinlich spüren diese Leute die Wirkung der kleinen Dosis Koffein – neun Milligramm, die einigen Schlucken Kaffee entsprechen und in einem Riegel stecken. Schokolade enthält darüber hinaus Phenyläthylamin, eine amphetaminähnliche Verbindung, die der menschliche Körper auch selbst produziert. Diese Substanz wirkt auf das Gehirn und erzeugt ein berauschendes Hochgefühl, das stark an Schmetterlinge im Bauch von Verliebten erinnert. Dies behaupten zumindest viele Schokoladenliebhaber. Leider zerfällt das Phenyläthylamin der Schokolade im Magen in viele bedeutungslose Bausteine, so dass die Wirkstubstanz gar nicht ins Gehirn gelangt. Dennoch verfügt die Süßigkeit zweifellos über sinnliche Anziehungskraft.

Ein passendes Dessert wäre aber auch ein Gewürzkuchen mit Honig gewesen, ein Kuchen, der vielleicht nach Zimt, Ingwer und Nelken duftete. Wenn man sich mit der Geschichte der Liebeselixiere beschäftigt, stößt man immer wieder auf wohlriechende Gewürze und Honig. Das Kamasutra widmet dem Thema Aphrodisiaka zwei Kapitel. Viele Rezepte darin verlangen reichlich Honig und scharfe Gewürze wie Kardamom, Muskatnuss und schwarzen Pfeffer und verheißen dem Mann ungeahnte Freuden mit zahllosen Frauen. Obwohl Opium und eine kurzbeinige Bergechse die wesentlichen Elemente eines in den *Arabischen Nächten* beliebten, potenzfördernden Tranks waren, wurde auch hier nicht auf in Olivenöl und Honig eingelegte Pfefferkörner, Nelken, Zimtstangen und Ingwerwurzeln verzichtet.

Wegen seiner Süße und seiner unbegrenzten Haltbarkeit wurde Honig fast überall als Symbol der Reinheit und des Wohlbefindens hoch geschätzt. Jeder Löffel Honig war an die Vorstellung geknüpft, dem Körper Gutes zu tun. Bis weit ins achtzehnte Jahrhundert hinein, als raffinierter Zucker in Mode kam, war Honig das konzentrierteste Süßungsmittel, das man hatte. Das machte ihn zum besten Lieferanten schneller Energie, wenn die Tafelfreuden ihre Fortsetzung in den fleisch-lichen Genüssen im Boudoir fanden. Man musste ihn nur noch mit einer Reihe von exotischen Gewürze mi-schen, die, wie jeder wusste, die Körpersäfte erhitzten und das Blut in Wallung brachten, und schon hatte man ein potentes Liebeselixier.

Noch wirksamer ist das dicke, milchige Sekret, das die Honigbiene produziert, um die Königin zu füttern, das so genannte Gelee Royale. Dies behaupten zumin-dest die Vertreiber des Produkts. Ohne die nährstoffrei-chen klebrigen Gelee-Royale-Mahlzeiten würde auch die stattliche Königin nur zu einer schwächlichen kleinen Arbeiterbiene heranwachsen und bis an ihr Le-bensende dazu verdammt, allerorten Pollen zu sam-meln. Doch die Bienenkönigin ist der Beweis: Man braucht nur einen offenen, lebendigen Verstand, um zu erkennen, welch ungeheures Potenzial in Bezug auf den menschlichen Körper in Gelee Royale steckt. Die biologische Uhr wird zurückgedreht, Falten werden geglättet, Zellulitis verschwindet. Und erst das Nacht-leben – Sie werden schon sehen!

Der Händler, der mir in Istanbul etwas davon ver-kaufen wollte, wies mich darauf hin, dass ich viel früher am Tag schon eine Dosis hätte nehmen sollen, um den maximalen Nutzen daraus zu ziehen. Meine Schwester und ich stießen mitten im Labyrinth des Ge-würzmarktes auf jenen Stand. Der Duft von Nelken-zigaretten, Zimt, Safran und Kurkuma lag schwer in der Luft, durchdrungen vom Flair jahrhundertelangen Feilschens. Die ordentliche Auslage von Aphrodisiaka zog unsere Blicke auf sich. Der Händler bot uns zwei Rezepturen an: *Sultanspaste für den Herrn* und *Harem aus Tausendundeiner Nacht* für die Dame. Beide hatten Gelee Royale als Basis. »Probieren Sie es einmal, meine hübschen Damen«, sagte er und deutete auf eine verpackte Schachtel. »Es macht Sie heiß.« Er fletschte die Zähne – zwei fehlten – zu einem breiten Grinsen. »Einen Löffel voll vor dem Frühstück, das reicht.«

»Vor dem Frühstück?«, fragte ich. »Warum sollte ich es vor dem Frühstück nehmen, wenn ich anschließend zur Arbeit gehe?«

»Eijeijeijei, das ist es ja gerade. Sie sind den ganzen Tag über heiß. Heiß, heißer, am heißesten. Und wenn Ihr Freund dann abends nach Hause kommt, wow! Es ist einfach unglaublich!«, erklärte er und schlug zur Bekräftigung mit der Faust in seine offene Hand.

Jetzt bedaure ich, dass ich damals von Gelee Royale Abstand nahm. Dann könnte ich mich jetzt für seine Wirkung verbürgen, so oder so. Man kann nicht in Abrede stellen, dass es in einigen Fällen durchaus von therapeutischem Nutzen ist. Es enthält B-Vitamine, einige Aminosäuren und Mineralien. Medizinische Studien haben bewiesen, dass es die Heilung von Wunden beschleunigen kann. Auch bei der Reduzierung des Cholersterinspiegels haben sich tägliche Gaben von Gelee Royale als hilfreich erwiesen, ein Umstand, der der Volksgesundheit im Bereich Herz und Kreislauf durchaus zugute kommen könnte. Da eine der Hauptursachen für Impotenz mangelnde Durchblutung ist, mag es vielleicht sogar berechtigt sein, Gelee Royale als potenzförderndes Mittel zu betrachten. Trotzdem bleibt doch ein Quäntchen gesunder Skepsis gegenüber den Geschichten angebracht, die einem von denen, die ihre Ware verkaufen wollen, erzählt werden.

Ich könnte meine Liste noch durch viele Beispiele ergänzen: Ziegenhoden, Alraunenwurzel, das Fett eines Ganters, Fledermausblut, Spatzeneier, der rechte Lungenlappen eines Geiers ... Die Wirksamkeit all dieser

Dinge hatte über die Jahre hinweg ihre Verfechter. Obwohl es schwer ist, sich davon nicht zu distanzieren, verlangt uns die Entschiedenheit und der Erfindungsreichtum unserer Vorfahren doch eine gewisse Bewunderung ab. Eines scheint sicher: Die Menschen haben in allen Epochen Hoffnung in diese Dinge gesetzt, unabhängig davon, ob die entsprechenden Teile der menschlichen Anatomie jemals in irgendeiner Weise positiv beeinflusst werden konnten.

Eine Kostprobe von meinem Reis zeigte mir indessen, dass er fast weich war. In einigen Kochbüchern wird behauptet, man müsse einen Risotto mit der Stoppuhr überwachen. Fertig in exakt achtzehn Minuten. Nach genau dreiundzwanzig Minuten vom Herd ziehen. Aber ich habe herausgefunden, dass die einzige verlässliche Methode darin besteht, die Reiskörner nach ungefähr zwanzig Minuten zu probieren und dann so lange weiterzurühren und Brühe hinzuzugießen, bis der Risotto die Konsistenz von sehr dickem Haferbrei hat und nicht mehr suppig ist. Der Reis sollte so gegart sein, dass es etwa *al dente* bei Pasta entspricht. Das fertige Produkt ist also keineswegs leicht und locker und entspricht nicht dem körnig gekochten Reis, der in Schulkochbüchern abgebildet ist. Im Gegenteil, die einzelnen Körner kleben durch die sämige Soße, die sich gebildet hat, aneinander.

Ich nahm den Topf von der Flamme, fügte ein paar Hand voll geriebenen Parmesan und einen großen Klecks Butter hinzu und würzte mit etwas Salz und Pfeffer. Zum Schluss rührte ich die Trüffelscheiben unter. Anschließend deckte ich den Topf zu und ließ das Ganze eine Minute lang ruhen. Mehr Hitze braucht die Trüffel nicht, um ihr volles Aroma zu entfalten. Mein Mann machte den Salat an und schnitt das Brot auf. Er hatte bereits den Tisch gedeckt, Kerzen angezündet und eine Flasche Barbaresco entkorkt. Dann setzten wir uns zu Tisch. Aus unseren dampfenden Schüsseln wehte uns der Trüffelduft verführerisch entgegen.

Auch wenn es den Chemikern und Physiologen nicht gelungen ist, den Beweis zu erbringen, dass die Dichter in Bezug auf Trüffel und Liebe Recht hatten, so ist doch anzumerken, das sie auch den Gegenbeweis schuldig blieben. Und in einem Punkt bin ich mir sicher: Wenn man ein Essen mit Sorgfalt und Liebe zubereitet, wenn man sich in ein Gericht einbringt, das sowohl einem selbst als auch den Menschen, den man liebt, auf der Zunge zergeht, bleibt das nicht ohne Wirkung. Es gibt in der Tat viele Wege, die Leidenschaft anzufachen.

Frisch gemahlen

Die amerikanische Nation steht in dem Ruf, sehr schlechten Kaffee zu kochen: »Mon Dieu, quel désastre!« Eine Katastrophe!, seufzte einmal eine meiner Französisch-Lehrerinnen, und in ihrer Stimme schwang unverhohlen die Sehnsucht nach dem Café au lait ihrer Heimatstadt Paris mit. »Ihr Amerikaner mit eurem ständigen schnell, schnell, schnell«, sagte meine Gastgeberin in einem Lokal in der Türkei. »Kaffee ist für euch nichts weiter als der schnelle Kick.« Und ein Mann, der mir in Bari half, einen Zug zu erreichen, meinte mitleidig: »Che peccato! Welch eine Schande! Das Land, das uns die Blue Jeans gebracht hat, kann nicht einmal Kaffee kochen.«

All diese Kritik erscheint mir etwas übertrieben und unfair, in jedem Fall jedoch überholt, denn wir Amerikaner haben seit der Filterkanne und gemahlenem Kaffee in Dosen große Fortschritte gemacht. Unsere eleganten Kaffeebars wetteifern um die glänzendste Kaffeemaschine und die exquisitesten Kaffeebohnen auf dem Markt. Wärmekannen und goldene Tropffilter, Kannen mit Druckkolben und Aufschäumstäbe – all das gehört heutzutage in Restaurants und Haushaltswarengeschäften zum allgemeinen Standard. Glänzende Espressokarren an den Straßenecken protzen mit langen Regalen, auf denen Sirupflaschen in allen Farben aufgereiht sind, und bieten eine Fülle von erlesenem Gebäck zu heißem, schaumigem Kaffee an. Und sprechen Sie die Besitzer auf frisch gemahlenen Kaffee an, dann lamentieren sie nicht etwa über ihren beschwerlichen Acht-Stunden-Tag, sondern gießen Ihnen eine Kostprobe von frisch gebrühtem äthiopischen Harrar oder brasilianischem Santos auf. Ja, und sollten Sie über schlaflose Nächte klagen, wird Ihnen flugs eine Tasse koffeinfreier Kaffee serviert, denn ein Schweizer Spezialverfahren zur Kaffeeröstung konnte zu neunundneunzig Prozent die Befürchtungen hinsichtlich des Koffeins ausräumen.

Dennoch habe ich von Boston bis San Francisco auch in hervorragend ausgestatteten Coffee-Shops schon schlechten Kaffee bekommen. Sauren Kaffee aus ausgeschalten Bohnen; verbrannten Kaffee, der stundenlang auf der Wärmeplatte stand; flachen Cappuccino, der nur nach heißer Milch schmeckte ... Ja, ich habe mich sogar in Seattle, der Kaffeestadt Amerikas, mit lauwarmem Espresso abfinden müssen. Aber ich hätte schon an dem Schild im Fenster erkennen müssen, dass Ärger bevorstand, denn man hatte Cappuccino mit nur einem P geschrieben.

Eine ganze Zeit lang konnte ich mir die Tatsache, dass so viele unserer so genannten Gourmet-Kaffeetempel derart zu wünschen übrig lassen, einfach nicht erklären. Dann begann ich, wann immer ich einen Kaffee bestellte, die Vorgänge hinter der Theke zu beobachten. Was ich sah, sprach Bände. Ich bemerkte, wie Kellnerinnen einen fertigen, schwarzen Absud aus einer Plastikkanne in eine Tasse schenkten, dann erhitzten und als Espresso anboten. In einem anderen Lokal bemerkte ich, wie ein beleibter Glatzkopf eine Tasse normal starken Kaffee mit einer Haube Schlagsahne aus einer Büchse verzierte. »Hier ist Ihr Cappuccino«, brummte er. Ich fand ihn so einschüchternd, dass ich es nicht wagte, mich zu beschweren. Und dann erinnere ich mich noch an einen überarbeiteten jungen Mann in einer schicken Espresso-Bar. Er schaufelte und löffelte, klopfte Pulver fest, schäumte Milch, drückte Knöpfe und versuchte fieberhaft, mit einer ungeduldigen Menge Schritt zu halten. Einfacher Mokka, *Macchiato, Vanilla breve.* Ich will einen extragroßen. In Panik und völlig überfordert bereitete er zwei Tassen mit identischem Inhalt zu. Er hielt die eine einem Herren in der Schlange hin: »Möchten Sie Ihren, äh, koffeinfreien Milchkaffee mit etwas Schokopulver oder mit einem Hauch Zimt?«, fragte er. Dann lachte er nervös auf und servierte die zweite Tasse als doppelten Cappuccino.

Ich kam zu dem Schluss, dass die amerikanische Kaffee-Szene inzwischen zwar das Ambiente beherrscht, den Jargon kennt und eine neue Hip-Kultur hervorgebracht hat, dass sie jedoch dem Kaffee selbst noch nicht genügend Aufmerksamkeit zu widmen scheint. Die Kaffeelieferanten haben in der Tat alles, was mit Geld machbar ist, getan, um den Kaffee aufzuwerten. Aber eine gute Tasse Kaffee erfordert einen Grad von Aufmerksamkeit und Hingabe, den man mit Geld nicht kaufen kann. Da hilft kein Schuss Mandelsirup und kein Hauch Schokoladenpulver.

Betrachten wir im Gegensatz dazu einmal die Länder, in denen Kaffee als Gesellschaftsgetränk auf eine lange Tradition zurückblickt. Dort setzen die Menschen andere Prioritäten. Qualität geht über die Form. Das Getränk verkörpert eine Lebenseinstellung und nicht etwa den neuesten Trend. Zur Veranschaulichung könnte ich Sie in ein lärmendes Café in Paris mitnehmen, um dort die Zeitung zu lesen und ein Stück Baguette in das kräftige Kaffee-Milch-Getränk, das die Franzosen *Café au lait* nennen, zu tunken. Oder ich könnte Sie in ein türkisches Haus in der Nähe von Istanbul führen, wo man *Kahveh* immer noch nach derselben Methode wie vor vierhundert Jahren aufbrüht. Sie könnten zusehen, wie die Gastgeberin per Hand die Kaffeebohnen in einem Mörser mit dem Stössel zerstampft und das Pulver dann mit Zucker und Wasser in einem Kupferkännchen aufkocht. Sie lässt ihn einmal, zweimal, dreimal aufbrodeln und serviert ihn dann in vasenförmigen Tässchen. Am vertrautesten jedoch ist mir der italienische Umgang mit Kaffee. Und – ich gebe es zu – diese Art gefällt mir auch am besten. Deshalb will ich sie zu meiner Tante Giuseppina ins Piemont entführen. Ihre Methode, Kaffee zu kochen, ist geradezu minimalistisch. Sie macht kein großes Tamtam, verzichtet auf jede Digitaltechnik und benötigt nicht einmal elektrischen Strom. Und trotzdem ist es für sie kein Problem, eine Tasse nach der anderen mit einem köstlichen Gebräu zu füllen.

Vielleicht hatten Sie ja erwartet, Guiseppina zapft ihren Espresso in Fingerhutportionen aus einer ratternden Espressomaschine auf der Küchentheke. Immerhin lieben die Italiener Espresso. In jeder Stadt und in fast jedem Dorf finden Sie in der Nachbarschaft eine Espresso-Bar, einen Platz, wo man sich trifft, um über Fußball und Politik zu diskutieren, Karten zu spielen und die Leute zu beobachten. Aber Espresso ist ein öffentliches Getränk, nur wenige Leute machen ihn auch zu Hause. Sie wissen, dass zu einem perfekten Espresso eine ganze Reihe von Variablen gehört, allen voran ein aufmerksamer, erfahrener professioneller *Barista*, ein Barmann mit dem besonderen Händchen, und eine riesige, kapriziöse Maschine, die nur dann kooperiert, wenn sie so gut gestimmt ist wie ein Konzertflügel.

Meine Tante Guiseppina braut ihren Kaffee auf dem Herd, und zwar in einem achteckigen Utensil, das man *Caffettiera* nennt. Sie selbst spricht allerdings immer noch von Mokka, die ein Vorläufer-Modell davon war.

Die *Caffettiera* ist in Italien seit den 30er-Jahren populär, hat etwa die Form einer Sanduhr und besteht aus zwei Kammern, die in der Mitte durch ein Filtersieb miteinander verbunden sind. Man erhitzt das Wasser in der unteren Kammer. Der entstehende Dampf steigt auf und sammelt sich unter dem Filter. Durch den zunehmenden Druck des Dampfs wird das heiße Wasser durch das Sieb mit dem gemahlenen Kaffee nach oben in die zweite Kammer gedrückt, wo es sich gurgelnd als dicke, dunkle Flüssigkeit sammelt.

Viele Leute bezeichnen den Kaffee aus einer *Caffettiera* als »Herd-Espresso«. Dieser Kaffee ist nicht jedermanns Geschmack. Wenn man in ein amerikanisches Geschäft geht, wird der Verkäufer immer versuchen, Ihnen eine Zweihundert-Dollar-Espresso-Maschine für den Hausgebrauch zu verkaufen. Und wenn Sie sich vorsichtig nach einer Fünfundzwanzig-Dollar-*Caffettiera* erkundigen, wird er die Nase rümpfen und verächtlich darauf hinweisen, dass sie nur schwachen Espresso-Ersatz liefert. Diese Einwände haben etwas mit dem Druck zu tun. Die Espresso-Maschine, die nach dem zweiten Weltkrieg von einem Mailänder Kaffeemaschinenhersteller namens Giovanni Gaggia auf den Markt gebracht wurde, besitzt eine starke Elektropumpe, die das Wasser unter großem Druck durch das Kaffeepulver treibt. Durch den Druck werden die Öle und Proteine des Kaffees in winzigste Tröpfchen aufgebrochen, die sich gleichmäßig im Wasser verteilen. Diese Emulsifikation hat zur Folge, dass das Getränk dick wird. Das Ergebnis ist das sirupartige Schlückchen, das die Italiener Espresso nennen, Espresso, weil dieser Kaffee »schnell« und »auf Bestellung« zubereitet wird. Und nun kommen wir zu dem Kaffee aus einer – sagen wir – Mr.-Coffee-Maschine oder irgendeinem anderen Gerät, das mit

Papierfiltern arbeitet: Hier wird allein mit der Schwerkraft gebrüht. Tropf. Tropf. Tropf. Die aromatischen Öle des Kaffees werden zwar herausgespült, aber nicht emulsifiziert. Dem Getränk fehlt der schwere, cremige Geschmack des Espressos.

Der Dampfdruck, mit dem eine *Caffettiera* arbeitet, liefert einen Kaffee, der in der Mitte zwischen diesen beiden Extremen angesiedelt ist. Er ist dicker als gewöhnlicher Kaffee, aber nicht so schwer wie Espresso. Italiener nennen ihn *Caffè*. Für sie ist er der perfekte Start in den Tag und der ideale Abschluss des Nachmittags. Und obendrein runden sie damit das Abendessen ab. Um zu begreifen, welch bedeutende Rolle der *Caffè* für sie spielt, hilft vielleicht der Hinweis, dass die Italiener ihr Auto *la macchina* – die Maschine – nennen und dass sie ihre Kaffeekanne oft als la macchinetta – die kleine Maschine oder das Maschinchen – bezeichnen.

Guiseppinas »Maschinchen« ist allerdings gar nicht so klein. Es fasst zehn Espresso-Tassen, genau die richtige Menge für die zahlreiche Verwandtschaft, die sich oft zu den Mahlzeiten um ihren Tisch einfindet. Ich selbst habe eine Zwei-Tassen-*Caffettiera* auf meinem Herd stehen, und ich brauche sie nur zischen und spucken zu hören, um mich in Guiseppinas Küche zurückversetzt zu fühlen, in der ich mich zum Morgenkaffee einfand. Ich sehe das Bild genau vor mir. Ich verlasse das Gästezimmer und werde in den Duft von warmen Zitrusschalen eingehüllt. Ich gähne und schiebe eine Strähne meines noch zerzausten Haars hinters Ohr. Dabei bemerke ich die Orangenschalenstreifen auf der Herdplatte des mit Holz beheizten Herdes. Sie liegen dort zum Trocknen und schrumpfen wie Herbstblätter langsam zusammen. Giuseppina meint, ihr würziger Duft trage dazu bei, den Tag fröhlich zu beginnen.

»*Ah, buon giorno, carissima*«, begrüßt sie mich von ihrem Stuhl am Küchentisch und strahlt mich mit ihren warmen Augen an. Sie ist nicht wirklich meine Tante. Sie ist die Cousine meiner Mutter und gehört zu der Familie, die meine Großmutter zurückließ, als sie sich nach Amerika einschiffte. Giuseppina und ich sind kaum mehr als entfernte Verwandte – sie ist eine Tante zweiten Grades. Aber diese verwandtschaftliche Bezeichnung klingt zu distanziert, um die Herzlichkeit zu beschreiben, mit der sie mich bei unserer ersten Begegnung begrüßte. Ich stieg in Turin aus dem Zug und wurde mit Tränen der Rührung, einem Kuss auf jede Wange und einer kräftigen Umarmung, die Generationen und Ozeane und Kulturen überbrückte, begrüßt – und plötzlich kannte ich sie schon mein ganzes Leben lang. Von da an war sie meine Tante.

Giuseppina erhebt sich und zieht den selbst gehäkelten Wollschal über den Schultern glatt. Ihre hohe Stirn wird von weichem weißen Haar eingerahmt, und wenn sie lächelt, erscheinen Grübchen in ihren Wangen. »*Hai dormito bene*, Teresa?«, fragt sie.

»*Sì, grazie.*« Ich habe sehr gut geschlafen, in einem dunklen, nach Zedern und Veilchen duftenden Raum, in behaglichen Betttüchern aus feinem Leinen. Und obwohl ich wohl gesättigt mit Giuseppinas Brotstangen und Salami und Prosciutto und gerösteten Paprikaschoten und Ravioli und geschmortem Fenchel und Saltimbocca und Blattgemüse und Äpfeln und Käse und Tiramisu und Kaffee zu Bett gegangen war und viel zu viel Vino rosso getrunken hatte, war ich überraschend erfrischt aufgewacht.

Giuseppina klatscht in ihre zarten Hände und fragt mit sichtlicher Vorfreude: »*Vorresti un po' di caffè?*«

O ja. Ich nicke. Ein Tässchen Kaffee wäre schön. Ich

habe mir vorgenommen, an diesem Morgen zu joggen, um meinen Magen auf *Mortadella*, *Vitello crudo*, zwei Arten *Gnocchi*, Rosmarinhühnchen, Tomaten mit Petersilie und die Apfel-Tarte, die Giuseppina mir zum Mittagessen versprochen hat, vorzubereiten. Doch ein Schlückchen Kaffee zuvor ist sicher hilfreich, um auf die Beine zu kommen.

Giuseppina spült die *Caffettiera* und füllt die untere Hälfte mit Wasser, mit kaltem Quellwasser aus den Alpen. Für manche Italiener ist allein schon die Idee, man könne außerhalb ihres Heimatlandes guten Kaffee kochen, blanker Unsinn. Denn nirgendwo sonst auf der Welt verfügt man über so reines Wasser. Diese Auffassung mag zwar übertrieben sein, aber Tatsache ist, dass gebrühter Kaffee zu mehr als 98 Prozent aus Wasser besteht, und wenn Chlor oder ein anderer Nebengeschmack das Wasser beherrschen, bedeutet das für den Kaffee von Anfang an das Aus. Guiseppina mag von der Geographie her vom Schicksal begünstigt sein, aber inzwischen können die Wasserfilter, die man in Fachgeschäften bekommt, Wunder wirken, wenn das Leitungswasser nach Zusätzen aus dem Wasserwerk schmecken sollte.

Giuseppina legt das Metallsieb in die Öffnung der unteren Kammer, füllt sie mit relativ fein gemahlenem Kaffee und drückt das Pulver mit dem Löffel leicht an. Nach der Herkunft des Kaffees befragt, würde sie wahrscheinlich sagen: »Ein Stück die Straße rauf, gleich neben Barbania.« Ob nun Sumatra-Kaffee, Jamaica Blue Mountain oder Guatemala Antigua, solche Spitzfindigkeiten würde sie nur mit einem Achselzucken quittieren, während Kaffeeliebhaber in Amerika sich so lange über dieses Thema ereifern können, bis ihr Kaffee kalt ist.

In den Vereinigten Staaten etikettieren die Kaffeelieferanten die Bohnen gern entsprechend ihrer Herkunft. Daran ist an sich nichts auszusetzen. Denn die Bohnen aus den verschiedenen Teilen der Welt haben Geschmacksnoten, die den Boden und die Klimabedingungen der Plantagen, auf denen sie angebaut werden, widerspiegeln. Kenner rühmen beispielsweise die äthiopische Bohne wegen ihres exotischen, fruchtigen Geschmacks, während die Bohne aus Guatemala wegen ihres rauchigen, schokoladigen Aromas geschätzt wird. Doch italienische Röster beschreiten traditionell andere Wege. Sie sind bestrebt, harmonische Kaffeemischungen zu kreieren. Die Bohnen des einen Landes sorgen für ein bisschen Säure, die eines anderen bestechen durch ihre Robustheit, und der Kaffee aus wieder einem anderen Land liefert ein charakteristisches Aroma. Ob nun die eine oder die andere Methode besser ist, ist eine Frage des Geschmacks, und Geschmäcker sind nun einmal verschieden. Giuseppina überlässt die Einzelheiten der nationalen Herkunft dem Besitzer der *Torrefazzione*, der Kaffeerösterei vor Ort. Und der macht seine Sache gut, denn seine Mischungen entsprechen ihrem Geschmack.

Weit wichtiger als die Herkunft der Bohnen ist ihre Frische. Auch wenn sich grüne Kaffeebohnen monatelang halten – wenn sie erst einmal geröstet sind, werden sie schnell schal und verlieren an Aroma, ein Vorgang, der sich noch beschleunigt, sobald sie gemahlen sind, und zwar wegen der größeren Oberfläche, die dann dem Sauerstoff ausgesetzt ist. Deshalb sollte meiner Meinung nach in jeder Küche eine elektrische Kaffeemühle stehen. Giuseppina hält allerdings nicht viel von Geräten. Also kauft sie – wie übrigens die meisten italienischen Hausfrauen – die röstfrischen Kaffeebohnen immer nur in geringen Mengen, lässt sie an Ort und Stelle mahlen und braucht den Kaffee dann schnell auf.

Giuseppina schraubt den oberen Teil der *Caffettiera* auf und stellt die Kanne auf eine heiße Stelle auf dem Herd. Sie lässt den Deckel einen Spalt offen, um den Fortgang der Dinge im Auge behalten zu können, während sie in der Küche herumhantiert. Als der *Caffè* zu brühen beginnt, schiebt sie die Kanne auf eine kühlere Stelle des Holzofens. Giuseppina besitzt auch einen Elektrobackofen, den sie jedoch nur zum Trocknen und Lagern hausgemachten Käses benutzt. Backöfen hielten in italienischen Haushalten erst Einzug, als sich die wirtschaftliche Lage nach dem Zweiten Weltkrieg verbesserte. In der Zeit davor brachte man Brot oder Lasagne zum Gemeinschaftsbackofen des Dorfes oder zum örtlichen Bäcker, um sie dort backen zu lassen. Viele traditionelle Familiengerichte sind mit der Herdplatte verwurzelt, und Giuseppina reicht es vollkommen, dies beizubehalten.

Es dauert nur ein paar Minuten, bis das Zischen von Giuseppinas *Caffettiera* in ein leises Glucksen übergeht. Sie zieht die Kanne vom Herd. Die spuckt noch ein paar Sekunden lang und ist dann still. Giuseppina füllt zwei schwere Keramikbecher zur Hälfte mit dem *Caffè* und gibt einen ordentlichen Schuss der Milch dazu, die sie in einer Kasserolle hinten auf dem Herd langsam erhitzt hat. Mit einem fröhlichen »*Ecco, per te*« stellt sie einen der Becher vor mich auf den Tisch.

Da steht er nun vor mir, dieser dampfende Becher Kaffee, der jeden Morgen wieder die Lebensgeister weckt, das Frühstücksgetränk, das die Italiener *Caffelatte* nennen. Das würzige Röstaroma ergänzt den Duft der Zitrusschalen zu einer wunderbaren Harmonie. Ich nehme einen Schluck. Er beruhigt und belebt gleichermaßen, schmeichelt der Zunge genauso wie der Nase. Und eben dieses einfache Getränk stand Pate bei jenem, das in den amerikanischen Coffee-Shops aus den Espresso-Maschinen sprudelt und den ganzen Tag über – mit einer Milchschaumhaube und mit Schokopulver bestreut – serviert wird.

Onkel Felice kommt in die Küche. Er hat gerade Giuseppinas Hühner mit Löwenzahnblättern gefüttert. Er übergibt ihr zwei braune Eier, begrüßt mich mit einem *Buon giorno* und lässt sich von Giuseppina eine übergroße, randvolle Schale mit *Caffelatte* servieren. Sie stellt eine Dose mit trockenem Gebäck zusammen mit einem Glas eingemachter Feigenkonfitüre auf den Tisch – die piemontesische Variante von morgendlichem Toast mit Marmelade. Felice summt leise vor sich hin, während er über der Schale etwas Gebäck mit seinen steifen, schwieligen Händen zerbröckelt. Er rührt den Kaffee kurz um und löffelt seinen *Caffelatte* dann wie Porridge, während Giuseppina und ich tunken und trinken.

Kurze Zeit später bemerkt sie, dass ich meinen Becher ausgetrunken habe. Ich wolle doch sicher noch einen zweiten Becher, sagt sie, sie mache gern noch eine zweite Kanne. Immerhin brauchte ich ja noch etwas, um dieses wunderbare, vom Backen noch warme Gebäck hinunterzuspülen. Und ich müsse auch ihre in Sirup eingelegten Aprikosen probieren, drängt sie. *Deliziose!* Und danach, wie wär's mit einer Kostprobe ihrer gezuckerten Pflaumen? Sie läuft in der Küche hin und her, öffnet Schränke, holt Gläser, Schüsseln und Löffel heraus. Die *Caffettiera* beginnt zu singen, und wieder entströmt ihr ein intensives Kaffeearoma. Es sieht so aus, als müsse mein Morgenlauf noch warten.

Am Nachmittag, nach dem Mittagsmahl, holt Giuseppina erneut ihre *Caffettiera* hervor, diesmal für ein

Tässchen *Caffè corretto,* wie sie es nennt. *Caffè corretto* bedeutet so viel wie »korrigierter Kaffee«. Es ist *Caffè* mit einem Schuss Schnaps, im Allgemeinen Grappa, einem hochprozentigen Destillat aus fermentierten Traubenschalen, -kernen und -fruchtfleisch – kurz, dem Trester aus der Weinherstellung. Grappa hat es in sich. Vielleicht ist das der Grund, warum die Italiener auf seine therapeutischen Fähigkeiten schwören. Er könne ein Kind von Würmern kurieren, behaupten sie, und er sei ein sicheres Mittel gegen Völlegefühl, wenn man zu viel gegessen habe.

»*È un digestivo*«, erklärt Giuseppina und »korrigiert« meinen *Caffè* mit einem Schuss Grappa, nachdem ich ein Stück Apfel-Tarte aufgegessen habe. Ein Verdauungsschnaps. Felice beugt sich vor und nickt, deutet mit einer Handbewegung an, dass sein *Caffè* auch eine kleine Korrektur vertragen könnte. Er führt seine Tasse an die Lippen und trinkt einen Schluck. »*Buona medicina*«, versichert er mir.

Nach dem Abendessen tritt die *Caffettiera* wieder in Aktion und spendet uns *Caffè,* den wir schwarz oder mit Zucker gesüßt aus winzigen Tassen trinken.

Was tagaus, tagein aus Giuseppinas *Caffettiera* fließt, ist keineswegs schick. Es ist kein Kaffeebar-Espresso. Er kommt eher in Hauspantoffeln als in Stöckelschuhen daher. Aber genau das macht seinen Reiz aus, gibt ihm etwas Anheimelndes. Er schafft eine Atmosphäre, die ich auf jeden Fall der Kälte städtischer Kaffeekultur vorziehe. Denn er ist ein klassisches Getränk, und jeder Tropfen erzählt von all der Liebe und Hingabe, mit der er zubereitet wird.

Nachwort

Ein paar Monate, nachdem ich das Kapitel »Pie-backen, ein Kinderspiel« geschrieben hatte, schenkte ich meiner Großmutter eine Kopie davon zu Weihnachten. Gegen Ende unseres Festtagsmahls – Omas Familie saß dicht gedrängt an zwei langen Tischen, jeder hatte einen Kaffee vor sich stehen und tat sich an den letzten Weihnachtsplätzchen gütlich – bat sie mich, das Stück laut vorzulesen. Ich willigte ein und gab meine Irrfahrt durch den Dschungel der Rezeptempfehlungen für eine *Pie* zum Besten.

Als meine Großmutter bemerkte, dass auch sie in der Geschichte eine Rolle spielte, richtete sie sich auf ihrem Stuhl auf und straffte die gebeugten Schultern. Ich konnte aus dem Augenwinkel sehen, wie sie bei jeder Empfehlung, die ich gab, zustimmend nickte: Die Butter sollte kalt sein. Ja. Das Wasser sollte eiskalt sein. Ja. Am besten backt man *Pies* frühmorgens, bevor es heiß wird. Ja, in der Tat. Doch als ich zu der Stelle kam, an der das Wasser über das Mehl gespritzt und mit einem Löffel eingerührt wurde, hakte meine Oma ein und wies mich mit einem Augenzwinkern zurecht: »Halt, mein Schatz, dazu nimmt man eine Gabel!«

Später, als ich in meiner eigenen Küche stand, musste ich ihr Recht geben: Der Teig bindet schneller, wenn man ihn mit einer Gabel verknetet, was sich wiederum vorteilhaft auf die Zartheit der *Pie*-Kruste auswirkt. Ich habe also in der Endversion des Kapitels »Piebacken, ein Kinderspiel« eine kleine, aber wichtige Korrektur vorgenommen. Omas milder Vorwurf vermittelte mir übrigens einen Vorgeschmack darauf, wie lohnend und gleichzeitig aber auch beschämend es sein würde, die Sammlung dieser Essays zusammenzustellen.

Als ich mit diesem Projekt begann, glaubte ich nämlich, ich wisse eine ganze Menge über Kochen und Essen. Ich wurde jedoch schon bald eines Besseren belehrt. Und jetzt, nachdem ich unzählige weitere Stunden in der Küche zugebracht, die vergilbten Seiten Dutzender alter Kochbücher durchstöbert und vielen Köche bei ihrer Arbeit am Herd über die Schulter geschaut habe, hat das Thema Kochen für mich wahrlich ungeahnte Dimensionen angenommen. Ich habe erfahren, dass es eine Menge Dinge gibt, von denen ich noch keine Ahnung habe. Zu meinem Bedauern musste ich auch feststellen, dass vieles verloren gegangen ist, weil Historiker es nicht immer für wichtig genug gehalten haben, die Vorgänge in der Küche für die Nachwelt aufzuzeichnen.

Was mich bei meiner Arbeit immer wieder erstaunt hat, war die Beobachtung, wie viele Verbindungen man durch das Kochen eines Mahls knüpfen kann. Man bereitet ein Essen für die Familie und für Freunde zu und schafft damit die Voraussetzung dafür, dass sich Weggefährten am Ende eines Tages an einen Tisch setzen und miteinander teilen – das Essen, die Gespräche, das Lachen und die Tränen. Das englische Wort dafür, »companions«, kommt im Übrigen aus dem Lateinischen und bedeutet so viel wie »die mit anderen das Brot brechen«. Eine Schüssel Suppe, die Füllung eines Truthahns, eine *Pie* – mit jedem Gericht kann man darüber hinaus auch eine Brücke zur Vergangenheit schlagen, da sich die Leute über die Jahrhunderte hinweg an den gleichen Gerichten delektiert haben. Und wenn man eine Karotte aus dem Boden zieht oder ungeduldig darauf wartet, dass im Juni die Erdbeeren auf ihrem Strohbett reifen, dann fühlt man sich in besonderer Weise mit der Erde und den Jahreszeiten verbunden. Es ist eine Verbundenheit, die einen daran erinnert, dass unsere Nahrung aus der Erde und aus dem Wasser kommt – nicht aus Plastikschalen.

Als ich zum ersten Mal in einer Küche arbeitete, lernte ich, Tomatenrosen zu modellieren und mit Crème fraîche künstlerische Kringel in Himbeerpüree zu ziehen. Diese neu erworbene Fähigkeit beeindruckte mich zutiefst. Leider hielt die Begeisterung nicht lange an. Heute lassen mich Verzierungen und das Aufheben, das in der so genannten feinen, modernen Küche um die Garnierung gemacht wird, ziemlich kalt. Dies ist auch ein Grund dafür, warum ich gerade die Gerichte in meinen Geschichten so liebe: Sie repräsentieren eine frische, aromatische Küche, die für sich selbst steht und keinen Schnickschnack braucht, um sowohl das Auge als auch den Gaumen zu erfreuen. Und ich muss zugeben, es machte mir auch ein bisschen Spaß, in meinen Geschichten aufzuzeigen, wie oft sich die Köche der gehobenen Gesellschaft von den Kochkünsten der Arbeiterklasse inspirieren ließen. Mit ihren eigenen aufwändigen Soßen und fantasievollen Gerichten ließ sich zwar prächtig demonstrieren, wie dick die Brieftaschen ihrer Arbeitgeber waren, aber ihre Kochkunst war nicht unbedingt geeignet, um beim Essen innere Zufriedenheit aufkommen zu lassen. Sie sorgte eher für Verdauungsbeschwerden und förderte die Gicht. Es hat den Anschein, als überschreite der Wunsch, Essen möge mehr als nur die Beruhigung eines knurrenden Magens sein, die Grenzen sozialen Klassendenkens. In diesem Zusammenhang fällt mir noch ein anderes Beispiel ein, das ich Ihnen nicht vorenthalten will:

Meine Schwestern und ich wuchsen mit einem Essen auf, das wir »weiße Spaghetti« nannten. In den 70er-Jahren war das Wort »Pasta« noch nicht in aller Munde. Man aß täglich Spaghetti mit Tomatensoße, hatte Nudeln für die Hühnersuppe, und es gab Makkaroni mit Käse oder als Auflauf. Bei uns zu Hause gab es darüber hinaus hausgemachte Lasagne, Cannelloni und Ravioli und montagabends, bevor meine Mutter sich zum Bowling-Abend verabschiedete, oft »weiße Spaghetti«. Dies war ein schnelles Gericht, das wir alle liebten.

Meine Mutter ließ dazu ein Pfund Spaghetti in einen Topf kochendes Salzwasser gleiten. Während die Pasta kochte, gab sie ein halbes Pfund gewürfelten Räucherspeck in eine große Bratpfanne und rührte gelegentlich um. Sobald der Speck goldbraun und leicht knusprig war, goss sie das Fett bis auf einen kleinen Rest ab. Dann nahm sie eine kleine Schüssel und schlug darin drei Eier zusammen mit zwei, drei Hand voll frisch geriebenem Parmesan kräftig durch. Die fertigen Spaghetti goss sie durch ein Sieb ab und gab sie sofort zu dem Speck in die Pfanne. Sie fügte die Eier hinzu, würzte großzügig mit schwarzem Pfeffer und rührte das Ganze ein paar Minuten lang mit einer Holzgabel durch, bis alles gut vermengt und die Eier-Käse-Masse durch die Wärme zu einer dicklichen Soße gestockt war. Anschließend wurden die Spaghetti in eine Schüssel gegeben, mit einer weiteren Portion geriebenem Käse bestreut und auf den Tisch gestellt. Bald waren wir vier viel zu sehr damit beschäftigt, die Köstlichkeit in uns hineinzuschlingen, um miteinander zu streiten oder unserer Mutter hinterherzujammern, wenn sie mit der Bowling-Tasche in der Hand aus dem Haus eilte.

Einige Jahre später las ich in einem Kochbuch, dass »weiße Spaghetti« einen richtigen Namen haben. Sie

heißen *Pasta* oder *Spaghetti alla carbonara* und sind in
der Gegend um Rom ein Standardgericht auf der Speisekarte jeder Trattoria. Woher dieser Name stammt, darüber gehen die Meinungen auseinander. Entweder bedeutet er »nach Art der Köhler«, das heißt, das Gericht
wurde von Köhlern in den Hügeln außerhalb der Stadt
erfunden, oder aber er leitet sich von Carabinieri, der
italienischen Polizei, ab. Römische Hausfrauen sollen
das Gericht zum ersten Mal während des zweiten Welt-
kriegs für heimwehkranke amerikanische GIs mit deren
Eier- und Räucherspeck-Rationen zubereitet haben. Die
amerikanische Feinschmeckerszene hat dieses Gericht
jedenfalls neu für sich entdeckt. Plötzlich steht es überall im Land auf den Speisekarten der Nobelrestaurants.
Erst vor kurzem lud mich eine Bekannte zum Dinner
ein. Sie hatte viel Mühe auf die Gestaltung des abend-
lichen Festessens verwendet – silberne Kerzenleuchter,
Silberbesteck, zu Fächern gefaltete Stoffservietten. »Das
ist«, verkündete sie beim Servieren der Portmeiron-
Platte mit dem Hauptgang, »das ist *Pasta alla carbonara*.« Und das war es auch. Es waren die »weißen
Spaghetti« meiner Mutter. Seit den Köhler- beziehungsweise Soldatentagen sind sie jedenfalls weit gekommen. Und zu Recht, denn auch die Spaghetti meiner Bekannten waren köstlich wie eh und je – beinahe so gut
wie die meiner Mutter.

Und nun möchte ich noch einmal auf die Polenta
zurückkommen. Bei einem Essen – es war im Piemont –
häufte sich mein Onkel Felice seinen Teller mit Polenta
voll und erklärte, dass dieses Gericht ihm in seiner Jugend verhasst war. Während des Krieges, müssen Sie
wissen, gab es nichts anderes als Polenta. Tagaus, tagein Polenta, Polenta und noch einmal Polenta. Doch
nun, mit einer Scheibe Fontina oder mit einer Kelle von

Giuseppinas Fleischsoße serviert, war Polenta etwas ganz anderes. Ich hatte Giuseppina bei der Zubereitung der Mahlzeit zugesehen, und sie hatte mir erzählt, dass manche Leute darauf beharren, Polenta im Uhrzeigersinn zu rühren und niemals anders herum. Sie selbst glaube allerdings nicht, dass dies einen großen Unterschied mache. »O doch«, unterbrach Felice sie. Er legte die Zeitung beiseite und nickte mit Nachdruck. Giuseppina blickte erst ihn und dann mich an, hielt inne und gab dem Holzlöffel auf der Stelle eine andere Richtung. Sie rührte nach links, entgegen dem Uhrzeigersinn. Wer in diesem Haushalt das letzte Wort hatte, wenn es um Küche und Herd ging – diese Frage stellt sich damit nicht mehr.

Ich muss gestehen, dass ich diese Rühr-Theorie in der Praxis noch nicht überprüft habe. Jedes Mal, wenn ich Polenta koche, lasse ich meinen Löffel ganz unbewusst in Achten kreisen, ehe mir Felices Worte überhaupt in den Sinn kommen. Allerdings bin ich fest entschlossen, seine Methode demnächst einmal auszuprobieren, um mir ein Urteil zu bilden und auch diesen Punkt meines kulinarischen Fragenkatalogs endgültig abzuhaken. Aber wer weiß? Vielleicht hält die Polenta noch eine andere Geschichte für mich bereit, die nur darauf wartet, erzählt zu werden.

REZEPTE

Das richtige Maß

Zum guten Schluss noch ein Wort zu den Mengen-angaben in meinem Buch. Ich habe immer wie-der von »Hand voll«, »Prise«, »Schuss«, »Klecks«, »ein paar« und Ähnlichem gesprochen, habe Ausdrücke wie »großzügig« und »ein bisschen« verwendet, Maßanga-ben, bei denen Hauswirtschafter in aller Welt nur ver-zweifelt ihre nach Perfektion strebenden Hände ringen werden, glaubten sie doch, solch kulinarischen Unge-nauigkeiten endlich den Garaus gemacht zu haben.

Erst seit ungefähr hundert Jahren legen Kochbuchau-toren Wert auf Präzision, wenn sie ihre Rezepte für die Nachwelt schriftlich niederlegen. Nach dem Apicius zugeschriebenen Kochbuch sollte man beispielsweise für eine *Grüne Soße für Geflügel* »alle Arten von grünen Kräutern, Datteln, Honig, Essig, Wein, Brühe und Öl« miteinander vermengen. In *The Accomplisht Cook* von Robert May aus dem Jahre 1683 heißt es in der Backan-leitung für Käsekuchen »ein Pottle (altes Flüssigkeits-maß von $\frac{1}{2}$ Gallone, gut 2 Liter) Quark, reichlich Rosen-wasser, Krume eines kleinen Brots, zehn Eigelb und ordentlich Zucker«. Und in dem 1796 erschienenen ers-ten amerikanischen Kochbuch von Amelia Simmons lautet das Rezept für eine Stachelbeer-Tarte: »Den Bo-den einer tiefen Form mit gewaschenen Beeren ausle-gen und mit Zucker bestreuen; dann wieder eine Schicht Beeren und Zucker und so weiter, bis die Form voll ist. Mit einer Teigplatte abdecken und etwas länger als andere Tartes backen.« Solch spärliche Angaben hätte man wohl kaum von einer Frau erwartet, die ihrem Kochbuch folgenden detaillierten Titel gab: *American Cookery, or the Art of Dressing Viands, Fish, Poultry and Vegetables, and the Best Modes of Making Pastes, Puffs, Pies, Tartes, Puddings, Custards, and Preserves, and All Kinds of Cakes, from the Imperial Plumb to Plain Cake, Adapted to This Country, and All Grades of Life, By Amelia Simmons, an American Orphan.* Aber dies war eben damals der Stil der Zeit.

Kochbuchautoren schrieben für Leser, die mit den Techniken und Grundprinzipien der Küche vertraut waren. Den meisten Köchen dienten Rezepte in erster Linie als Gedächtnisstütze. Was hätte es im Übrigen auch für einen Sinn gehabt, ein Rezept vorzugeben, das, sagen wir, drei Pfund ausgelöste Hühnchenbrust verlangte, wenn nur wenige Haushalte eine Waage besaßen? Und warum hätte ein Koch zum Hühnerstall laufen und wegen der Brust mehrere Vögel opfern sollen, wenn ein in Viertel geteiltes Huhn auch genügte?

Die Anleitung, diese Hühnchenstücke in einer großen Schüssel mit zwei Teelöffeln gepresstem Knoblauch, zwei Teelöffeln frischen Thymianblättern, zwei Tassen dicker Zwiebelschnitze, einer Tasse geschnittener Trockenfeigen, einem halben Teelöffel Salz, einem Viertel Teelöffel frisch gemahlenem Pfeffer, drei Teelöffeln Olivenöl, zwei Teelöffeln Honig, 3–4 Esslöffeln Weißweinessig und 3–4 Esslöffeln Brandy oder Weißwein zu vermengen, wäre angesichts der Tatsache, dass nur sehr wenige Hausfrauen über genormte Messbecher verfügten, blanker Unsinn gewesen. Und auch Vorgaben wie »das Hühnchen eine Stunde lang durchziehen lassen« hätten der Durchschnittshausfrau nichts genutzt, da sie weder eine Küchenuhr noch eine Taschenuhr noch eine Zeitschaltuhr besaß.

Wenn dort gestanden hätte, »das Hühnerfleisch zusammen mit der Marinade in einer flachen Form verteilen und fünfzig bis sechzig Minuten lang in dem auf 180 Grad vorgeheizten Backofen backen«, wäre dies für die Hausfrau ebenfalls wenig hilfreich gewesen. Denn aller Wahrscheinlichkeit nach war gar kein Backofen im Haus, und deshalb schmorte sie das Hühnchen in einem Topf auf der Herdplatte des Holzofens. Sollte sie aber tatsächlich einen eigenen Kohleherd mit Backröhre zur Verfügung gehabt haben, dann besaß er mit Sicherheit kein Thermostat. Erfahrene Köche prüften die Temperatur, indem sie kurz die Klappe öffneten und die Hand in den Ofen steckten. Anfängern wird in *Mrs Beeton's Book of Cookery* von 1911 der Rat gegeben, ein Blatt Schreibpapier auf den Boden der Backröhre zu legen. Wenn die Papierecken sich nach oben biegen und braun werden, ist der Ofen heiß genug für das Backen einer Tarte oder das Braten von Geflügel.

Weitaus besser war also ein Rezept, das sich auf Mengenangaben wie eine geschnittene Zwiebel und die Blättchen eines frischen Thymianzweigs beschränkten. Und anstatt die Kochzeit und die Temperatur vorzugeben, war es praktischer, dem Koch zu empfehlen, einen Deckel auf den Topf zu setzen, wenn das Hühnchen zu schnell zu bräunen schien, das Geflügel so lange zu schmoren, bis beim Einstechen klarer Saft austrat und das Gericht mit Röstkartoffeln oder gebutterten Nudeln zu servieren.

Gegen Ende des neunzehnten Jahrhunderts wurde die Ausstattung in den Küchen allmählich besser, und Miss Fannie Merritt Farmer entschied, es sei nun höchste Zeit, solch saloppen Küchenpraktiken ein Ende zu machen. Den Anstoß bekam sie von Mrs Isabella Beeton im fernen London, die seit 1861 Kochzeiten und genaue Mengenangaben in ihre Bücher über Haushaltführung aufnahm. Miss Farmer war von dieser Praxis geradezu begeistert, und als sie 1896 *The Boston Cooking School Cookbook* herausgab, stampfte sie mit ihrem zierlichen Fuß auf und forderte vehement die Einführung standardisierter amerikanischer Mengenangaben. Meine Damen, wenn wir in der Küche jemals auf einen grünen Zweig kommen wollen, dann müssen wir genau abmessen! Drei Teelöffel gleich ein Esslöffel, zwei Esslöffel gleich eine Unze, knapp 30 Gramm also, acht Unzen gleich eine Messtasse, etwa $\frac{1}{4}$ Liter. Ihre Vorgaben wurden verbindlicher Standard für alle künftigen amerikanischen Kochbücher.

Keine Frage, es war wirklich an der Zeit, dass etwas unternommen wurde, um endlich Licht in das Dunkel der geheimnisvollen Anleitungen zu bringen, die jahrhundertelang die Szene beherrscht hatten. Die Hauswirtschafter und professionellen Köche, die Angaben wie »Buttermengen von der Größe eines Eies« und »Mehl, bis der Teig steif ist« abschafften, ersparten der Welt zahllose pappige Obstkuchen und zusammengefallene Torten. Denn gerade beim Kuchenbacken geht es um das richtige Verhältnis der Zutaten. Es erfordert größte Sorgfalt im Umgang mit Teelöffeln und Messbechern. Denn wenn der Kuchen erst einmal im Ofen ist, kann man nichts mehr nachbessern. Wenn ich backe, messe ich mit Überzeugung ab. Miss Farmer wäre stolz auf mich. Und dementsprechend habe ich in meinen Kapiteln über *Scones, Shortcake* und dergleichen größten Wert auf exakte Mengenangaben gelegt.

Kochen dagegen ist eine Angelegenheit, die manches verzeiht. Man hat mehr Spielraum und außerdem weniger Geschirr zu spülen, wenn man in Tomaten rechnet und nicht in Unzen, wenn man Sellerie nach Stangen bemisst und nicht nach Messbechern. Das Gelingen der in meinem Buch ausgewählten Familiengerichte hängt nicht von der Präzision des Abmessens ab. Es kommt dabei vielmehr auf frische, unverfälschte Zutaten an, auf so wichtige Dinge wie fruchtiges natives Olivenöl extra, handgeriebenen Käse und Gartenprodukte. Diese Gerichte profitieren bereits von einem bisschen Geduld und gelegentlichem Umrühren mit einem hölzernen Kochlöffel.

Nun, da ich Ihnen eine Reihe von Köchen vorgestellt habe, die sich bei der Menge der Zutaten auf das Augenmaß verlassen und mit »Hand voll« und »Prise« operieren, können auch Sie jetzt getrost Töpfe und Pfannen herausholen und ihnen nacheifern. Rezepte sind keine Dogmen. Es sind Richtlinien und Grundlagen. Gehen Sie damit in die Küche und kreieren Sie daraus etwas Eigenes.

Anmerkung: Wenn in den Rezepten von »Tasse« die Rede ist, handelt es sich um eine normale Teetasse mit $\frac{1}{8}$ Liter Inhalt. Die Rezepte wurden auf in Deutschland übliche Maßangaben umgearbeitet.

Schmorfleisch mit Polenta

AUS »REICH MIR BITTE DIE POLENTA«/SEITE 15

Für 4 Personen

FÜR DAS SCHMORFLEISCH:

- *Gut 900 Gramm pariertes, in Würfel geschnittenes Rindfleisch aus der Wade oder anderes Schmorfleisch*
- *2 bis 3 Esslöffel Öl oder ausgelassenes Fett von dem Fleisch*
- *1 große Zwiebel, in dicke Halbmonde geschnitten*
- *4 bis 5 kleine Knoblauchzehen, geschält und in dünne Scheiben geschnitten*
- *1 Lorbeerblatt*
- *je eine kräftige Prise Oregano, Thymian und Rosmarin*
- *1 Glas Rotwein*
- *1 Dose Pizza-Tomaten (zirka 450 g) einschließlich Flüssigkeit*
- *2 bis 3 Stangen geschnittener Sellerie mit Blättern*
- *2 Karotten, geschält und in Scheiben geschnitten*
- *zirka 100 g zerkleinerte Pilze (z. B. Champignons), nach Belieben*
- *1 weiße Rübe, geschält und in Scheiben geschnitten, nach Belieben*
- *Salz und Pfeffer zum Abschmecken*

Die Fleischstücke in Mehl wälzen. Öl oder Fett in einem schweren Schmortopf erhitzen. Das Fleisch zugeben und bei mittlerer Hitze anbraten, bis die Stücke auf allen Seiten schön braun sind. Zwiebel, Knoblauch, Lorbeerblatt und Kräuter untermengen und weiterbraten, bis die Zwiebeln glasig sind. Den Wein und die Tomaten hinzufügen. Das Schmorfleisch zudecken und etwa zwei Stunden lang bei schwacher Hitze schmoren lassen. Unterdessen immer wieder überprüfen, ob die Flüssigkeit verdampft ist und gegebenenfalls Wasser zugießen.

Gegen Ende der Garzeit das restliche Gemüse unterrühren und so lange weiterköcheln lassen, bis das Gemüse zart ist. Mit Salz und Pfeffer abschmecken.

Das Gericht kann im Voraus zubereitet und wieder aufgewärmt werden.

FÜR DIE POLENTA:

- *250 g Polenta (grob gemahlenes Maismehl, oft auch als Maisgrieß bezeichnet)*
- *1 Liter kaltes Wasser (ersatzweise Brühe oder Milch)*
- *1 Teelöffel Salz*
- *frisch gemahlener Pfeffer*
- *einige Hand voll frisch geriebener Parmesan*

In einer schweren Kasserolle das Polentamehl zusammen mit einem Teelöffel Salz in das Wasser einrühren. Falls Sie gesalzene Brühe verwenden, lieber weniger Salz zugeben. Auf kleine Flamme stellen und mit einem Holzlöffel langsam rühren. Dabei immer wieder den Boden und den Rand des Topfes abschaben, damit die Polenta nicht ansetzt. Etwa 30 bis 40 Minuten kochen, bis das Ganze dick wird und sich sauber von der Topfwand löst. Das Maisgericht muss auf der Zunge zergehen. Den Käse einrühren. Mit frisch gemahlenem Pfeffer und eventuell etwas Salz abschmecken.

Das Anrichten bei Tisch:

Dünne Scheiben Mozzarella, Provolone und Gorgonzola
auf einer Servierplatte anrichten – knapp 250 Gramm
insgesamt genügen. Gruyère, Fontina oder Roquefort
sind ebenfalls möglich. Die Käseplatte zusammen mit
dem Topf Schmorfleisch und der Schüssel Polenta auf
den Tisch stellen. Jeder bedient sich zuerst mit Polenta,
bedeckt sie mit Käsescheiben und gibt dann einige Löffel
Fleischsoße darüber.

Omas Pie

AUS »PIEBACKEN, EIN KINDERSPIEL«/SEITE 26

FÜR DIE TEIGKRUSTE:

- *375 Gramm Haushaltsmehl*
- *1 Prise Salz*
- *1 größere Prise bis 1 Esslöffel Zucker*
- *250 Gramm gekühlte Butter, in kleine Würfel geschnitten (für eine luftigere Kruste 175 Gramm Butter und 75 Gramm Pflanzenfett oder Schmalz)*
- *⅛ Liter Eiswasser*

Mehl, Salz und Zucker in einer großen Schüssel vermengen. Die Butter mit einem Teigmesser oder zwei Gabeln in das Mehl einarbeiten, und zwar so lange, bis die Butterstückchen auf Erbsengröße verkleinert sind, wobei einige Stückchen auch die Größe kleiner Murmeln haben dürfen. Das Eiswasser darüber spritzen und das Ganze mit einer Gabel verrühren, bis die Masse anfängt zu binden. Sie sollte sich beim Zusammendrücken wie eine Hand voll frischer Ackererde anfühlen. Aus dem Teig eine Kugel formen und, falls nötig, noch etwas Wasser hinzufügen. In Haushaltsfolie oder Wachspapier einschlagen und für etwa 20 Minuten in den Kühlschrank legen. Währenddessen die Füllung vorbereiten.

- *1 gehäuftes Litermaß voll Brombeeren (von Blättern und Stielen befreien); Blaubeeren sind auch möglich*
- *gut 100 bis 150 Gramm Zucker (je nach Säure der Beeren und eigenem Geschmack)*
- *3–4 Esslöffel Mehl*
- *1 kleine Prise Zimt*
- *ein Hauch Muskatnuss, nach Belieben*
- *Saft von 1 Zitrone*
- *abgeriebene Zitronenschale, nach Geschmack*
- *1 Esslöffel Butter in Flöckchen*

Beeren, Zucker, Mehl, Gewürze, Zitronensaft und gegebenenfalls die Zitronenschale in einer großen Schüssel verrühren. 10 bis 15 Minuten Saft ziehen lassen.

Verarbeitung:

Eine Teighälfte auf die gut bemehlte Arbeitsplatte legen und zu einem etwa 3 mm dicken Kreis von zirka 30 cm Durchmesser ausrollen. Den Boden einer 24-cm-*Pie*-Form (eine Springform eignet sich auch) mit der Teigplatte auslegen, ohne die Ränder zu beschneiden. Die zweite Teigscheibe ebenfalls zu einem Kreis von zirka 30 cm ausrollen. Die Füllung auf den Teigboden gießen und die Butterflöckchen darüber verteilen. Den Teigdeckel auf die Füllung legen und die Ränder zusammendrücken, dabei einen gewellten Rand formen.

Die Kruste mit einer Mischung aus geschlagenem Ei und ein paar Tropfen Milch bestreichen; mit einer Messerspitze ein paar Luftlöcher in den Teig stechen. Ein

Sternenmuster sieht besonders hübsch aus. Bei 180 °C etwa 1 Stunde lang backen.

Viele, die das Kapitel »Piebacken, ein Kinderspiel« gelesen haben, scheinen damit gedanklich ein Rezept für Apfel-*Pie* zu verbinden, auch wenn die Füllung aus Brombeeren besteht. Deshalb hier auch noch meine Füllung für Apfel-*Pie:*

FÜLLUNG FÜR APFEL-*PIE*:

- *3 Messbecher (1½ Liter) geschälte, in Scheiben geschnittene säuerliche Äpfel (ich nehme gern Northern Spy und Rhode Island Greenings, aber Granny Smith und Boskop eignen sich auch sehr gut)*
- *2 Esslöffel Mehl*
- *gut 100 bis 150 Gramm Zucker, je nach Säure der Äpfel und persönlichem Geschmack*
- *Saft von 1 Zitrone*
- *2 Teelöffel Zimt*
- *ein Hauch Muskatnuss*
- *1 Esslöffel Butter, in Flöckchen geschnitten*

Zubereitung siehe Beerenfüllung.

Brathähnchen

AUS »EIN GUTES BRATHÄHNCHEN«/SEITE 40

Für 4 Personen

- *1 Hähnchen von zirka 1,8 kg, am besten ein Freilandhähnchen oder eine Poularde*
- *1–2 Esslöffel flüssige Butter oder Olivenöl*
- *Salz und frisch gemahlener Pfeffer*
- *1 unbehandelte Zitrone*
- *3–4 Rosmarinzweige*
- *3–4 Thymianzweige*
- *3–4 Knoblauchzehen (brauchen nicht geschält zu werden)*

Das Hähnchen waschen und trocken tupfen. Mit flüssiger Butter oder Olivenöl bestreichen. Innen und außen großzügig salzen und pfeffern. Das Hähnchen mit der Brust nach oben auf ein Bett aus Rosmarinzweigen in einen Bräter legen. Mit Zitronensaft beträufeln. Die ausgepressten Zitronenhälften zusammen mit den Thymianzweigen und den Knoblauchzehen in den Bauch des Hähnchens stecken. Etwa 1 Stunde oder etwas länger im auf 200 bis 210 °C vorgeheizten Ofen braten, bis klarer Saft austritt, wenn man mit einem Messer in den Schenkel sticht. Den Vogel 10 Minuten lang ruhen lassen, dann servieren.

Hähnchen mit Feigen
und frischem Thymian

AUS »DAS RICHTIGE MASS« / SEITE 235

Für 4 Personen

- *1 Hähnchen von 1,3–1,8 kg, am besten ein Freilandhähnchen oder eine Poularde, in vier Teile zerlegt*
- *2 gepresste Knoblauchzehen*
- *2 Esslöffel frische Thymianblätter*
- *1 Zwiebel, in dicke Halbmonde geschnitten*
- *1 Tasse voll getrocknete Feigen, in Scheiben geschnitten*
- *$\frac{1}{2}$ Teelöffel Salz*
- *$\frac{1}{4}$ Teelöffel frisch gemahlener Pfeffer*
- *3 Esslöffel Olivenöl*
- *2 Esslöffel Honig*
- *$\frac{1}{2}$ Tasse (3–4 Esslöffel) Weißweinessig*
- *$\frac{1}{2}$ Tasse (3–4 Esslöffel) Brandy oder Weißwein*

Alle Zutaten in einer großen Schüssel vermengen und das Hähnchen mindestens 1 Stunde lang marinieren. Den Ofen auf 180 °C vorheizen. Die Hähnchenteile in einen flachen Bräter legen und die Marinade darüber gießen. Etwa 60 Minuten oder so lange backen, bis klarer Saft aus dem Schenkel fließt, wenn man ihn ansticht. Falls das Hähnchen zu schnell bräunen sollte, den Bräter mit Alufolie abdecken oder einen Deckel darauf setzen.

Sauerkraut

AUS »VON KOHLKÖPFEN UND KÖNIGEN«/SEITE 51

Ergibt zirka 5 Pfund

SAUERKRAUT ANSETZEN:

- *2,5 kg Kohl, möglichst erntefrisch*
- *3 leicht gehäufte Esslöffel Pökelsalz*

Einen 5-Liter-Steinguttopf in heißer Lauge abwaschen und mit kochendem Wasser ausspülen. Den Topf mit einem sauberen Handtuch abtrocknen.

Die äußeren Blätter der Kohlköpfe entfernen. Die Köpfe unter kaltem Wasser abspülen und abtrocknen, vierteln, die Strünke herausschneiden und den Kohl auf einem Krauthobel schnetzeln oder mit einem Messer in etwa münzendicke Streifen schneiden (gut 1 Millimeter dick).

Den gehobelten Kohl in einer großen Schüssel mit dem Salz vermengen, dann in jeweils 5 Zentimeter dicken Schichten in den Topf legen, wobei jede Schicht fest angedrückt werden muss, damit der Saft herausgepresst wird. Den Kohl mit einer Kunststofffolie abdecken.

Eine große, feste Plastiktüte mit Wasser füllen und auf die Folie setzen, so dass der Kohl durch das Gewicht unter die Lake gedrückt wird. Die Tüte gut zubinden und so zurechtdrücken, dass sie luftdicht mit dem Rand des Steinguttopfes abschließt, um Schimmelbildung zu verhindern. Den Topf an einen kühlen, zugfreien Ort stellen, bis die Blasenbildung aufhört, ein Zeichen dafür, dass die Fermentierung abgeschlossen

ist. Bei einer Temperatur von 21 °C dauert dieser Vorgang 3 bis 4 Wochen, bei 15 bis 16 °C ungefähr 6 Wochen. Laut meiner Großmutter schmeckt es dann aber
besser.

In sterile Gläser abfüllen und in einem kochenden
Wasserbad einwecken.

Sauerkraut mit geräucherten Würstchen

Für 6 Personen

- 3 Scheiben durchwachsener Speck
- 1–2 Zwiebeln, gehackt
- 2–3 fein gehackte oder gepresste Knoblauchzehen
- 1 kg Sauerkraut (wenn nicht hausgemacht, vorher abspülen)
- 1 geschälter und geriebener säuerlicher Apfel
- 1–2 Lorbeerblätter
- 1 Dutzend Wacholderbeeren
- schwarzer Pfeffer zum Abschmecken
- 1 Dutzend kleine rote Kartoffeln, halbiert oder geviertelt
- $\frac{1}{4}$ Liter Weißwein
- $\frac{1}{2}$ Liter Hühnerbrühe oder Wasser
- pro Person 1–2 Räucherwürstchen – je nach Größe (Mett-Enden, Knacker oder Krakauer eignen sich gut)

Den Speck in einem großen gusseisernen Topf bei geringer Hitze auslassen. Das Fett abgießen, Zwiebeln
und Knoblauch in den Topf geben und kurz anschwitzen, bis die Zwiebeln glasig sind. Das Sauerkraut, den
geriebenen Apfel sowie die Gewürze dazugeben und

umrühren. Die Kartoffeln in das Sauerkraut geben und das Ganze mit Wein und Brühe aufgießen. So lange köcheln lassen, bis die Kartoffeln gar sind (Messerprobe), etwa 30 Minuten. Wenn nötig, noch etwas Wasser hinzufügen. Die Würstchen in etwas Öl in einer heißen Bratpfanne anbraten, dann zum Sauerkraut geben. Weitere 30 Minuten köcheln lassen, bis die Würstchen gar sind.

Füllung für den Thanksgiving-Truthahn

AUS »ALLE JAHRE WIEDER ...«/SEITE 63

Ausreichend für einen Truthahn von 4,5–5,5 kg

DIE SPINAT-ROSINEN-FÜLLUNG MEINER MUTTER:

- *4 Esslöffel Butter (etwa 65 Gramm)*
- *350 Gramm Schweinebrät*
- *1 große Zwiebel, gewürfelt*
- *2 fein gehackte oder gepresste Knoblauchzehen*
- *3 Stangen Sellerie, in Scheiben geschnitten*
- *100 Gramm Champignons, in Scheiben geschnitten*
- *450 g frischer Spinat, Mangold oder Grünkohl, blanchiert, gehackt, ersatzweise 1 Packung tiefgefrorener Spinat*
- *1 Litermaß voll festes, altbackenes Brot, in Würfel geschnitten*
- *1 Tasse Rosinen*
- *1 Tasse gehobelte Mandeln*
- *1 Tasse frisch geriebener Parmesan*
- *je 1 gute Prise Oregano und Rosmarin*
- *Salz und Pfeffer zum Abschmecken*
- *1 Glas Weißwein*

Das Brät bei schwacher Mittelhitze anbraten. Zwiebelwürfel, Knoblauch, Sellerie und Pilze dazugeben und garen. Spinat einrühren und kurz erhitzen. Abkühlen lassen und die Mischung dann in einer großen Schüssel mit den restlichen Zutaten vermengen. In die Bauchhöhle des Truthahns füllen oder zusammen mit dem Braten in einer zugedeckten Form 45 Minuten lang backen.

- *2 große Zwiebeln, gewürfelt*
- *4 große Stangen Sellerie, in Scheiben geschnitten (einschließlich Blätter)*
- *2 fein gehackte oder gepresste Knoblauchzehen*
- *125 Gramm Butter*
- *2 Litermaß voll festes altbackenes Brot, in Würfel geschnitten*
- *1 Esslöffel getrockneter Salbei*
- *1 große Hand voll Petersilie, gehackt*
- *1 Prise Muskatnuss*
- *Salz und Pfeffer zum Abschmecken*
- *etwa 200 ml Truthahnbrühe, alternativ Hühner- oder Gemüsebrühe*

Zwiebeln, Sellerie und Knoblauch auf mittlerer Flamme in Butter anschwitzen. Abkühlen lassen. Dann mit den übrigen Zutaten in einer großen Schüssel vermengen und so viel Brühe hinzugießen, dass die Füllung locker zusammenhält. In die Bauchhöhle des Truthahns füllen oder in einer abgedeckten Form neben dem Braten 45 Minuten lang backen.

Cioppino

AUS »WENN VÄTER KOCHEN«/SEITE 75

Für 6 Personen

- 2 große Dungeness-Krebse, gesäubert, gekocht und aufgebrochen (ersatzweise 3–4 Alaska-Königskrebsbeine, 2 Hummer oder gut 450 Gramm Kammmuscheln)
- gut 450 Gramm mittelgroße Tiefseegarnelen, geschält und vom Darm befreit
- gut 450 Gramm Miesmuscheln, gebürstet und entbartet
- gut 450 Gramm Venusmuscheln, gebürstet, alternativ Sandklaffmuscheln
- gut 450 Gramm Red Snapper (Schnapper) oder ein anderer Fisch mit festem Fleisch
- 4 Esslöffel Olivenöl
- 1 große Zwiebel, gewürfelt
- 2 Stangen Sellerie, in dünne Scheiben geschnitten
- je 1 rote und grüne Paprikaschote, gewürfelt
- 4 große fein gehackte oder gepresste Knoblauchzehen
- 1 Prise Safranfäden
- 1 Teelöffel Thymian
- 1 Teelöffel Oregano
- $\frac{1}{4}$ Teelöffel Chiliflocken (getrocknete rote Chilischoten, zerstoßen) oder $\frac{1}{4}$ Teelöffel Cayennepfeffer, ersatzweise scharfer Paprika
- 1 Lorbeerblatt
- $\frac{1}{4}$ Liter Rotwein
- 2 Dosen Pizzatomaten einschließlich Saft (zirka 900 g)
- 2 Esslöffel Tomatenmark
- $\frac{3}{4}$ Liter Fischfond (ersatzweise Hühnerbrühe oder mit Wasser verdünnter Muschelsaft aus dem Glas)

- ½ Tasse (gut 3 EL) frische Petersilie, gehackt
- ½ Tasse (gut 3 EL) frisches Basilikum, gehackt
- Salz

Das Olivenöl in einem großen gusseisernen Topf auf mittlerer Flamme erhitzen. Zwiebelwürfel, Knoblauch, Sellerie und Paprika darin anschwitzen. Safranfäden, Thymian, Oregano, Chiliflocken und Lorbeerblatt hinzufügen und eine weitere Minute köcheln. Den Rotwein einrühren, ein paar Minuten ebenfalls köcheln lassen, damit der Alkohol verdunstet, dann die Tomaten mit Saft, das Tomatenmark und den Fond dazugeben. Die Hitze so regulieren, dass das Ganze 30 Minuten lang ohne Deckel leicht köchelt. Petersilie und Basilikum einstreuen und mit Salz abschmecken. Die Venusmuscheln und die Krebsstücke in den Topf geben und 4 bis 5 Minuten kochen. Die restlichen Schalentiere sowie den Red Snapper einlegen und den Deckel wieder auf den Topf setzen. Weitere 5 Minuten kochen, dabei den Topf gelegentlich schütteln. Das Gericht ist fertig, wenn sich die Muscheln geöffnet haben, die Garnelen rosa sind und der Fisch gerade gar ist.

FÜR DEN FISCHFOND:

- 450–900 Gramm gemischte Garnelenschalen, Krebs- oder Hummerschalen und Fischgräten (Das Gerippe von Heilbutt, Red Snapper und Seebarsch eignet sich gut. Nehmen Sie keine Gräten und Köpfe von streng schmeckenden Fischen. Fischgräten und -köpfe sind beim Fischhändler im Allgemeinen gratis erhältlich.)
- ¼ Liter Weißwein
- 1 Zwiebel

- *1 Karotte*
- *1 Stange Sellerie*
- *1 Stängel Petersilie*
- *einige Pfefferkörner*

Alle Zutaten in einem Suppentopf mit Wasser bedecken und aufkochen. 30 Minuten köcheln lassen und gelegentlich abschäumen. Abseihen. Wenn Sie es ganz besonders gut machen wollen, braten Sie die Schalen bei mittlerer Hitze ungefähr 10 Minuten lang in etwas Olivenöl, bevor Sie die Flüssigkeit hinzufügen. Das verleiht dem Fond einen besonders intensiven Geschmack. Wenn Sie den Fond nicht sofort verbrauchen wollen, lassen Sie ihn bei Zimmertemperatur abkühlen und frieren Sie ihn ein. Ergibt etwa 1 Liter Fond.

Lenas Kartoffel-Roggen-Brot

AUS »BROT VON GESTERN«/SEITE 88

Ergibt 2 Laibe

FÜR DEN VORTEIG:

- *1 Kartoffel, etwa kinderfaustgroß*
- *350 ml Kartoffelkochwasser*
- *1 Teelöffel Hefe*
- *⅛ Liter warmes Wasser*
- *je 150 Gramm Roggen- und Haushaltsmehl*

Die Kartoffel in einem Topf Wasser gar kochen. Das Kochwasser aufbewahren. Die Kartoffel auf lauwarm abkühlen lassen, pellen und in einer großen Schüssel zerstampfen. Dann 350 ml Kochwasser einrühren. Die Hefe in ⅛ Liter warmem Wasser auflösen, bis sie schäumt, und zusammen mit dem Mehl unter die Zutaten in der Schüssel rühren. Mit einem Handtuch abdecken und über Nacht an einem zugfreien Platz stehen lassen.

FÜR DAS BROT:

- *Vorteig*
- *1 Esslöffel Öl*
- *1 große Prise Zucker*
- *1 gestrichener Esslöffel Salz*
- *600 g Haushaltsmehl, eventuell etwas mehr*

Am nächsten Morgen den Vorteig durchrühren. Öl, Zucker und Salz zufügen und das Mehl nach und nach einarbeiten. Den Teig auf die bemehlte Arbeitsplatte legen und 10 bis 15 Minuten lang kneten, bis er glatt und elastisch ist. Wenn er noch klebt, mehr Mehl nehmen. In eine leicht geölte Schüssel legen, mit einem Handtuch oder mit Klarsichtfolie abdecken und an einem warmen Ort gehen lassen, bis er nach zirka 1 $\frac{1}{2}$ bis 2 Stunden die doppelte Größe erreicht hat. Den Teig entlüften, also zusammendrücken, noch einmal kurz durchkneten und zwei runde Laibe daraus formen. In leicht gefettete Kuchenformen von zirka 20 cm Durchmesser legen. (oder zwei Zylinder formen und in Kasten- oder spezielle Brotformen legen). An einem warmen Platz zugedeckt gehen lassen, bis der Teig sich erneut nahezu verdoppelt hat. Das dauert etwa 45 Minuten. Mit einem scharfen Messer oder einer Rasierklinge jeden Laib oben zweimal einritzen und bei 190 °C 45 Minuten lang oder so lange backen, bis die Laibe eine dunkelgoldene Kruste haben und hohl klingen, wenn man darauf klopft.

Caesar-Salat

AUS »CAESAR-SALAT«/SEITE 129

Für 4–6 Personen

FÜR DIE CROÛTONS:

- *½ Litermaß voll einen Tag altes Landweißbrot, in Würfel geschnitten*
- *ein paar Esslöffel Olivenöl*
- *1 gepresste Knoblauchzehe*
- *1 Prise Salz*

Die Brotwürfel in eine große Schüssel geben. Das Öl in einer schweren Bratpfanne erhitzen und Salz und Knoblauch einrühren. Wenn der Knoblauch zu brutzeln beginnt, das Öl über die Brotwürfel gießen und die Schüssel hin und her schütteln, damit die Brotwürfel gleichmäßig mit Öl überzogen werden.

Auf einem Backblech ausbreiten und 15–20 Minuten bei 170 °C im Ofen backen, bis sie schön gebräunt sind. Oder in der Pfanne bei mittlerer Hitze unter Rühren braten.

FÜR DAS DRESSING:

- *1 Ei, alternativ ½ Teelöffel Dijon-Senf*
- *Saft von 1 Zitrone*
- *ein paar Spritzer Worcestersoße*
- *2 gepresste Knoblauchzehen*
- *4–5 Anchovis, abgespült und fein gehackt*
- *Salz zum Abschmecken*
- *⅛ Liter natives Olivenöl extra*

Alle Zutaten in einer Schüssel verrühren und kräftig schlagen. Alternativ kann man alle Zutaten bis auf das Öl in einem Mixer pürieren und das Öl dann bei laufendem Mixer tropfenweise dazugeben. Das Dressing wird dann cremiger. Wenn Ihnen die Vorstellung von rohen Eiern nicht gefällt, lassen Sie das Ei weg und ersetzen es durch einen halben Teelöffel Dijon-Senf.

ANRICHTEN DES SALATS:

Einen Kopf Romagnasalat waschen und trocken tupfen. Die Blätter in mundgerechte Stücke zupfen und in eine große Salatschüssel geben. Die Croûtons zusammen mit zwei Hand voll frisch geriebenem Parmesan und etwas gemahlenem Pfeffer dazugeben. Mit dem Dressing übergießen und alles gut miteinander vermengen.

Kartoffel-Lauch-Suppe

AUS »KEINE GEWÖHNLICHE SUPPE«/SEITE 142

Für 4 Personen

- *4 Stangen Lauch, nur die weißen und hellgrünen Teile, in dünne Scheiben geschnitten*
- *4 rote Kartoffeln, geschält und in Würfel geschnitten*
- *etwa 1½ Liter leichte Hühnerbrühe, Gemüsebrühe oder Wasser*
- *2–3 Esslöffel Butter*
- *¼ Liter Sahne oder Crème fraîche*
- *Salz und Pfeffer zum Abschmecken*
- *frische, gehackte Petersilie, Estragon oder Kerbel zum Garnieren*

In einem großen Suppentopf die Butter auf kleiner Flamme zergehen lassen und Kartoffeln und Lauch ein paar Minuten lang darin andünsten, bis es duftet. Mit leichter Hühnerbrühe, Gemüsebrühe oder Wasser auf- füllen, so dass das Gemüse gut bedeckt ist. Lorbeerblatt und Salz hinzugeben. Die Suppe aufkochen, dann die Hitze reduzieren und etwa 45 Minuten lang köcheln lassen, bis die Kartoffeln weich sind. Wenn Sie den Vor- gang hier abbrechen, haben Sie eine *Soupe à la bonne femme:* eventuell noch etwas nachsalzen, etwas pfeffern und kurz vor dem Servieren einen Klecks Butter ein- rühren. Mit frisch gehacktem Kerbel oder Petersilie be- streuen. Oder aber die Suppe mit einer Passiermühle oder im Mixer pürieren, wieder in den Topf gießen, die Sahne zugeben und auf kleiner Flamme noch einmal er- hitzen. Falls nötig, mit etwas Wasser verdünnen und mit frisch gehackten Kräutern bestreuen.

Korinthen-Scones

AUS »EIN WOHL GEHÜTETES GEHEIMNIS«/SEITE 156

Ergibt 8 Scones

- *300 Gramm Haushaltsmehl*
- *3 Teelöffel Backpulver*
- *$\frac{1}{4}$ Teelöffel Salz*
- *3 Esslöffel Zucker*
- *6 Esslöffel (etwa 90 Gramm) gekühlte Butter, in Stücke geschnitten*
- *$\frac{1}{4}$ Liter gekühlte Sahne*
- *2 Tassen Korinthen*
- *1 Ei zum Bestreichen*

Den Ofen auf 210 °C vorheizen. Mehl, Backpulver, Zucker und Salz in einer großen Schüssel vermengen, Butter dazugeben und mit den Händen untermengen, um jedes Stückchen zu bemehlen. Dann mit den Fingerspitzen oder einem Teigmesser weiterarbeiten, bis man eine grobkörnige Mischung mit noch einigen erbsengroßen Butterstückchen erhält. Die Sahne hineinträufeln und mit einer Gabel unterrühren, bis die Masse gerade eben bindet.

Alternativ kann man die trockenen Zutaten in die Schüssel einer Küchenmaschine geben, die Butter hinzufügen und schnell unterschlagen, bis sie grob in das Mehl eingearbeitet ist. Die Sahne in einem dünnen Strahl zugießen und die Maschine so lange laufen lassen, bis die Mischung zu binden beginnt. Auf keinen Fall zu lange schlagen. Den Teig auf ein Backbrett geben, mit Korinthen bestreuen und vorsichtig zu einer Kugel kneten (etwa sechs bis sieben Mal durchkneten).

Einen Kreis von zirka 1 ½ cm Dicke daraus formen. Mit leicht geschlagenem Ei bestreichen. In 8 Segmente schneiden, möglichst in einem Zug. Auf ein Backblech legen und 12–15 Minuten backen, bis die Teile goldbraun sind.

Shortcake *mit Erdbeeren*

AUS »NOCH PLATZ FÜR SHORTCAKE«/SEITE 170

Für 6–8 Personen

FÜR DIE FÜLLUNG:

- 1 ½ Liter reife Erdbeeren, gewaschen, entstielt und geschnitten
- Zucker nach Geschmack

Die Beeren in einer Schüssel mit Zucker verrühren. 1 Stunde lang bei Zimmertemperatur stehen lassen, bis sich Saft bildet.

FÜR DIE BRÖTCHEN:

- 350 Gramm Haushaltsmehl
- 2 Teelöffel Zucker
- 2 Teelöffel Weinstein-Backpulver
- 1 Teelöffel Natron
- 1 Prise Salz
- 125 Gramm gekühlte Butter, in kleine Stücke geschnitten
- 230 ml kalte Buttermilch

Den Backofen auf 210 °C vorheizen. Die trockenen Zutaten in einer großen Schüssel vermengen. Die Butter wie bei der *Pie*-Kruste mit den Fingerspitzen oder einem Teigmesser in das Mehl einarbeiten, bis man eine haferflockenartige, krümelige Masse erhält. Die Buttermilch vorsichtig dazugeben und mit einer Gabel unterrühren, bis der Teig locker zusammenhält. Den Teig zu einem etwa 18 mm dicken Rechteck formen.

263

6–8 runde Scheiben mit einem Teigmesser ausschneiden oder mit einem Trinkglas ausstechen. Man kann den Teig auch mit einem Messer in Quadrate schneiden. Die Teile auf ein Backblech legen. Noch einfacher und vielleicht auch eindrucksvoller ist es, den Teig im Ganzen in eine Backform von zirka 23 cm Durchmesser einzupassen und einen einzigen Riesen-*Shortcake* herzustellen. 12–15 Minuten lang goldbraun backen; beim großen Kuchen etwa 20 Minuten rechnen.

FÜR DIE SCHLAGSAHNE:

- *½ Liter Sahne*
- *1 Teelöffel Vanillezucker oder etwas mehr, je nach Geschmack*
- *1 Esslöffel Zucker oder je nach Geschmack etwas mehr*

Die Sahne in einer gekühlten Schüssel mit einem Handmixer auf niedriger Stufe schlagen. Wenn die Sahne langsam dick wird, die Geschwindigkeit erhöhen. Vanillezucker und Zucker hinzufügen und schlagen, bis die Sahne steif ist.

ANRICHTEN:

Die Brötchen horizontal aufschneiden und mit Butter bestreichen. Die unteren Hälften auf Kuchenteller legen. Die Erdbeeren mit reichlich Sirup darübergeben. Mit einem großzügigen Klecks Schlagsahne garnieren. Die andere Brötchenhälfte daraufsetzen und servieren. *Shortcake* schmeckt frisch und noch heiß aus dem Backofen am besten.

Risotto

AUS »LIEBESDROGEN«/SEITE 196

Für 4 Personen

Risotto-Grundrezept:

- *1 Liter Hühnerbrühe, am besten selbst gemacht*
- *1 kleine Zwiebel, gewürfelt*
- *1 fein gehackte oder gepresste Knoblauchzehe*
- *1 Esslöffel Butter plus 1 Löffel für die Reisverfeinerung*
- *1 Schuss Olivenöl*
- *200 Gramm Arborio-Reis*
- *½ Glas Weißwein*
- *einige Hand voll frisch geriebener Parmesan*
- *Salz und Pfeffer zum Abschmecken*

Die Brühe zum Kochen bringen und leise köcheln lassen. In einem breiten, schweren Kochtopf auf mittlerer Flamme die Zwiebeln und den Knoblauch in Butter oder Olivenöl anschwitzen. Den Reis zugeben und rühren, bis die Reiskörner mit Fett überzogen und an den Enden glasig sind. Das dauert 1–2 Minuten. Den Wein hinzugießen und die Hitze so einstellen, dass es ständig köchelt.

Wenn der Wein verdunstet ist, einen Schöpflöffel Brühe hinzugeben. Unter ständigem Rühren immer wieder einen Schöpflöffel Brühe angießen, sobald die Flüssigkeit fast eingekocht ist.

Nach etwa 20 Minuten prüfen, ob der Reis gar ist. So lange köcheln lassen, bis die Körner zwar weich, aber noch bissfest *(al dente)* sind und der Risotto eine breiige Konsistenz hat. Von der Kochplatte nehmen und ein

Stück Butter und den Parmesankäse einrühren. Mit Salz und Pfeffer abschmecken. Sofort servieren und geriebenen dazu Käse reichen.

MÖGLICHE VARIANTEN:

Falls Sie zufällig ein oder zwei Trüffeln zur Hand haben sollten, wären sie in einem Risotto gut aufgehoben. Sind es schwarze Trüffeln, dann hobeln Sie sie in dünne Scheiben und mischen sie zusammen mit dem Parmesan unter den Reis. Mehr Hitze brauchen diese edlen Pilze nicht, um ihr volles Aroma zu entfalten. Die weiße Trüffel hingegen schmeckt am besten ungekocht. Also hobelt man sie erst bei Tisch in dünnen Spänen über das fertige Gericht.

Wenn Sie keine Trüffel zur Hand haben, sollte Sie dies aber auf keinen Fall davon abhalten, Risotto zuzubereiten. Denn ebenso wie Pasta bietet er eine Reihe von Variationsmöglichkeiten.

Ich plädiere allerdings dafür, sich bei zusätzlichen Zutaten auf einige wenige zu beschränken, da ein Übermaß schnell in einem undefinierbaren Mischmasch enden kann. Gedünstete frische Artischockenherzen – man rechnet ein in Scheiben geschnittenes Herz pro Person – wären beispielsweise ein hübscher Akzent. Oder auch gegarte Miesmuscheln, Venusmuscheln, Calamares und Garnelen (insgesamt ein Pfund). Vielleicht auch zwei Tassen frische, blanchierte Erbsen, oder je zwei Tassen geschnittene Spargelspitzen und Morcheln (falls Sie das Glück haben, diese wild wachsenden Frühlingspilze zu erstehen). Sie können mit einer Prise Safran würzen und haben dann die klassische Mailänder Variante des Gerichts. Oder Sie nehmen

30 Gramm eingeweichte, getrocknete Steinpilze – das durchgeseihte Einweichwasser eignet sich wunderbar als Zusatz für die Brühe. Lassen Sie Ihrer Fantasie freien Lauf. Meiner Erfahrung nach ist es am einfachsten, diese Zutaten in einem separaten Topf zu kochen und dem Risotto dann kurz vor dem Ende der Kochzeit zuzugeben.

Spaghetti alla carbonara

AUS DEM NACHWORT / SEITE 227

Für 4–6 Personen

- *500 Gramm Spaghetti*
- *250 Gramm hochwertiger durchwachsener Räucher- oder Schinkenspeck, gewürfelt*
- *3 Eier*
- *einige Hand voll frisch geriebener Parmesan, etwa 1 Tasse voll plus Parmesan für die Garnitur*
- *frischer, grob gemahlener schwarzer Pfeffer*

Die Spaghetti in einem großen Topf mit kochendem Salzwasser *al dente* kochen. In der Zwischenzeit den gewürfelten Speck in einer großen Bratpfanne unter gelegentlichem Umrühren kross braten. Sobald die Würfel goldgelb sind, die Pfanne vom Herd nehmen und den größten Teil des Fetts abgießen. In einer kleinen Schüssel den Käse unter die Eier schlagen, bis beides gut miteinander vermischt ist. Wenn die Spaghetti gar sind, schnell abseihen und sofort zu dem Speck in die Pfanne geben. Die Eier-Käse-Masse darüber gießen, großzügig pfeffern und mit einem Holzlöffel so lange umrühren, bis die Spaghetti durch und durch getränkt sind und die Eier-Käse-Sauce gestockt ist. Alles in eine Servierschüssel füllen und zusätzlich mit Parmesan bestreuen.

Danksagung

Kochen ist eine menschliche Herausforderung, eine Angelegenheit der Hände und des Herzens. Das Thema Kochen führte mich also zwangsläufig dazu, auch über Menschen zu schreiben. Und all diesen Menschen, von denen ich in meinen Geschichten – oft ohne dass sie davon zu wissen – erzähle, schulde ich ein herzliches Dankeschön. Was das Schreiben selbst betrifft, fällt es mir schwer, die richtigen Worte zu finden, um meiner Dankbarkeit angemessen Ausdruck zu verleihen. Ich danke Noël Perrin, Alan Lelchuk und Barbara Kreiger für all die aufmunternden Worte, ihre konstruktiven Vorschläge und für all die Zeit und die Mühen, die sie investiert haben. Vor allem Barbara, die stets freundlich, aber bestimmt immer wieder auf einer weiteren Überarbeitung bestand und ohne die ich dieses Projekt wohl kaum zu einem befriedigenden Abschluss gebracht hätte. Dankbar bin ich auch für die Anregungen, die ich bei meinen ersten Entwürfen von den Mitgliedern meiner Schreibgruppe des M.A.L.S.-Programms am Dartmouth-College bekam: Alicia Green, Mark Laser, Carol Ehlen, Joan Kersey, Kevin Kertscher, Kathryn Niemela, Maggie Montgomery und Rebecca Armstrong. Und danke an Bert fürs Korrekturlesen und dafür, dass ich morgens im Bett bleiben durfte, bis der Kaffee fertig war.

Verzeichnis der Rezepte

DIANA

Das anspruchsvolle Programm

Chitra
Banerjee
Divakaruni

62/148

Zwischen Chicago und Kalkutta, zwischen Verheißung und Entfremdung spielen die Geschichte von Chitra Banerjee Divakaruni, für die sie gleich drei amerikanische Literaturpreise erhielt.

»Divakarunis Geschichten sind von überwältigender Kraft.«
New York Times Book Review

Die Hüterin der Gewürze
62/6
Der Duft der Mangoblüten
62/75
Die Prinzessin im Schlangenpalast
62/148

DIANA-TASCHENBÜCHER